요한복음해설서

그 동안 요한복음 속에 감추어져 있던 영적인 비밀들

하권

둘로스 데우·C가 기록한 요한복음 해설서 속에는
그 동안 감추어져 있던 예수님의 신성과 인성이 분명하게 드러나 있고
하나님의 백성들이
하나님의 생명으로 거듭나는 과정이
보다 더 구체적으로 기록되어 있으며
하나님의 비밀인 그리스도를
분명하고 확실하게 드러내고 있습니다.

글 · 둘로스 데우 · C / 시 . 이명자

진리의 샘터 **의증서원**

요한복음해설서

그 동안 요한복음 속에 감추어져 있던 영적인 비밀들

하권

목 차

머리글

「요한복음」은 지금까지 수많은 신학자와 목회자들을 통해서 주석서와 강해서 그리고 해설서가 출간 되어 기독교인들이 보고 있지만 아직도 요한복음 속에 깊이 감추어져 있는 영적인 비밀들은 확실히 모르고 있는 실정입니다. 그런데 이번에 출간된 「요한복음」 해설서 상권(1~10장)을 통해서 그동안 성경 속에 감추어져 있던 수많은 영적인 비밀들과 불분명했던 예수님의 신성과 인성 그리고 하나님의 백성이 하나님의 아들로 거듭나는 과정을 모두 알았을 것으로 여겨 집니다. 때문에 「요한복음」 상권을 읽어보신 분들은 그동안 잘못 인식 되었던 예수님의 실체와 그리고 하나님의 아들로 거듭나는 과정에 대해서 분명하고도 확실하게 알았으리라 생각합니다.

그런데 문제는 오늘날 기독교인들이 믿고 있는 하나님의 아들의 기준과 하나님께서 말씀하고 있는 아들의 기준이 너무 다르다는 것입니다. 예를 들면 오늘날 기독교인들은 이신칭의 교리를 통해서 예수를 믿기만 하면 아들이 되었다고 믿고 있는 반면, 하나님은 예수님의 말씀을 통해 예수님과 같이 하나님의 아들로 거듭난 자만 아들로 인정하고 있기 때문입니다. 또한 하나님이 계신 천국은 예수님의 제자들과 같이 예수님을 구주로 믿고 따르며 그의 입에서 나오는 생명의 말씀을 날마다 일용할 양식으로 먹고 하나님의 아들로 거듭난 자들만 들어가는 곳이지 오늘날 기독교인들과 같이 예수님을 구주로 믿고 입으로 시인하거나 혹은 예수를 믿음으로 하나님의 아들이 되었다고 믿고 있는 자들이 들어가는 곳이 아닌 것입니다.

그러므로 오늘날 기독교인들은 「요한복음」 해설서를 통해서 오늘날 하나님께서 구원자로 보내주시는 예수님의 실체를 올바로 알고 그의 입에서 나오는 말씀을 날마다 일용할 양식으로 먹고 하나님의 아들로 거듭나야 합니다. 그러면 예수님의 제자들과 같이 하나님의 아들이 되고 또한 사도가 되어 천국에도 능히 들어갈 것입니다. 이렇게 신앙생활은 반드시 참 목자를 따라서 올바르고 진솔하게 해야만 하나님의 아들로 거듭나서 천국에 들어갈 수 있다는 것을 알아야 합니다.

「요한복음」 해설서 하권은 오늘날 기독교인들이 주장하는 몸의 부활과 예수님이 말씀하시는 영의 부활 그리고 예수님의 재림과 천국의 실체에 대해서 보다 진솔하게 기록되어 있습니다. 그러므로 「요한복음」 하권을 읽어보신다면 그동안 신앙생활을 하면서 궁금하고 알 수 없었던 예수님의 실체와 성경 속에 감추어져 있던 영적인 비밀들을 보다 분명하고 확실하게 알게 될 것입니다.

예수님은 지금도 삯꾼목자들이 인도하는 넓고 평탄한 멸망의 길에서 하루속히 벗어나 참 목자가 인도하는 좁고 협착한 생명의 길로 돌아오기를 기다리고 계십니다.

둘로스 데우·C

나그네

온 곳을 알았다면
가기도 쉽건만

오고가는 이치를 모르니
항상 나그네러라

외롭고 고달파서 자신을 원망하니
은은히 들리는 소리
고향의 부름이리네

제11장

죽은 나사로의 부활

어떤 병든 자가 있으니

이는 마리아와 그 형제 마르다의 촌 베다니에 사는 나사로라

Ην-δέ τις ἀσθενῶν Λάζαρος ἀπὸ Βηθανίας, ἐκ τῆς κώμης Μαρίας

καὶ Μάρθας τῆς- ἀδελφῆς- αὐτῆς.

[요한복음 11장 1~4절] 어떤 병든 자가 있으니 이는 마리아와 그 형제 마르다의 촌 베다니에 사는 나사로라 이 마리아는 향유를 주께 붓고 머리털로 주의 발을 씻기던 자요 병든 나사로는 그의 오라비러라 이에 그 누이들이 예수께 사람을 보내어 가로되 주여 보시옵소서 사랑하시는 자가 병들었나이다 하니 예수께서 들으시고 가라사대 이 병은 죽을 병이 아니라 하나님의 영광을 위함이요 하나님의 아들로 이를 인하여 영광을 얻게 하려함이라 하시더라.

요 11·1 Ην-δέ τις ἀσθενῶν Λάζαρος ἀπὸ Βηθανίας, ἐκ τῆς κώμης Μαρίας καὶ Μάρθας τῆς- ἀδελφῆς- αὐτῆς.

요 11·2 ην δὲ Μαρία ἡ ἀλείψασα τὸν κύριον μύρῳ καὶ ἐκμάξασα τοὺς- πόδας- αὐτοῦ ταῖς- θριξὶν- αὐτῆς, ἧς ὁ ἀδελφὸς Λάζαρος ἠσθένει.

요 11·3 ἀπέστειλαν ουν αἱ ἀδελφαὶ πρὸς αὐτὸν λέγουσαι, Κύριε, ἴδε ὃν φιλεῖς ἀσθενεῖ.

요 11·4 ᾿Ακούσας- δὲ ὁ Ἰησοῦς ειπεν, Αὕτη ἡ ἀσθένεια οὐκ- ἔστιν πρὸς θάνατον, ἀλλ᾽ ὑπὲρ τῆς δόξης τοῦ θεοῦ, ἵνα δοξασθῇ ὁ υἱὸς τοῦ θεοῦ δι᾽ αὐτῆς.

[해설] 요한복음 11장은 예수님께서 죽은 지 나흘이 된 나사로를 무덤에서 다시 살리신 사건을 기록하고 있기 때문에 오늘날 기독교인들은 이를 부활장이라 말하고 있습니다. 때문에 예수님은 부활의 주님이며 기독교는 부활의 종교라 말하고 있는 것입니다. 이렇게 예수님께서 죽은 나사로를 살리신 놀라운 사건은 기독교인들에게 부활의 소망과 더불어 큰 자부심을 갖게 하고 있습니다. 그러나 예수님께서 죽은 나사로를 살리신 사건을 통해 우리에게 전달하고자 하는 진정한 의미를 성경을 통해서 보다 분명하고 확실히 알아야 한다고 생각합니다.

그러면 지금부터 본문을 통해 예수님께서 죽은 나사로를 살리신 영적인 의미와 하나님의 뜻에 대해서 알아보기로 하겠습니다. 예수님은 나사로의 병은 죽을 병이 아니라 하나님의 영광을 위함이며 또한 나사로의 병을 통해서 아들로 영광을 얻게 하기 위함이라 말씀하고 있습니다. 즉 나사로가 병든 것은 죽을 병이 아니라 하나님과 아들의 영광을 위해 잠시 나사로를 이용하신 것이라는 것입니다. 이렇게 나사로는 하나님의 계획과 섭리 속에 이미 병들어 죽게 되어 있었고 하나님은 예수님을 통해 죽은 나사로를 살리게 되어 있었던 것입니다.

때문에 이 사건은 나사로가 죽고 다시 살아나는 사건이 중요한 것이 아니라 예수님께서 나사로를 살리심으로 말미암아 예수님이 하나님의 아들이라는 것과 또한 나사로를 통해 하나님의 능력과 영광을 나타내기 위함이라는 것입니다. 이 사건을 통해서 인간들의 모든 만사는 하나님의 계획과 섭리 속에서 운행되고 이루어진다는 것을 알아야 합니다. 이것은 마치 소설이나 드라마에 등장되는 모든 인물들이나 개개인의 언행이 모두 작가의 각본에 따라서 행해지고 있는 것과 같은 것입니다. 때문에 사람이 마음으로 계획하고 노력을 한다 해도 그 걸음을 인도하시는 분은 하나님이라고 말씀하고 있는 것입니다. (잠언 16:9)

이와 같이 예수님도 예외없이 하나님의 계획과 섭리 속에서 하나님의 뜻과 영광을 위해 일하고 계심을 알 수 있는 것입니다. 그러므로 하나님의 백성은 하나님의 뜻을 알고 반드시 하나님의 뜻을 이루기 위해서 신앙생활을 해야 합니다. 그런데 이러한 하나님의 뜻을 모르는 하나님의 백성은 세상만사를 자신의 뜻대로 살며 신앙생활도 자신의 욕심을 채우기 위해서 하고 있는 것입니다. 때문에 신앙생활을 열심히 한 하나님의 백성이 사후에 지옥문 앞에서 지옥문을 붙잡고 슬피 울며 이를 갈게 되는 것입니다.

그러므로 하나님의 백성이 신앙생활을 하는 것이 중요한 것이 아니라 신앙생활을 어떻게 하느냐가 중요한 것입니다. 이제 본문을 통해 나사로의 부활사건을 자세히 알아 보도록 하겠습니다.

어떤 병든 자가 있는데 그는 마리아와 그 형제 마르다의 촌 베다니에 사는 나사로라고 말씀하고 있습니다. 여기에 등장하는 마리아는 향유를 주께 붓고 머리털로 주의 발을 씻기던 자요 병든 나사로는 마리아의 오빠입니다. 나사로가 병이들자 그의 누이들은 예수님께 사람을 보내어 말씀드리되 "주여 보시옵소서 당신이 사랑하시는 나사로가 병들었다"고 말씀드리는 것입니다. 나사로의 누이들이 예수님께 사람을 보낸 것은 병든 나사로가 병들어 죽어가기 때문에 속히 오셔서 병을 치료해 달라고 보낸 것입니다.

예수님께서 이 말을 들으시고 말씀하시되 "이 병은 죽을 병이 아니라 하나님의 영광을 위함이요 하나님의 아들로 이를 인하여 영광을 얻게 하려 함이라"고 말씀하고 계십니다. 즉 나사로가 병이 든 것은 하나님의 영광을 나타내기 위함이요 또한 하나님의 아들이 나사로를 통해서 영광을 얻게 하기 위해서 병든 것이기 때문에 나사로는 절대로 죽지 않는다는 것입니다.

이 말씀을 보면 나사로는 죽기 전에 병든다는 것과 잠시 죽었다가 다시 살아난다는 것이 이미 하나님의 섭리 속에 계획된 일이라는 것을 알 수 있습니다. 왜냐하면 예수님께서 나사로가 병들었다는 소리를 들으시고 말씀하시기를, "나사로의 병은 죽을 병이 아니라 하나님의 영광을 나타내기 위함이요 또한 하나님의 아들로 이 사건을 통해서 영광을 얻게 하려함이라"고 말씀하고 있기 때문입니다.

즉 나사로는 예수님께서 영광을 얻을 수 있도록 하기 위해 하나님께서 도구로 사용하셨다는 뜻입니다. 이렇게 인간들의 모든 만사는 하나님의 계획과 섭리 속에 진행되는 일이라는 것을 알아야 합니다.

이것은 마치 연극이나 드라마가 모두 작가의 머릿속에서 계획된 대로 진행이 되며 또한 연출자들도 자신의 의도와 관계없이 모두 작가의 의도에 따라 각본대로 말하고 행동하는 것과 같은 이치입니다.

이렇게 모든 인생은 하나님이 창작하신 한 편의 드라마와 같이 인간들은 하나님의 각본대로 연출하여 대본에 따라 자기에게 주어진 역활을 감당하고 살다가 이 세상을 떠나가게 되는 것입니다.

[요한복음 11장 5~10절] 예수께서 본래 마르다와 그 동생과 나사로를 사랑하시더니 나사로가 병들었다 함을 들으시고 그 계시던 곳에 이틀을 더 유하시고 그 후에 제자들에게 이르시되 유대로 다시 가자 하시니 제자들이 말하되 랍비여 방금도 유대인들이 돌로 치려 하였는데 또 그리로 가시려 하나이까 예수께서 대답하시되 낮이 열 두시가 아니냐 사람이 낮에 다니면 이 세상의 빛을 보므로 실족하지 아니하고 밤에 다니면 빛이 그 사람 안에 없는고로 실족하느니라.

요 11·5 'Ηγάπα δὲ ὁ' Ιησοῦς τὴν Μάρθαν καὶ τὴν ἀδελφὴν αὐτῆς καὶ τὸν Λάζαρον.

요 11·6 ὡς ουν ἤκουσεν ὅτι ἀσθενεῖ, τότε μὲν ἔμεινεν ἐν ᾧ ην τόπῳ δύο ἡμέρας.

요 11·7 ῎Επειτα μετὰ τοῦτο λέγει τοῖς μαθηταῖς, ῎Αγωμεν εἰς τὴν' Ιουδαίαν πάλιν.

요 11·8 Λέγουσιν αὐτῷ οἱ μαθηταί,' Ραββί, νῦν ἐζήτουν σε λιθάσαι οἱ' Ιουδαῖοι, καὶ πάλιν ὑπάγεις ἐκεῖ

요 11·9 'Απεκρίθη ὁ' Ιησοῦς, Οὐχὶ δώδεκά εἰσιν ὧραί τῆς ἡμέρας ἐάν τις περιπατῆ ἐν τῆ ἡμέρᾳ, οὐ-προσκόπτει, ὅτι τὸ φῶς τοῦ- κόσμου- τούτου βλέπει·

요 11·10 ἐὰν- δέ τις περιπατῇ ἐν τῇ νυκτί, προσκόπτει, ὅτι τὸ φῶς οὐκ- ἔστιν ἐν αὐτῷ.

[해설] 예수님은 본래 마르다와 그 동생과 나사로를 사랑하셨다고 말씀하고 있습니다. 그런데 예수님은 사랑하시는 마르다의 오라비 나사로가 병이 중하다는 말을 들으셨음에도 나사로에게 바로 달려가지 않으시고 계시던 곳에 이틀을 더 머무신 후에 비로소 제자들에게 유대로 다시 가자고 말씀하시는 것입니다.

예수님은 사랑하시는 나사로가 병들어 목숨이 경각에 놓여 있는데 무슨 이유로 나사로에게 곧 달려가지 않으시고 이틀이나 더 지체 하셨냐는 것입니다. 이것은 예수님께서도 나사로에게 가는 것이 자기 마음대로 갈수 있는 것이 아니라 하나님의 허락하심, 즉 하나님의 섭리 속에서 행하고 있다는 것을 보여주고 있는 것입니다.

예수님의 말씀을 들은 제자들은 예수님께 랍비여 방금도 유대인들이 당신을 돌로 치려고 하였는데 또 그곳으로 가시려 하느냐고 만류하는 것입니다. 그런데 예수님은 제자들에게 낮이 열두시가 아니냐 사람이 낮에 다니면 이 세상의 빛을 보므로 실족지 아니하고 밤에 다니면 빛이 그 사람

안에 없는 고로 실족하게 되는 것이라 말씀하고 있습니다.

예수님께서 낮이 열두시라는 것은 해가 있을 동안을 말씀하시는 것이 아니라 참 빛이신 예수님이 계신 동안을 말하며 밤은 어둠에 속한 죄인들을 비유하여 말씀하신 것입니다. 그러므로 사람이 빛이 되신 예수님과 함께 다니면 실족하지 않지만 아직 빛이 없는 자가 예수님을 떠나 어두운 밤, 즉 세상의 죄인들과 함께 다니면 실족하게 된다는 뜻입니다. 그러므로 예수님이 계실 동안 예수님으로부터 참 빛을 받아서 빛의 존재로 거듭나야 하는 것입니다.

[요한복음 11장 11~16절] 이 말씀을 하신 후에 또 가라사대 우리 친구 나사로가 잠들었도다 그러나 내가 깨우러 가노라 제자들이 가로되 주여 잠들었으면 낫겠나이다 하더라 예수는 그의 죽음을 가리켜 말씀하신 것이나 저희는 잠들어 쉬는 것을 가리켜 말씀하심인 줄 생각하는지라 이에 예수께서 밝히 이르시되 나사로가 죽었느니라 내가 거기 있지 아니한 것을 너희를 위하여 기뻐하노니 이는 너희로 믿게 하려 함이라 그러나 그에게로 가자 하신대 디두모라 하는 도마가 다른 제자들에게 말하되 우리도 주와 함께 죽으러 가자 하니라.

요 11·11 Ταῦτα ειπεν, καὶ μετὰ τοῦτο λέγει αὐτοῖς, Λάζαρος ὁ- φίλος- ἡμῶν κεκοίμηται· ἀλλὰ πορεύομαι ἵνα ἐξυπνίσω αὐτόν.

요 11·12 Ειπον ουν οἱ- μαθηταὶ- αὐτοῦ, Κύριε, εἰ κεκοίμηται σωθήσεται.

요 11·13 Εἰρήκει- δὲ ὁ Ιησοῦς περὶ τοῦ- θανάτου- αὐτοῦ· ἐκεῖνοι- δὲ ἔδοξαν ὅτι περὶ τῆς κοιμήσεως τοῦ ὕπνου λέγει.

요 11·14 τότε ουν ειπεν αὐτοῖς ὁ Ιησοῦς παῤῥησίᾳ, Λάζαρος ἀπέθανεν·

요 11·15 καὶ χαίρω δι' - ὑμᾶς, ἵνα πιστεύσητε, ὅτι οὐκ-ἤμην ἐκεῖ· ἀλλ' ἄγωμεν πρὸς αὐτόν.

요 11·16 Ειπεν ουν Θωμᾶς, ὁ λεγόμενος Δίδυμος, τοῖς συμμαθηταῖς,"Αγωμεν καὶ ἡμεῖς, ἵνα ἀποθάνωμεν μετ' αὐτοῦ.

예수님은 이어서 제자들에게 우리 친구 나사로가 잠들어 내가 깨우러 간다고 말씀하고 있습니다. 제자들은 예수님의 말씀을 듣고 주여 나사로가 잠들었다면 곧 나아서 일어나지 않겠느냐고 말하고 있습니다.

그러나 예수님은 나사로의 죽음을 가리켜 말씀하신 것인데 제자들은 나사로가 잠들어 쉬고 있는 것으로 생각하는 것입니다. 그래서 예수께서 밝히 말씀하시되 "나사로가 죽었다"고 하시며 "내가 그곳에 있지 아니한 것을 너희를 위하여 기뻐하는데 그 이유는 너희에게 내가 하나님의 아들이라는 것과 또한 구원자라는 것을 나사로의 죽음을 통해서 믿게 하려 함이라"는 것입니다.

이렇게 지금 병들어 죽은 나사로를 살리러 가시는 분은 예수님이지만 나사로를 병들게 하고 죽게 하여 예수님께서 살릴 수 있도록 미리 준비해 놓으신 분은 하나님이신 것입니다. 이와 같이 모든 만사는 하나님의 계획과 섭리 속에서 진행되며 이루어진다는 것을 알아야 합니다. 그러므로 오늘날 우리 가운데 일어나는 크고 작은 일도 모두 하나님이 계획하시고 섭리하신다는 것을 믿고 또한 받아들여야 하는 것입니다.

예수님은 이제 나사로에게로 가자고 하시니 디두모라 하는 도마가 다른 제자들에게 말하되 "우리도 주와 함께 죽으러 가자"라고 말하는 것입니다. 왜냐하면 유대로 가면 유대인들이 예수님을 돌로 쳐 죽이려 하기 때문입니다. 유대인들은 하나님의 택한 백성으로 이들이 기다리는 것은 메시아이며 하나님의 아들입니다.

그런데 유대인들이 하나님께서 구원자로 보내주신 하

나님의 아들이며 메시아인 예수님을 죽이려 하고 있습니다.

왜 그럴까요? 왜냐하면 예수님은 유대인들의 신앙을 인정하지 않고 오히려 잘못되었다고 질책하고 책망하기 때문입니다.

[요한복음 11장 17~20절] 예수께서 와서 보시니 나사로가 무덤에 있은 지 이미 나흘이라 베다니는 예루살렘에서 가깝기가 한 오 리쯤 되매 많은 유대인이 마르다와 마리아에게 그 오라비의 일로 위문하러 왔더니 마르다는 예수 오신다는 말을 듣고 곧 나가 맞되 마리아는 집에 앉았더라

요 11·17 Ἐλθὼν ουν ὁ Ἰησοῦς εὗρεν αὐτὸν τέσσαρας ἡμέρας ἤδη ἔχοντα ἐν τῷ μνημείῳ.

요 11·18 ην- δὲ ἡ Βηθανία ἐγγὺς τῶν Ἱεροσολύμων, ὡς ἀπὸ σταδίων δεκαπέντε

요 11·19 καὶ πολλοὶ ἐκ τῶν Ἰουδαίων ἐληλύθεισαν πρὸς τὰς περὶ Μάρθαν καὶ Μαρίαν, ἵνα παραμυθήσωνται αὐτὰς περὶ τοῦ- ἀδελφοῦ- αὐτῶν.

요 11·20 ἡ- ουν- Μάρθα ὡς ἤκουσεν ὅτι ὁ Ἰησοῦς ἔρχεται, ὑπήντησεν αὐτῷ Μαρία- δὲ ἐν τῷ οἴκῳ ἐκαθέζετο.

예수께서 유대로 와서 보시니 병들었다는 나사로는 이미 죽었고 장사지내 무덤에 묻힌지 나흘이나 되었다는 것입니다. 예수님이 병든 나사로에게 즉시 달려오지 않고 일부러 지체하신 것은 결국 나사로가 죽기를 기다린 것입니다. 왜냐하면 사람들이 병든 사람을 치료하여 낫게 하는 것은 세상의 의사들도 할 수 있는 일이지만 죽은 자를 다시 살리는 것은 오직 하나님의 아들이신 예수님만 할 수 있는 일이기 때문입니다. 이렇게 예수님은 병든 나사로를 낫게 하려는 것이 아니라 죽어서 무덤에 누워있는 나사로를 살리려고 가신 것입니다.

문제는 예수님께서 죽은 나사로를 일으키신 것이 육신의 몸이냐 하는 것입니다. 왜냐하면 예수님은 죽은 영혼을 다시 살리려고 오신 분이지 죽은 육신을 살리려고 오신 분이 아니기 때문입니다.

그보다 나사로의 죽은 몸이 다시 살았다면 언젠가는 다시 죽기 때문에 예수님께서 행하신 나사로의 죽음과 부활사건은 죽은 육신을 살리신 것이 아니라 죽은 영혼을 살리신다는 것을 비유로 말씀하신 것입니다.

마리아의 집은 초상집이라 많은 유대인들이 마르다와 마리아에게 그 오라비 나사로의 죽음으로 조문하러 와 있는데 마르다는 예수님이 오신다는 말을 듣고 곧 예수님을 맞으러 나갔으나 마리아는 집에서 조문객을 돌보고 있었다고 말씀하고 있습니다. 이런 것을 보면 마리아보다 마르다가 예수님을 더 사랑한 것 같습니다.

[요한복음 11장 21~24절] 마르다가 예수께 여짜오되 주께서 여기 계셨더면 내 오라비가 죽지 아니하였겠나이다. 그러나 나는 이제라도 주께서 무엇이든지 하나님께 구하시는 것을 하나님이 주실 줄을 아나이다 예수께서 가라사대 네 오라비가 다시 살리라 마르다가 가로되 마지막 날 부활에는 다시 살 줄을 내가 아나이다.

요 11·21 ειπεν- ουν ἡ Μάρθα πρὸς τὸν᾽ Ιησοῦν, Κύριε, εἰ ησ ὧδε, ὁ- ἀδελφός- μου οὐκ- ἂν- ἐτεθνήκει.

요 11·22 ἀλλὰ καὶ νῦν οιδα ὅτι ὅσα ἂν- αἰτήσῃ τὸν θεόν, δώσει σοι ὁ θεός.

요 11·23 Λέγει αὐτῇ ο᾽ ᾽Ιησοῦς,᾽ Αναστήσεται ὁ ἀδελφός σου.

요 11·24 Λέγει αὐτῷ Μάρθα, Οιδα ὅτι ἀναστήσεται ἐν τῇ ἀναστάσει ἐν τῇ ἐσχάτῃ ἡμέρα

오라비의 병으로 예수님을 학수고대 기다리고 있던 마르다가 예수님을 만나자마자 만일 주께서 여기 계셨더라면 내 오라비가 죽지 아니했을 텐데 주가 없어서 죽게 되었다고 원망하는 투로 말하고 있습니다.

이어서 마르다는 예수님께 그러나 나는 지금이라도 주께서 무엇이든지 하나님께 구한다면 하나님께서 들어주실 줄 안다고 말씀드리고 있습니다. 즉 예수님께서 만일 하나님께 나사로를 살려달라고 구한다면 하나님께서 죽은 나사로도 살려주실 것이라는 뜻입니다. 마르다의 말을 들으신 예수님은 마르다에게 네 오라비가 다시 살아날 것이라고 말씀하고 있습니다.

그런데 예수님의 말씀을 들은 마르다는 예수님께 마지막 날 부활에는 다시 살 줄을 내가 안다고 말합니다. 예수님은 죽은 나사로가 지금 다시 살아날 것이라고 말씀하시는 반면, 마르다는 나사로가 지금 살아나는 것이 아니라 마지막 날, 즉 주님이 재림하시는 말세에 다시 살 줄 안다고 말하고 있는 것입니다. 이렇게 마르다는 예수님이 말씀하시는 뜻을 모르고 자기의 신앙 기준과 자기 생각대로 말하는 것을 볼 수 있습니다.

[요한복음 11장 25~27절] 예수께서 가라사대 나는 부활이요 생명이니 나를 믿는 자는 죽어도 살겠고 무릇 살아서 나를 믿는 자는 영원히 죽지 아니하리니 이것을 네가 믿느냐 가로되 주여 그러하외다 주는 그리스도시요 세상에 오시는 하나님의 아들이신줄 내가 믿나이다.

요 11·25 Ειπεν αὐτῇ ὁ Ιησοῦς, Εγώ ἐιμι ἡ ἀνάστασις καὶ ἡ ζωη. ὁ πιστεύων ἐις ἐμέ, κἂν ἀποθάνῃ ζήσεται·

요 11·26 καὶ πᾶς ὁ ζῶν καὶ πιστεύων ἐις ἐμέ, οὐ- μὴ ἀποθάνῃ ἐις- τὸν- αἰῶνα. πιστεύεις τοῦτο

요 11·27 Λέγει αὐτῷ, Ναί, κύριε· ἐγὼ πεπίστευκα ὅτι σὺ ει ὁ χριστός, ὁ υἱὸς τοῦ θεοῦ, ὁ ἐις τὸν κόσμον ἐρχόμενος.

예수님은 마르다에게 나는 부활이요 생명이니 나를 믿는 자는 죽어도 살겠고 무릇 살아서 나를 믿는 자는 영원히 죽지 아니한다고 말씀하고 있습니다. 예수님께서 하신 이 말씀은 나는 하나님의 생명으로 부활된 부활체이며 영원한 생명을 소유하고 있는 하나님의 아들이라 말씀하신 것으로 생각할 수도 있습니다.

그런데 이 말씀의 진정한 뜻은 나는 죽은 자를 부활시

키는 자이며 하나님의 영원한 생명을 주는 자라는 의미로 말씀하신 것입니다. 왜냐하면 예수님은 죄인들의 죄를 사해주고 죽은 영혼들을 살려서 하나님의 아들로 거듭나게 하시는 분이시기 때문입니다.

그러므로 예수님은 마르다에게 네가 이러한 나를 믿는다면 지금 죽어 있다 해도 살아날 것이며 살아서 나를 믿는 자는 영원히 죽지 않는다는 뜻으로 말씀하신 것입니다. 때문에 예수님은 마르다에게 네가 나를 이렇게 믿느냐고 물으신 것입니다. 이에 마르다는 "주여 그렇습니다. 주는 그리스도시요 세상에 오시는 하나님의 아들이신 줄 내가 믿나이다"라고 말하고 있는 것입니다. 그런데 예수님은 현재 부활된다는 것을 믿느냐고 물으신 것인데 마르다는 오늘날 기독교인들처럼 사후의 부활을 믿는다고 말한 것입니다.

[요한복음 11장 28~32절] 이 말을 하고 돌아가서 가만히 그 형제 마리아를 불러 말하되 선생님이 오셔서 너를 부르신다 하니 마리아가 이 말을 듣고 급히 일어나 예수께 나아가매 예수는 아직 마을로 들어오지 아니하시고 마르다의 맞던 곳에 그저 계시더라 마리아와 함께 집에 있어 위로하던 유대인들은 그의 급히 일어나 나가는 것을 보고 곡하러 무덤에 가는 줄로 생각

하고 따라가더니 마리아가 예수 계신 곳에 와서 보이고 그 발 앞에 엎드리어 가로되 주께서 여기 계셨더면 내 오라비가 죽지 아니하였겠나이다 하더라

요 11·28 Καὶ ταῦτα εἰποῦσα ἀπῆλθεν, καὶ ἐφώνησεν Μαρίαν τὴν- ἀδελφὴν- αὐτῆς λάθρα, εἰποῦσα,῾Ο διδάσκαλος πάρεστιν καὶ φωνεῖ σε.

요 11·29᾽Εκείνη ὡς ἤκουσεν ἐγίρεται ταχὺ καὶ ἔρχεται πρὸς αὐτόν·

요 11·30 οὔπω- δὲ ἐληλύθει ὁ᾽Ιησοῦς εἰς τὴν κώμην, ἀλλ᾽ ην ἐν τῷ τόπῳ ὅπου ὑπήντησεν αὐτῷ ἡ Μάρθα.

요 11·31 οἱ- ουν-᾽Ιουδαῖοι οἱ ὄντες μετ᾽ αὐτῆς ἐν τῇ οἰκίᾳ καὶ παραμυθούμενοι αὐτήν, ἰδόντες τὴν Μαρίαν ὅτι ταχέως ἀνέστη καὶ ἐξῆλθεν, ἠκολούθησαν αὐτῇ, λέγοντες,῞Οτι ὑπάγει εἰς τὸ μνημεῖον ἵνα κλαύσῃ ἐκεῖ.

요 11·32῾Η- ουν- Μαρία ὡς ηλθεν ὅπου ην ὁ᾽Ιησοῦς, ἰδοῦσα αὐτὸν ἔπεσεν εἰς τοὺς- πόδας- αὐτοῦ, λέγουσα αὐτῷ, Κύριε, εἰ ης ὧδε οὐκ- ἄν- ἀπέθανέν μου ὁ ἀδελφός.

마르다는 예수님과 대화를 마치고 돌아갔습니다.

그리고 마르다는 그의 형제 마리아에게 가서 가만히 선생님이 오셔서 너를 부르신다고 하니 마리아가 이 말을 듣고 황급히 일어나 예수님께 달려갔으나 예수님은 아직 마을로 들어오지 아니하시고 마르다를 맞던 곳에 머물고 계셨습니다. 마리아를 위로하기 위해 그와 함께 집에 있던 유대인들이 마리아가 급히 일어나 나가는 것을 보고 무덤에 곡하러 가는 줄 생각하고 뒤를 따라갔는데 마리아는 예수님 계신 곳으로 가서 예수님께 자신을 보이고 예수님의 발 앞에 엎드리어 말하되 주께서 여기 계셨더면 내 오라비가 죽지 아니하였겠나이다 하며 마르다와 똑같은 말을 하는 것입니다.

이것은 마르다나 마리아가 믿고 있는 예수님은 오늘날 기독교인들과 같이 죽은 자들이 사후에 부활된다는 것은 잘 믿고 있으나 현재의 부활, 즉 지금 죽은 자를 살리는 예수님은 부정을 하거나 전혀 모르고 있는 것입니다. 왜냐하면 예수님은 이 사건을 통해 죽은 영혼이 다시 사는 영의 부활을 말씀하고 있는데 마리아나 오늘날 기독교인들은 육신이 다시 사는 몸의 부활을 믿고 있기 때문입니다.

이것은 오늘날 기독교인들이 사도신경을 통해 몸이 사는 것과 영원히 사는 것을 믿는다고 예배드릴 때마다 고백

하고 있기 때문입니다. 그러나 성경에 기록된 말씀이나 예수님은 몸이 다시 사는 몸의 부활을 말씀하신 것이 아니라 모두 죽은 영혼이 하나님의 생명으로 다시 사는 영의 부활을 말씀하고 있다는 것입니다.

[요한복음 11장 33~39절] 예수께서 그의 우는 것과 또 함께 온 유대인들의 우는 것을 보시고 심령에 통분히 여기시고 민망히 여기사 가라사대 그를 어디 두었느냐 가로되 주여 와서 보옵소서 하니 예수께서 눈물을 흘리시더라 이에 유대인들이 말하되 보라 그를 어떻게 사랑하였는가 하며 그중 어떤 이는 말하되 소경의 눈을 뜨게 한 이 사람이 그 사람은 죽지 않게 할 수 없었더냐 하더라 이에 예수께서 다시 속으로 통분히 여기시며 무덤에 가시니 무덤이 굴이라 돌로 막았거늘 예수께서 가라사대 돌을 옮겨 놓으라 하시니 그 죽은 자의 누이 마르다가 가로되 주여 죽은 지가 나흘이 되었으매 벌써 냄새가 나나이다

요 11·33᾿Ιησοῦς ουν ὡς ειδεν αὐτὴν κλαίουσαν, καὶ τοὺς συνελθόντας αὐτῇ ᾿Ιουδαίους κλαίοντας, ἐνεβριμήσατο τῷ πνεύματι, καὶ ἐτάραξεν ἑαυτόν,

요 11·34 καὶ ειπεν, Ποῦ τεθείκατε αὐτόν Λέγουσιν

αὐτῷ, Κύριε, ἔρχου καὶ ἴδε.

요 11·35 Ἐδάκρυσεν ὁ Ἰησοῦς.

요 11·36 ἔλεγον ουν οἱ Ἰουδαῖοι,"Ἴδε πῶς ἐφίλει αὐτόν.

요 11·37 Τινὲς- δὲ ἐξ αὐτῶν ειπον, Οὐκ- ἠδύνατο οὗτος ὁ ἀνοίξας τοὺς ὀφθαλμοὺς τοῦ τυφλοῦ, ποιῆσαι ἵνα καὶ οὗτος μὴ- ἀποθάνῃ

요 11·38 Ἰησοῦς ουν πάλιν ἐμβριμώμενος ἐν ἑαυτῷ ἔρχεται εἰς τὸ μνημεῖον· ην- δὲ σπήλαιον, καὶ λίθος ἐπέκειτο ἐπ' αὐτῷ.

요 11·39 λέγει ὁ Ἰησοῦς,"Ἄρατε τὸν λίθον. Λέγει αὐτῷ ἡ ἀδελφὴ τοῦ τεθνηκότος Μάρθα, Κύριε, ἤδη ὄζει· τεταρταῖος γάρ ἐστιν.

예수께서 마리아가 나사로의 죽음이 슬퍼 우는 것과 또 마리아와 함께 온 유대인들도 우는 것을 보시고 예수님의 마음은 너무 통분하고 민망하였다고 말씀하고 있습니다. 예수님이 무엇 때문에 마리아와 유대인들이 우는 것을 보시고 통분하시며 민망하게 생각하셨을까요? 그 이유는 예수님께서 분명히 나는 부활이요 생명이라 말씀하셨는데도 불구하고 예수님을 믿는 자가 하나도 없기 때문입니다. 예수님은 병든 영혼을 치료하고 죽은 자를 살려서 영원한 생명을 주는 하나님의 아들이십니다. 그런데 이러한 부활의 주님이신 예수님을 믿는 자가 하나도 없어 통분히 여기신 것입니다.

예수님은 통분한 마음을 가라앉히시고 사람들에게 나사로를 어디 두었느냐고 묻습니다. 예수님의 말씀을 들은 사람들이 "주여 와서 보시옵소서"하고 나사로가 있는 곳으로 안내를 하니 예수께서 눈물을 흘리셨다고 말씀하고 있습니다. 이 말씀을 보면 예수님도 인성이 있기 때문에 슬프면 울 수도 있다는 것을 알 수 있습니다. 이 장면을 보고 유대인들은 물론 오늘날 기독교인들도 예수님이 평소에 사랑하는 나사로가 죽어서 무덤에 누어있는 것을 보시고 슬퍼서 눈물을 흘리셨다고 생각하고 있습니다.

그런데 예수님은 나사로가 죽을 병이 든 것이 아니며 다시 살아난다는 것을 이미 알고 계시기 때문에 눈물을 흘릴 필요가 없는 것입니다. 그러므로 예수님이 흘리신 눈물은 마르다나 마리아 그리고 예수를 믿는 유대인들이 자신이 곧 구원자이며 하나님의 아들이라는 것을 모르기 때문에 답답해서 눈물을 흘리시는 것입니다. 예수님이 눈물을 흘리시는 것을 바라보며 유대인들은 보라 그가 나사로를 어떻게 사랑하였는가 말하며 또 그 중 어떤 자들은 소경의 눈을 뜨게 한 이 예수가 나사로를 죽지 않게 할 수는 없었냐고 말하는 것입니다.

이런 소리를 들으신 예수께서 다시 속으로 통분히 여기시며 묵묵히 무덤으로 가시니 무덤은 굴로 되어 있고 그 입구는 돌로 막혀 있었습니다. 예수님은 나사로가 묻혀 있는 무덤에 도착한 후 사람들에게 돌을 옮겨 놓으라 말씀하시니 그 누이 마르다가 주여 죽은 지 나흘이 되어 벌써 냄새가 난다고 예수님께 말씀드리는 것입니다.

이 말은 그 오라비 나사로가 장사한지 나흘이나 되어 시신이 이미 부패해 냄새가 나기 때문에 당신이 하나님의 아들이라 해도 살릴 수 없다는 뜻입니다.

[요한복음 11장 40~42절] 예수께서 가라사대 내 말이(을) 네가 믿으면 하나님의 영광을 보리라 하지 아니하였느냐 하신대 돌을 옮겨 놓으니 예수께서 눈을 들어 우러러 보시고 가라사대 아버지여 내 말을 들으신 것을 감사하나이다. 항상 내 말을 들으시는 줄을 내가 알았나이다. 그러나 이 말씀 하옵는 것은 둘러선 무리를 위함이니 곧 아버지께서 나를 보내신 것을 저희로 믿게 하려 함이니이다.

요 11·40 Λέγει αὐτῇ ὁ Ἰησοῦς, Οὐκ- ειπον σοι, ὅτι ἐὰν πιστεύσῃς, ὄψει τὴν δόξαν τοῦ θεοῦ

요 11·41 Ηοαν ουν τὸν λίθον οὗ ην ὁ τεθνηκὼς κείμενος. Ὁ- δὲ- Ἰησοῦς ηρεν τοὺς ὀφθαλμοὺς ἄνω, καὶ ειπεν, Πάτερ, εὐχαριστῶ σοι ὅτι ἤκουσάς μου.

요 11·42 ἐγὼ- δὲ ᾔδειν ὅτι πάντοτέ μου ἀκούεις· ἀλλὰ διὰ τὸν ὄχλον τὸν περιεστῶτα ειπον ἵνα πιστεύσωσιν ὅτι σύ με ἀπέστειλας.

예수님은 마르다가 하는 말을 들으신 후 마르다에게 네가 내 말을 믿으면 하나님의 영광을 보리라 하지 아니하였느냐 하며 책망조로 말씀을 하십니다. 사람들이 무덤 입구를 막고 있는 돌을 옮겨 놓으니 예수님께서 눈을 들어 우러러 보시고 가라사대 "아버지여 내 말을 들으신 것을 감사하나이다"라고 아버지께 감사를 한 후 "아버지께서 항상 내 말을 들으시는 줄을 내가 알았나이다"라고 말씀하고 있습니다.

이 말씀을 보면 아버지께서 예수님의 말씀을 들어주신 것이 이번이 처음이 아니라 때를 따라 항상 들어주고 계심을 보여주고 있는 것입니다.

그러나 "아버지께서 이렇게 행하시는 것은 둘러선 무리를 위함이니 곧 아버지께서 나를 보내신 것을 저희로 믿게 하려 함이라"고 말씀하고 있습니다. 즉 아버지께서 나사로를 병들게 하여 죽게 만드시고 죽은 나사로를 예수를 통해 살리게 하시는 것은 이 사건을 통하여 예수를 불신하고 있는 자들에게 예수가 하나님의 아들이라는 것을 믿게하기 위해 아버지께서 역사하신 것이라는 뜻입니다.

[요한복음 11장 43~44절] 이 말씀을 하시고 큰 소리로 나사로야 나오라 부르시니 죽은 자가 수족을 베로 동인 채로 나오는데 그 얼굴은 수건에 싸였더라 예수께서 가라사대 풀어 놓아 다니게 하라 하시니라

요 11·43 Καὶ ταῦτα εἰπών, φωνῇ μεγάλῃ ἐκραύγασεν, Λάζαρε, δεῦρο ἔξω.

요 11·44 Καὶ ἐξῆλθεν ὁ τεθνηκώς, δεδεμένος τοὺς πόδας καὶ τὰς χεῖρας κειρίαις, καὶ ἡ- ὄψις- αὐτοῦ σουδαρίῳ περιεδέδετο. λέγει αὐτοῖς ὁ Ἰησοῦς, Λύσατε αὐτὸν καὶ ἄφετε ὑπάγειν.

예수님은 이렇게 무리들에게 말씀하시고 큰 소리로 "나사로야 나오라"고 부르시니 죽은 나사로가 일어나 수족을 베로 동인 채로 나오는데 나사로의 얼굴이 수건에 싸여 있는 것을 보시고 예수께서 가라사대 "풀어 놓아 다니게 하라"고 하여 나사로는 살게 된 것입니다. 이렇게 죽은 지 나흘이 된 나사로가 다시 살아난 것은 불가사이한 일이며 예수님만이 하실 수 있는 일이라 믿고 있습니다.

과연 예수님께서 죽은 나사로를 살리신 것일까요? 그러므로 이 사건은 말씀을 통해서 자세히 살펴보아야 합니다. 왜냐하면 첫째는 예수님께서 나사로가 병들었다고 했을 때 제자들에게 이 병은 죽을 병이 아니라고 분명히 말씀하셨고 둘째는 나사로에게 가실 때 예수님은 나사로가 죽은 것이 아니라 잠들어 있어 깨우러 간다고 말씀하셨기 때문입니다. 왜냐하면 나사로가 완전히 죽었다면 예수님께서 살리러 가자고 말씀하시지 깨우러 간다고 말씀하시지 않았기 때문입니다.

그러므로 예수님은 나사로의 병이 중한 상태에서 영혼이 잠시 잠들어 있는 나사로의 영혼을 깨운 것이지 죽은 나사로의 육신을 살린 것이 아니라는 것입니다. 즉 나사로는 사람들이 입신을 하거나 놀라서 까무러칠 때 정신이 잠시 나갔다 들어오는 것처럼 하나님께서 나사로의 혼을 삼일 동안 몸에서 분리시켜 죽은 상태로 무덤에 누워 있게 한 나사로를 예수님이 가셔서 큰 소리로 외쳐 깨우신 것입니다. 이것은 뇌사 상태에서 몇 달씩 병원에 누워 있다가 다시 살아나는 경우와 유사한 것입니다.

그런데 그보다 더 중요한 것은 유대인들이나 오늘날 기독교인들은 죽음을 육신을 기준하고 있지만 예수님은 영혼을 기준하고 있다는 것을 알아야 합니다. 이것은 예수님께서 내 부친을 장사하러 잠시 다녀 오겠다는 제자에게 "죽은 자는 죽은 자들로 장사하게 하고 너는 나를 따르라"고 말씀하신 것을 보면 알 수 있습니다. 때문에 하나님께서 야고보서를 통하여 살아 있는 사람도 영이 없으면 죽은 몸이라 말씀하신 것입니다.

결국 예수님이 죽은 나사로를 살리신 것은 죽은 몸이 아니라 죽은 영혼을 살리셨다는 것을 알아야 합니다. 만일 예수님께서 나사로의 영혼을 살리지 않고 육신을 살리셨다면 세상의 의사와 다름이 없고 나사로는 결국 다시 죽었을 것입니다.

[요한복음 11장 45~53절] 마리아에게 와서 예수의 하신 일

을 본 많은 유대인이 저를 믿었으나 그 중에 어떤 자는 바리새인들에게 가서 예수의 하신 일을 고하니라 이에 대제사장들과 바리새인들이 공회를 모으고 가로되 이 사람이 많은 표적을 행하니 우리가 어떻게 하겠느냐 만일 저를 이대로 두면 모든 사람이 저를 믿을 것이요 그리고 로마인들이 와서 우리 땅과 민족을 빼앗아가리라 하니 그 중에 한 사람 그 해 대제사장인 가야바가 저희에게 말하되 너희가 아무 것도 알지 못하는도다 한 사람이 백성을 위하여 죽어서 온 민족이 망하지 않게 되는 것이 너희에게 유익한 줄을 생각지 아니하는도다 하였으니 이 말은 스스로 함이 아니요 그 해에 대제사장이므로 예수께서 그 민족을 위하시고 또 그 민족만 위할 뿐 아니라 흩어진 하나님의 자녀를 모아 하나가 되게 하기 위하여 죽으실 것을 미리 말함이러라 이 날부터는 저희가 예수를 죽이려고 모의하니라.

요 11·45 Πολλοὶ ουν ἐκ τῶν Ἰουδαίων οἱ ἐλθόντες πρὸς
τὴν Μαρίαν καὶ θεασάμενοι ἃ ἐποίησεν ὁ Ἰησοῦς,
ἐπίστευσαν εἰς αὐτόν.
요 11·46 τινὲς- δὲ ἐξ αὐτῶν ἀπῆλθον πρὸς τοὺς
Φαρισαίους καὶ ειπεν αὐτοῖς ἃ ἐποίησεν ὁ Ἰησοῦς.
요 11·47 συνήγαγον ουν οἱ ἀρχιερεῖς καὶ οἱ Φαρισαῖοι

συνέδριον, καὶ ἔλεγον, Τί ποιοῦμεν ὅτι οὗτος ὁ ἄνθρωπος πολλὰ σημεῖα ποιεῖ.

요 11·48 ἐὰν ἀφῶμεν αὐτὸν οὕτως, πάντες πιστεύσουσιν εἰς αὐτόν· καὶ ἐλεύσονται οἱ Ρωμαῖοι καὶ ἀροῦσιν ἡμῶν καὶ τὸν τόπον καὶ τὸ ἔθνος.

요 11·49 Εἷς- δέ- τις ἐξ αὐτῶν, Καϊάφας, ἀρχιερεὺς ὢν τοῦ- ἐνιαυτοῦ- ἐκείνου, ειπεν αὐτοῖς,Ὑμεῖς οὐκ οἴδατε οὐδέν,

요 11·50 οὐδὲ διαλογίζεσθε ὅτι συμφέρει ἡμῖν ἵνα εἷς ἄνθρωπος ἀποθάνῃ ὑπὲρ τοῦ λαοῦ, καὶ μὴ ὅλον τὸ ἔθνος ἀπόληται.

요 11·51 Τοῦτο- δὲ ἀφ᾽ ἑαυτοῦ οὐκ- ειπεν, ἀλλὰ ἀρχιερεὺς ὢν τοῦ- ἐνιαυτοῦ- ἐκείνου, προεφήτευσεν ὅτι ἔμελλεν ὁ Ἰησοῦς ἀποθνῄσκειν ὑπὲρ τοῦ ἔθνους,

요 11·52 καὶ οὐχ ὑπὲρ τοῦ ἔθνους μόνον, ἀλλ᾽ ἵνα καὶ τὰ τέκνα τοῦ θεοῦ τὰ διεσκορπισμένα συναγάγῃ εἰς ἕν.

요 11·53 ἀπ᾽ ἐκείνης ουν τῆς ἡμέρας συνεβουλεύσαντ ο ἵνα ἀποκτείνωσιν αὐτόν.

마리아를 위문하기 위해 나사로의 장례식에 왔던 무리들은 예수님이 행하신 일을 보고 많은 유대인들이 예수를 하나님의 아들이라는 것을 믿었다고 말씀하고 있습니다. 하나님은 나사로의 죽음과 다시 살리심을 통해서 많은 사람들이 예수가 하나님의 아들이요 메시야라는 것을 믿게 하신 것입니다. 이렇게 하나님은 은밀한 가운데 예수님과 함께 구원의 사역을 하고 계신 것입니다. 그런데 그중에 어떤 자는 바리새인들에게 가서 예수님이 하신 일을 낱낱이 고한 것입니다. 이 말을 들은 대제사장들과 바리새인들이 공회에 모여 말하되 "이 사람이 많은 표적을 행하니 우리가 어떻게 하면 좋겠느냐? 만일 저 예수를 이대로 두면 모든 사람이 저를 믿을 것이요 또한 로마인들이 와서 우리 땅과 민족을 빼앗아갈 것이다"라고 말하고 있습니다.

그런데 그중에 한 사람 그 해의 대제사장인 가야바가 저희에게 말하되 "너희가 아무것도 알지 못하는도다 한 사람이 백성을 위하여 죽어서 온 민족이 망하지 않게 되는 것이 너희에게 유익한 줄 생각지 아니한다"고 말하고 있습니다.

하나님을 믿고 섬기는 대제사장과 유대인들은 지금 하나님의 아들 예수님이 오셔서 표적을 행하니 자신들이 망하게 된다고 걱정을 하며 예수를 죽이는 것이 우리에게 유익하다고 예수를 죽이려 하고 있습니다.

그런데 대제사장 가야바가 이렇게 말한 것은 자기 스스

로 한 말이 아니라 예수님께서 하나님의 백성들을 위해서 또한 흩어져 있는 하나님의 자녀를 모아 하나가 되게 하기 위해서 그 해 대제사장인 가야바를 통해 대언한 것을 알 수 있습니다. 이렇게 하나님은 하나님의 뜻을 이루기 위해서 예수님이나 천사들만 사용하는 것이 아니라 때로는 마귀나 사탄도 들어서 사용하시는 것을 볼 수 있는데 이것은 동방의 의인이라는 욥을 회개시켜 구원하기 위해 하나님께서 사단을 보내신 것과 같은 것입니다.

대제사장과 유대인들은 예수를 죽이기로 결의하고 이날부터 예수를 죽이려고 모의하기 시작한 것입니다.

[요한복음 11장 54~57절] 그러므로 예수께서 다시 유대인 가운데 드러나게 다니지 아니하시고 여기를 떠나 빈 들 가까운 곳인 에브라임이라는 동네에 가서 제자들과 함께 거기 유하시니라 유대인의 유월절이 가까우매 많은 사람이 자기를 성결케 하기 위하여 유월절 전에 시골서 예루살렘으로 올라갔더니 저희가 예수를 찾으며 성전에 서서 서로 말하되 너희 생각에는 어떠하뇨 저가 명절에 오지 아니하겠느냐 하니 이는 대제사장들과 바리새인들이 누구든지 예수 있는 곳을 알거든 고하여 잡게 하라 명령하였음이러라.

요 11·54 Ἰησοῦς ουν οὐκ ἔτι παῤῥησίᾳ περιεπάτει ἐν τοῖς Ἰουδαίοις, ἀλλὰ ἀπῆλθεν ἐκεῖθεν εἰς τὴν χώραν ἐγγὺς τῆς ἐρήμου, εἰς Ἐφραὶμ λεγομένην πόλιν, κἀκεῖ διέτριβεν μετὰ τῶν- μαθητῶν- αὐτοῦ.

요 11·55 ην- δὲ ἐγγὺς τὸ πάσχα τῶν Ἰουδαίων, καὶ ἀνέβησαν πολλοὶ εἰς Ἱεροσόλυμα ἐκ τῆς χώρας πρὸ τοῦ πάσχα, ἵνα ἁγνίσωσιν ἑαυτούς.

요 11·56 ἐζήτουν ουν τὸν Ἰησοῦν, καὶ ἔλεγον μετ᾽ ἀλλήλων ἐν τῷ ἱερῷ ἑστηκότες, Τί δοκεῖ ὑμῖν, ὅτι οὐ- μὴ ἔλθῃ εἰς τὴν ἑορτήν

요 11·57 Δεδώκεισαν- δὲ καὶ οἱ ἀρχιερεῖς καὶ οἱ Φαρισαῖοι ἐντολήν, ἵνα ἐάν τις γνῷ ποῦ ἐστιν μηνύσῃ, ὅπως πιάσωσιν αὐτόν.

예수님은 대제사장과 바리새인들이 자신을 잡으려는 것을 아시고 다시 유대인 가운데 드러나게 다니지 아니하시고 그곳을 떠나 빈 들 가까운 곳인 에브라임이라는 동네에 가서 제자들과 함께 머무시게 된 것입니다.

예수님께서 대제사장과 바리새인들의 눈을 피해 에브라임으로 피신하신 것은 죽음이 두려워서가 아니라 아직

할 일이 남아 계시고 지금은 죽으실 때가 아니라는 것을 아시기 때문입니다. 유대인의 유월절이 가까워지니 많은 사람이 자기를 성결케 하기 위하여 유월절 전에 시골서 예루살렘으로 모여들게 된 것입니다. 그런데 저희가 예수를 찾으며 성전에 서서 서로 말하되 "너희 생각은 어떠하냐? 예수가 명절에 오지 아니하겠느냐?" 하고 말하니 이는 대제사장들과 바리새인들이 누구든지 예수 있는 곳을 알거든 고하여 잡게 하라 명령하였기 때문입니다.

유월절은 유대인의 명절이라 말하고 있는데 이는 이스라엘 백성이 애굽에서 출애굽을 하여 광야로 나와 하나님께 드린 제사를 말합니다. 유월절은 하나님께서 애굽에서 종 노릇 하는 이스라엘 백성을 구원하기 위해 모세를 통해 바로 왕과 애굽 민족들에게 십대 재앙을 내려 출애굽한 날을 기념하는 행사로 이스라엘 백성의 최대 명절입니다.

이 절기에 니산월(유대 달력으로 7월을 말함) 십일에 처음 난 양을 골라 두었다가 14일 밤에 잡아 그 피를 문설주에 바르고 그 고기를 구워먹는 것입니다. 그리고 그 이튿날인 15일부터 7일 동안 누룩이 들어가지 않은 무교병을 먹는 것입니다.

유월절 제사는 유대인들은 물론 하나님의 백성은 모두

지켜야 할 가장 중요한 제사입니다. 때문에 오늘날 기독교인들도 예외 없이 지금의 애굽(세상) 신앙에서 벗어나 광야로 들어가면 반드시 유월절 제사를 7일 동안 드려야 가나안 땅으로 들어가 하나님의 아들로 거듭나게 되는 것입니다. 그런데 안타깝게도 오늘날 기독교인들은 애굽이 어느 곳인지 그리고 광야는 왜 들어가 훈련을 받아야 하는지 조차도 모르고 있습니다. 오늘날 기독교인들이 천국에 들어가려면 이스라엘 백성과 같이 애굽에서 출애굽을 하여 광야로 들어가 무교병(율법)을 먹으며 강한 훈련을 받고 나서 가나안에 들어가 하나님의 아들로 거듭나야 합니다. 이러한 길과 이 과정은 하나님께서 정해 놓으신 길이기 때문에 하나님의 백성이라면 어느 누구를 막론하고 반드시 가야 하는 길입니다.

예수님은 이렇게 힘들게 가는 길을 좁고 협착한 생명의 길이라 말씀하시며, 예수를 믿기만 하면 누구나 천국을 간다는 길은 넓고 평탄한 멸망의 길이라 말씀하시고 있는 것입니다.

제12장

예수님의 발에 향유를 부은 마리아와 예수님을 죽이려는 자들

유월절 엿새 전에 예수께서 베다니에 이르시니
이곳은 예수께서 죽은 자 가운데서 살리신 나사로의 있는 곳이라

Ο- ουν -᾽Ιησοῦς πρὸ ἓξ ἡμερῶν τοῦ πάσχα ηλθεν εἰς Βηθανίαν, ὅπου
ην Λάζαρος ὁ τεθνηκώς, ὃν ἤγειρεν ἐκ νεκρῶν.

[요한복음 12장 1~3절] 유월절 엿새 전에 예수께서 베다니에 이르시니 이곳은 예수께서 죽은 자 가운데서 살리신 나사로의 있는 곳이라 거기서 예수를 위하여 잔치할쌔 마르다는 일을 보고 나사로는 예수와 함께 앉은 자 중에 있더라 마리아는 지극히 비싼 향유 곧 순전한 나드 한 근을 가져다가 예수의 발에 붓고 자기 머리털로 그의 발을 씻으니 향유 냄새가 집에 가득하더라.

요 12·1 Ο- ουν-᾿Ιησοῦς πρὸ ἓξ ἡμερῶν τοῦ πάσχα ηλθεν
ἐὶς Βηθανίαν, ὅπου ην Λάζαρος ὁ τεθνηκώς, ὂν ἤγειρεν ἐκ
νεκρῶν.
요 12·2 ἐποίησαν ουν αὐτῷ δεῖπνον ἐκεῖ, καὶ ἡ Μάρθα
διηκόνει· ὁ- δὲ- Λάζαρος εἷς ην τῶν συνανακειμένων αὐτῷ
요 12·3 Ἡ- ουν- Μαρία λαβοῦσα λίτραν μύρου νάρδου
πιστικῆς πολυτίμου, ἤλειψεν τοὺς πόδας τοῦ᾿Ιησοῦ, καὶ
ἐξέμαξεν ταῖς- θριξὶν- αὐτῆς τοὺς- πόδας- αὐτοῦ· ἡ- δὲ
οἰκία ἐπληρώθη ἐκ τῆς ὀσμῆς τοῦ μύρου.

예수께서 유월절 엿새 전에 베다니에 이르시니 이곳은 예수께서 나사로를 죽은 자 가운데서 살리신 나사로와 마리아 그리고 마르다가 살고 있는 집입니다. 마리아의 집에서 예수를 위하여 잔치를 준비하고 있는데 마르다는 일을 하고 있고 나사로는 예수와 함께 무리 중에 앉아 있었다고 말씀하고 있습니다. 이런 상황에서 마리아는 지극히 비싼 향유 곧 순전한 나드 한 근을 가져다가 예수님의 발에 붓고 자기 머리털로 그의 발을 씻으니 향유 냄새가 집에 가득하게 되었다고 말씀하고 있습니다.

여기서 마리아가 예수님의 발에 부은 향유 곧 순전한 나드 한 근에 대해서 알아야 합니다. 나드는 히말리야의 깊은 산중에서 서식하는 감송나무 뿌리에서 추출한 아주 귀한 향유로 나드 한 근의 가격은 삼백 데나리온이나 한다고 합니다. 그런데 마리아가 예수님 발에 부은 소중한 향유는 향유의 가치를 말하는 것이 아니라 예수님을 향한 마리아의 간절한 마음을 비유로 말씀하신 것입니다. 마리아가 마음과 뜻과 정성을 다해 예수님의 발을 씻긴 진정한 뜻은 예수님이 주시는 말씀으로 마리아의 더러운 마음을 깨끗하게 씻었다는 뜻입니다.

왜냐하면 더러운 발을 씻어야 할 사람은 예수님이 아니라 마리아 자신이기 때문입니다. 마리아가 예수님의 발에 향유를 붓고 머리털로 씻기니 그 향이 집에 가득하게 되었다고 말씀하고 있습니다. 이것은 향유 냄새가 마리아의 온 집안에 가득했다는 뜻이 아니라 마리아의 마음에 성령이 충만해졌다는 것을 비유로 말씀하신 것입니다.

[요한복음 12장 4~8절] 제자 중 하나로서 예수를 잡아 줄 가롯 유다가 말하되 이 향유를 어찌하여 삼백 데나리온에 팔아 가난한 자들에게 주지 아니하였느냐 하니 이렇게 말함은 가난한 자들을 생각함이 아니요 저는 도적이라 돈 궤를 맡고 거기 넣는 것을 훔쳐 감이러라 예수께서 가라사대 저를 가만 두어 나의 장사할 날을 위하여 이를 두게 하라 가난한 자들은 항상 너희와 함께 있거니와 나는 항상 있지 아니하리라 하시니라.

요 12·4 λέγει ουν εἷς ἐκ τῶν- μαθητῶν- αὐτοῦ,' Ιούδας, Σίμωνος Ισκαριώτης, ὁ μέλλων αὐτὸν παραδιδόναι,

요 12·5 Διατί τοῦτο τὸ μύρον οὐκ ἐπράθη τριακοσίων δηναρίων, καὶ ἐδόθη πτωχοῖς

요 12·6 Ειπεν δὲ τοῦτο, οὐχ ὅτι περὶ τῶν πτωχῶν ἔμελεν αὐτῷ, ἀλλ' ὅτι κλέπτης ην, καὶ τὸ γλωσσόκομον εχων, καὶ τὰ βαλλόμενα ἐβάσταζεν.

요 12·7 ειπεν ουν ὁ Ἰησοῦς,"Αφες αὐτήν· εἰς τὴν ἡμέραν

τοῦ- ἐνταφιασμοῦ- μου τετήρηκεν αὐτό.

요 12·8 τοὺς πτωχοὺς γὰρ πάντοτε ἔχετε μεθ' ἑαυτῶν, ἐμὲ- δὲ οὐ πάντοτε ἔχετε.

예수님의 제자 중 하나 곧 예수를 유대인들에게 은 삼십 냥에 팔아먹을 가룟 유다가 말하되 이 향유를 어찌하여 삼백 데나리온에 팔아 가난한 자들에게 주지 않고 예수님의 발에 붓느냐고 말하는 것은 가난한 자들을 생각해서 한 말이 아니라는 것입니다. 왜냐하면 가룟 유다는 도적과 같은 심보를 가진 자로 돈 궤(헌금통)를 관리하고 있는데 돈을 헌금통에 넣으면 훔쳐가려는 마음이기 때문입니다.

가룟 유다의 말을 들으신 예수님은 마리아가 하는 일에 간섭하지 말고 그대로 두어 나의 장사할 날을 위하여 이런 일을 마음에 간직하게 하라고 말씀하십니다. 왜냐하면 가난한 자들은 항상 너희와 함께 있어 언제나 그들에게 베풀 수 있지만 나는 너희와 항상 있지 않고 곧 떠나기 때문에 내게는 베풀 기회가 없다는 뜻입니다.

예수님이 이렇게 말씀하시는 것은 곧 가룟 유다가 유대인들에게 예수님을 팔아 넘겨 십자가에 달려 죽는다는 것을 이미 알고 계시기 때문입니다.

[요한복음 12장 9~11절] 유대인의 큰 무리가 예수께서 여기 계신 줄을 알고 오니 이는 예수만 위함이 아니요 죽은 자 가운데서 살리신 나사로도 보려 함이러라 대제사장들이 나사로까지 죽이려고 모의하니 나사로 까닭에 많은 유대인이 가서 예수를 믿음이러라.

요 12·9 Ἔγνω ουν ὄχλος πολὺς ἐκ τῶν Ἰουδαίων ὅτι ἐκεῖ ἐστιν, καὶ ηλθον, οὐ διὰ τὸν Ἰησοῦν μόνον, ἀλλ᾽ ἵνα καὶ τὸν Λάζαρον ἴδωσιν ὃν ἤγειρεν ἐκ νεκρῶν.

요 12·10 ἐβουλεύσαντο- δὲ οἱ ἀρχιερεῖς ἵνα καὶ τὸν Λάζαρον ἀποκτείνωσιν,

요 12·11 ὅτι πολλοὶ δι᾽ αὐτὸν ὑπῆγον τῶν Ἰουδαίων καὶ ἐπίστευον εἰς τὸν Ἰησοῦν.

예수님께서 행하시는 표적을 본 유대인의 큰 무리가 예수님께서 여기 계신 줄 알고 몰려오니 이는 예수님만 보려는 것이 아니라 죽은 자 가운데서 살아난 나사로도 보려는 것입니다. 이렇게 큰 무리들이 예수님을 보기 위해 그리고 죽은 자 가운데서 살아난 나사로를 만나 보려고 몰려다니는 것을 보고 대제사장들이 예수님뿐만 아니라 나사로까지 죽이려고 모의하는 것입니다. 왜냐하면 죽은 나사로를 살렸다는 소문을 듣고 많은 유대인들이 예수님을 찾아가서 예수님을 믿기 때문입니다.

유대인들이 믿고 따르는 것은 제사장들이요 오늘날 기독교인들이 믿고 따르는 것은 오직 목사님뿐인데 하나님의 아들이신 예수님이 갑자기 나타나 사람들의 마음이 모두 예수님께 향하기 때문에 예수님과 나사로까지 잡아 죽이려 하는 것입니다. 결국 하나님의 아들을 죽이는 것은 타 종교인이나 불신자가 아니라 제사장과 목회자들이라는 것입니다. 왜냐하면 오늘날도 누가 하나님의 아들이라고 하든가 구원자라고 말하면 유대인들과 같이 그를 보지도 않고 그의 말을 들어보지도 않고 무조건 이단으로 몰아붙여 배척하고 있기 때문입니다.

그러나 오늘날 하나님의 아들이 없고 예수가 없다면 절대로 구원을 받을 수 없다는 것을 알아야 합니다. 그보다 더 중요한 것은 하나님께서 오늘날의 구원자로 보내주시는 현재의 예수, 즉 지금 살아서 존재하고 있는 오늘날의 예수를 믿어야 구원을 받아 하나님의 아들로 거듭날 수 있다고 말씀하고 있기 때문입니다.

[요한복음 12장 12~16절] 그 이튿날에는 명절에 온 큰 무리가 예수께서 예루살렘으로 오신다 함을 듣고 종려나무 가지를 가지고 맞으러 나가 외치되 호산나 찬송하리로다 주의 이름으로 오시는 이 곧 이스라엘의 왕이시여 하더라 예수는 한 어린 나귀를 만나서 타시니 이는 기록된바 시온 딸아 두려워 말라 보라 너의 왕이 나귀새끼를 타고 오신다 함과 같더라 제자들은 처음에 이 일을 깨닫지 못하였다가 예수께서 영광을 얻으신 후에야 이것이 예수께 대하여 기록된 것임과 사람들이 예수께 이같이 한 것인 줄 생각났더라.

요 12·12 Τῇ- ἐπαύριον ὄχλος πολὺς ὁ ἐλθὼν εἰς τὴν ἑορτήν, ἀκούσαντες ὅτι ἔρχεται ὁ Ἰησοῦς εἰς Ἱεροσόλυμα,

요 12·13 ἔλαβον τὰ βαΐα τῶν φοινίκων καὶ ἐξῆλθον εἰς ὑπάντησιν αὐτῷ, καὶ ἔκραζον, Ὡσαννά, εὐλογημένος ὁ ἐρχόμενος ἐν ὀνόματι κυρίου, ὁ βασιλεὺς τοῦ Ἰσραήλ.

요 12·14 εὑρὼν δὲ ὁ Ἰησοῦς ὀνάριον ἐκάθισεν ἐπ' αὐτό, καθώς ἐστιν γεγραμμένον,

요 12·15 Μὴ- φοβοῦ, θύγατερ Σιών· ἰδού, ὁ- βασιλεύς-σου ἔρχεται, καθήμενος ἐπὶ πῶλον ὄνου.

요 12·16 ταῦτα δὲ οὐκ ἔγνωσαν οἱ- μαθηταὶ- αὐτοῦ τὸπρῶτον, ἀλλ' ὅτε ἐδοξάσθη ὁ Ἰησοῦς τότε ἐμνήσθησαν ὅτι ταῦτα ἦν ἐπ' αὐτῷ γεγραμμένα, καὶ ταῦτα ἐποίησαν αὐτῷ

그 이튿날 유대인의 명절인 유월절에 온 큰 무리가 예수께서 예루살렘으로 오신다는 말을 듣고 종려나무 가지를 들고 예수님을 맞으러 나가 외치되 "호산나 찬송하리로다" 하면서 "주의 이름으로 오시는 이 곧 이스라엘 왕이시여" 하며 예수님을 환영 하였습니다.

예수는 한 어린 나귀를 만나서 그 위에 앉으셨습니다. 그런데 이는 경에 기록된 바 "시온의 딸아, 두려워 말라, 보라, 너의 왕이 나귀새끼를 타고 오신다" 한 말씀대로입니다. 사람이 타고 다니는 짐승은 말인데 하나님께서 무엇 때문에 작고 어린 나귀를 준비하여 예수님을 태우셨을까요?

그 이유는 작고 어린 나귀는 순전하고 겸손하고 정결함을 나타내는 짐승으로 동정녀 마리아와 같은 정결한 처녀 위에 성령이 임하신다는 것을 비유하여 보여주신 것입니다. 때문에 예수님의 제자들도 처음에 이러한 일을 전혀 깨닫지 못하였다가 예수께서 영광을 얻으신 후, 즉 예수님의 제자들이 어린 나귀와 같은 존재가 되어 성령이 자신들 안에 임하였을 때 이것이 곧 예수님과 자신들에게 일어날 일에 대하여 기록하신 것임을 기억하고 이해하게 되었다고 말씀하고 있습니다.

[요한복음 12장 17~19절] 나사로를 무덤에서 불러내어 죽은 자 가운데서 살리실 때에 함께 있던 무리가 증거한지라 이에 무리가 예수를 맞음은 이 표적 행하심을 들었음이러라 바리새인들이 서로 말하되 볼찌어다 너희 하는 일이 쓸데 없다 보라 온 세상이 저를 좇는도다 하니라.

요 12:17 ἐμαρτύρει ουν ὁ ὄχλος ὁ ὢν μετ᾽ αὐτοῦ, ὅτε τὸν Λάζαρον ἐφώνησεν ἐκ τοῦ μνημείου, καὶ ἤγειρεν αὐτὸν ἐκ νεκρῶν.

요 12:18 διὰ τοῦτο καὶ ὑπήντησεν αὐτῷ ὁ ὄχλος, ὅτι ἤκουσεν τοῦτο αὐτὸν- πεποιηκέναι τὸ σημεῖον.

요 12:19 οἱ ουν Φαρισαῖοι ειπον πρὸς ἑαυτούς, Θεωρεῖτε ὅτι οὐκ ὠφελεῖτε οὐδέν ἴδε, ὁ κόσμος ὀπίσω αὐτοῦ ἀπῆλθεν.

예수님을 따르는 무리 가운데 나사로를 무덤에서 불러내 죽은 자 가운데서 살리실 때에 함께 있던 자들이 예수님에 대하여 증거를 하였고 이들의 말을 들은 무리가 예수님을 맞음은 예수님이 행하신 표적을 들었기 때문입니다. 바리새인들이 예수를 믿고 따르는 무리들을 바라보고 서로 말하되 보라 너희 하는 일, 즉 예수를 잡아 죽이려는 일이 아무소용이 없다고 말하고 있습니다. 왜냐하면 지금 온 세상 사람들이 예수님을 믿고 좇기 때문이라는 것입니다.

이렇게 지금은 예수를 믿고 따르는 무리들이 많아 제사장들이나 바리새인들이 함부로 예수님을 잡을 수가 없었습니다. 그보다는 하나님께서 예수님을 부르실 때가 아직 아니기 때문에 바리새인들이 예수님을 잡지 못하는 것입니다.

[요한복음 12장 20~24절] 명절에 예배하러 올라온 사람 중에 헬라인 몇이 있는데 저희가 갈릴리 벳새다 사람 빌립에게 가서 청하여 가로되 선생이여 우리가 예수를 뵈옵고자 하나이다 하니 빌립이 안드레에게 가서 말하고 안드레와 빌립이 예수께 가서 여짜온대 예수께서 대답하여 가라사대 인자의 영광을 얻을 때가 왔도다 내가 진실로 진실로 너희에게 이르노니 한 알의 밀이 땅에 떨어져 죽지 아니하면 한 알 그대로 있고 죽으면 많은 열매를 맺느니라.

요 12:20 Ησαν- δὲ τινες Ἕλληνές ἐκ τῶν ἀναβαινόντων ἵνα προσκυνήσωσιν ἐν τῇ ἑορτῇ·

요 12:21 οὗτοι ουν προσῆλθον Φιλίππῳ, τῷ ἀπὸ Βηθσαϊδὰ τῆς Γαλιλαίας, καὶ ἠρώτων αὐτὸν λέγοντες, Κύριε, θέλομεν τὸν Ἰησοῦν ἰδεῖν.

요 12:22 Ἔρχεται — Φίλιππος καὶ λέγει τῷ Ἀνδρέᾳ· καὶ πάλιν Ἀνδρέας καὶ Φίλιππος λέγουσιν τῷ Ἰησοῦ.

요 12:23 ὁ- δὲ- Ἰησοῦς ἀπεκρίνατο αὐτοῖς λέγων, Ἐλήλυθεν ἡ ὥρα ἵνα δοξασθῇ ὁ υἱὸς τοῦ ἀνθρώπου.

요 12:24 ἀμὴν ἀμὴν λέγω ὑμῖν, ἐὰν- μὴ ὁ κόκκος τοῦ σίτου πεσὼν εἰς τὴν γῆν ἀποθάνῃ, αὐτὸς μόνος μένει· ἐὰν- δὲ ἀποθάνῃ, πολὺν καρπὸν φέρει.

유대인들의 명절에 예배하러 올라온 사람 중에 헬라인 몇이 있는데 그들이 갈릴리 벳새다 사람 빌립에게 가서 청하여 가로되 "선생이여 우리가 예수님을 뵈옵고자 합니다" 하니 빌립이 안드레에게 가서 말하고 안드레와 빌립은 예수님께 가서 헬라인들이 주님을 뵙고자 찾아 왔다고 조심스럽게 말씀을 드리고 있습니다. 이러한 장면을 보면 이때는 예수님을 믿고 따르는 무리들이 많아 쉽게 만날 수가 없었다는 것을 알 수 있습니다.

이 때 예수님은 빌립과 안드레에게 인자가 영광을 얻을 때가 왔다고 말씀하시면서 "내가 진실로 진실로 너희에게 이르노니 한 알의 밀이 땅에 떨어져 죽지 아니하면 한 알 그대로 있고 죽으면 많은 열매를 맺느니라"고 말씀하시는 것입니다.

예수님께서 이렇게 말씀하시는 것은 예수님의 죽음과 부활, 즉 이제 열매를 맺을 때가 되었다는 뜻입니다. 왜냐하면 한 알의 밀이 땅에 떨어져 죽지 않으면 많은 열매를 맺을 수 없다고 말씀하고 있기 때문입니다.

예수님이 지금 하신 말씀과 같이 예수님은 십자가에 달려 죽으셨고 예수님의 죽음으로 인해서 열두 열매, 즉 예수님은 열두 제자들 안에서 부활하심으로 말미암아 열두 사도들로 나타나게 된 것입니다.

예수님께서 십자가에서 돌아가시면서 "나는 다 이루었도다"라고 말씀하신 것은 한 알의 밀이 땅에 떨어져 죽어서 많은 열매를 맺듯이 예수님께서 이 세상에 오셔서 하나님의 말씀을 통해 열두 사도를 창조하셨다는 뜻으로 하신 말씀입니다. 이렇게 예수님은 이 세상에 구원자로 오셔서 하나님이 원하시는 열매를 완벽하게 맺고 떠나신 것입니다.

[요한복음 12장 25~26절] 자기 생명을 사랑하는 자는 잃어버릴 것이요 이 세상에서 자기 생명을 미워하는 자는 영생하도록 보존하리라 사람이 나를 섬기려면 나를 따르라 나 있는 곳에 나를 섬기는 자도 거기 있으리니 사람이 나를 섬기면 내 아버지께서 저를 귀히 여기시리라

요 12:25 ὁ φιλῶν τὴν- ψυχὴν- αὐτοῦ ἀπολὲσει αὐτήν, καὶ ὁ μισῶν τὴν ψυχὴν αὐτοῦ ἐν τῷ- κόσμῳ- τούτῳ εἰς ζωὴν αἰώνιον φυλάξει αὐτὴν.

요 12:26 ἐὰν ἐμοί διακονῇ τις ἐμοὶ ἀκολουθείτω· καὶ ὅπου εἰμὶ ἐγὼ ἐκεῖ καὶ ὁ διάκονος ὁ ἐμὸς ἔσται· καί ἐάν τις ἐμοὶ διακονῇ, τιμήσει αὐτὸν ὁ πατήρ.

예수님은 이어서 "자기 생명을 사랑하는 자는 잃어버릴 것이요 이 세상에서 자기 생명을 미워하는 자는 영생하도록 보존할 것이다"라고 말씀하십니다.

예수님의 이런 말씀은 오늘날 기독교인들에게 이해할 수도 없고 받아들이기도 힘든 말씀입니다. 왜냐하면 사람들은 모두 자기 생명을 사랑하지 자기 생명을 미워하는 사

람은 한 사람도 없기 때문입니다. 사람들은 자기 생명을 위해서 살고 신앙생활도 자신을 위해서 하며 천국도 자기 생명을 위해서 가려는 것입니다.

그런데 예수님은 지금 "자기 생명을 사랑하는 자는 잃어버릴 것이며 자기 생명을 미워하는 자는 영원히 보존하게 된다"고 말씀하시는 것입니다. 왜냐하면 자기 생명을 사랑하는 자는 이웃을 구원하기 위해 자신의 생명을 희생할 수 없고 자기 생명을 미워하는 자는 예수님과 같이 이웃을 구원하기 위해 자신의 생명을 희생할 수 있기 때문입니다. 예수님은 이어서 "사람이 나를 섬기려면 나를 따르라고 말씀하시면서 나 있는 곳에 나를 섬기는 자도 거기 있다"고 말씀하십니다.

이 말씀은 내 말을 믿고 따르는 자가 곧 나를 섬기는 자이며 내 말을 간직하고 있는 자가 곧 나와 함께 있는 자라는 뜻입니다. 예수님은 "사람이 나를 섬기면 내 아버지께서 저를 귀히 여기신다"고 말씀하십니다. 왜냐하면 나를 섬기는 자가 곧 하나님을 섬기는 자이며 내 말을 지키는 자가 곧 하나님의 말씀을 지키는 자이기 때문입니다. 이렇게 하나님께서는 하나님의 아들이신 예수님을 잘 섬기는 자를 귀히 여기시며 사랑하신다는 것입니다.

[요한복음 12장 27~31절] 지금 내 마음이 민망하니 무슨 말을 하리요 아버지여 나를 구원하여 이 때를 면하게 하여 주옵소서 그러나 내가 이를 위하여 이 때에 왔나이다. 아버지여 아버지의 이름을 영광스럽게 하옵소서 하시니 이에 하늘에서 소리가 나서 가로되 내가 이미 영광스럽게 하였고 또 다시 영광스럽게 하리라 하신대 곁에 서서 들은 무리는 우뢰가 울었다고도 하며 또 어떤이들은 천사가 저에게 말하였다고도 하니 예수께서 대답하여 가라사대 이 소리가 난 것은 나를 위한 것이 아니요 너희를 위한 것이니라 이제 이 세상의 심판이 이르렀으니 이 세상 임금이 쫓겨나리라.

요 12·27 Νῦν ἡ- ψυχή- μου τετάρακται, καὶ τί εἴπω Πάτερ, σῶσόν με ἐκ τῆς- ὥρας- ταύτης. ἀλλὰ διὰ τοῦτο ηλθον εἰς τὴν- ὥραν- ταύτην.

요 12·28 Πάτερ, δόξασόν σου τὸ ὄνομα. Ηλθον- ουν φωνὴ ἐκ τοῦ οὐρανοῦ, Καὶ ἐδόξασα καὶ πάλιν δοξάσω.

요 12·29 Ὁ- ουν- ὄχλος ὁ ἑστὼς καὶ ἀκούσας ἔλεγεν βροντὴν- γεγονέναι. ἄλλοι ἔλεγον, Ἄγγελος αὐτῷ λελάληκεν.

요 12:30 Ἀπεκρίθη ὁ Ἰησοῦς καὶ εἰπεν, Οὐ δι' ἐμὲ αὕτη ἡ φωνὴ γέγονεν, ἀλλὰ δι' ὑμᾶς.

요 12:31 νῦν κρίσις ἐστὶν τοῦ- κόσμου- τούτου· νῦν ὁ ἄρχων τοῦ- κόσμου- τούτου ἐκβληθήσεται ἔξω·

예수님께서 "지금 내 마음이 민망하니 무슨 말을 하리요 아버지여 나를 구원하여 이때를 면하게 하여 주옵소서"라고 기도하고 계십니다. 이 말씀에 내 마음이라는 단어가 원문에 '누스'(νους)나 '카르디아'(Καρδια)로 되어 있지 않고 '프쉬케'로 기록되어 있습니다. 그런데 '프쉬케'(ψυχη)는 '영'이 아니라 '혼'으로 아직 하나님의 생명으로 거듭나지 못한 육적인 생명을 말하는 것입니다. 그러면 예수님은 성령으로 잉태하여 오직 영으로 알고 있는데 예수님의 생명이 혼이라면 너무나 충격적인 것입니다.

때문에 성경에 이렇게 혼으로 기록되어 있는 것은 서기관들의 오류라 생각할 수도 있습니다. 그런데 예수님의 생명이 혼이라고 기록되어 있는 것은 이곳뿐만 아니라 요한복음 10장 15절에 "나는 양을 위하여 목숨을 버리노라"라는 구절에 예수님의 '목숨'이 동일하게 '프쉬케'(혼)로 기록되어 있습니다.

이것은 예수님 안에 있는 생명이 영도 있지만 혼도 있다는 것을 말하는 것입니다. 왜냐하면 온전한 100%의 영은 아들의 생명이 장성하여 그리스도가 되었을 때 완성되어지기 때문입니다. 때문에 사도바울이 "너희는 그리스도의 장성한 분량까지 자라야 한다"고 말씀하신 것입니다. 이와 같이 예수님이 죽고 다시 부활을 할 때 혼적 생명이 모두 소멸되고 100%의 영, 즉 그리스도가 되는 것입니다.

그리고 예수님이 내 마음이 민망하다고 말씀하시는데 '민망' 이라는 단어는 '타라소' (Ταρασσω)로 원문의 뜻은 '요동하다, 어지럽다, 괴롭다, 불안하다' 는 뜻입니다. 때문에 예수님은 죽음을 앞두고 마음이 불안하고 너무 괴로워서 아버지께 나를 구원하여 이 죽음을 면하게 해달라고 간청을 하고 있는 것입니다.

예수님께서 이렇게 죽음을 앞에 놓고 불안해하고 괴로워하는 것은 예수님 안에 인성, 즉 아직 혼적인 요소가 존재하고 있기 때문입니다. 그러나 예수님은 내가 이를 위하여 이때에 오게 되었다고 말씀하고 있습니다. 즉 예수님께서 이때에 죽기 위하여 왔다고 말씀하고 있는데 이 말씀은 예수님이 지금 이렇게 죽게 되는 것은 이미 하나님의 각본속에 정해져 있었다는 뜻입니다. 그러므로 예수님의 죽음은 피할 수도 없고 피해서도 안되는 것입니다.

왜냐하면 예수님 안에 있는 혼적인 존재가 모두 죽어야 그리스도의 생명, 즉 100%로 영의 생명으로 부활 되기 때문입니다. 이를 알고 계신 예수님은 죽음을 각오하시고 하나님께 "아버지여 아버지여 이름을 영광스럽게 해달라"고 기도하시는 것입니다.

이때 하늘에서 소리가 나서 가로되 내가 이미 영광스럽게 하였고 또 다시 영광스럽게 해주시겠다는 음성이 들린 것입니다. 이 말씀은 하나님께서 예수님에게 이미 하나님의 생명을 주어 하나님의 아들이 되게 하셨고 다시 영생, 즉 영원한 생명을 주어 그리스도가 되게 하여 주시겠다는 뜻입니다. 때문에 예수의 혼적 생명이 모두 죽어야 그리스도의 생명으로 부활이 되는 것입니다. 예수님께서 "너희가 죽고자 하면 살고 살고자 하면 죽는다"고 말씀하신 것은 바로 이 때문입니다.

하늘에서 하나님께서 말씀하시는 소리를 예수님 곁에 서서 들은 무리는 하늘에서 우뢰 소리가 울렸다고도 하고 또 어떤 이들은 천사가 저에게 말하였다고도 말하고 있습니다. 이것은 똑같은 하나님의 말씀이라도 사람의 영적인 상태와 그 차원에 따라 듣는다는 것을 보여주는 것입니다.

하나님의 음성을 들으신 예수님은 제자들에게 "이 소리가 난 것은 나를 위한 것이 아니요 너희를 위한 것이니라"고 말씀하시면서 "이제 이 세상의 심판이 이르렀으니 이 세상 임금이 쫓겨나리라"고 말씀하고 있습니다.

문제는 예수님 당시에 세상 임금은 유대왕으로 가이사를 말하고 있는데 가이사는 심판을 받거나 세상에서 쫓겨난 적이 없다는 것입니다. 그러므로 예수님이 말씀하시는 세상왕은 곧 예수님 자신을 말하며 쫓겨나는 임금은 예수님 안에 영과 함께 있는 영혼(프쉬케)을 비유로 말씀하신 것인데 인간들의 육신 안에는 혼(프쉬케)만 들어 있지만 하나님의 아들이신 예수님의 육신 안에는 혼(푸쉬케)과 영(프뉴마)이 함께 존재하고 있는 것입니다.

그러므로 이 말씀은 지금까지 예수님 안에서 임금 노릇을 하던 혼(프쉬케)적 존재는 심판을 받고 쫓겨나게 된다는 뜻입니다. 왜냐하면 예수님 안에 영과 함께 존재하고 있는 혼이 모두 쫓겨나야 예수님께서 100%의 영이 되어 그리스도로 나타나기 때문입니다.

이렇게 예수님의 혼적 존재가 죽고 예수님 안에 있는 영이 열두 제자들 안에서 부활될 때 제자들은 하나님의 아들(사도)로 거듭나게 되며 예수님은 그리스도로 나타나게 되는 것입니다.

때문에 예수님은 한 알의 밀이 떨어져 죽지 않으면 열매를 맺을 수 없고 죽으면 많은 열매를 맺게 된다고 말씀하신 것입니다.

[요한복음 12장 32~34절] 내가 땅에서 들리면 모든 사람을 내게로 이끌겠노라 하시니 이렇게 말씀하심은 자기가 어떠한 죽음으로 죽을 것을 보이심이러라 이에 무리가 대답하되 우리는 율법에서 그리스도가 영원히 계신다 함을 들었거늘 너는 어찌하여 인자가 들려야 하리라 하느냐 이 인자는 누구냐

요 12·32 κἀγὼ ἐὰν ὑψωθῶ ἐκ τῆς γῆς, πάντας ἑλκύσω πρὸς ἐμαυτόν.

요 12·33 Τοῦτο- δὲ ἔλεγεν, σημαίνων ποίῳ θανάτῳ ἤμελλεν ἀποθνήσκειν.

요 12·34 ἀπεκρίθη αὐτῷ ὁ ὄχλος, Ἡμεῖς ἠκούσαμεν ἐκ τοῦ νόμου ὅτι ὁ χριστὸς μένει εἰς- τὸν- αἰῶνα, καὶ πῶς σὺ λέγεις, Ὅτι δεῖ ὑψωθῆναι τὸν υἱὸν τοῦ ἀνθρώπου τίς ἐστιν οὗτος ὁ υἱὸς τοῦ ἀνθρώπου

예수님은 "내가 땅에서 들리면 모든 사람을 내게로 이끌겠노라" 하시니 이렇게 말씀하심은 예수님이 어떤 죽음으로 죽을 것을 무리에게 알려주시는 것입니다. 예수님께서 내가 땅에서 들려서 모든 사람을 내게로 이끌겠다는 말씀은 예수님이 죽으시고 다시 부활하셔서 많은 사람을 구원하시겠다는 뜻입니다.

예수님의 말씀에 무리가 대답하되 "우리는 율법에서 그리스도가 영원히 계신다 함을 들었거늘 너는 어찌하여 인자가 들려야 하리라 하느냐"면서 그러면 "너는 누구냐"고 묻고 있습니다.

유대인들은 하나님의 아들이나 그리스도가 절대로 죽지 않고 영원히 계신다고 믿고 있는데 너는 어찌하여 인자, 즉 하나님의 아들이 죽는다고 말하느냐는 것입니다. 그러면 인자(하나님의 아들)가 죽는다고 말하는 네 정체는 도대체 무엇이냐고 묻는 것입니다. 이것은 유대인들이나 오늘날 기독교인들도 하나님의 아들의 실체에 대해서 잘 모르기 때문에 나타나는 현상입니다. 왜냐하면 하나님은 성경을 통해서 하나님의 아들은 신성(영)과 인성(혼)을 소유하고 있는 인간 예수를 말씀하고 있는 반면에 유대인들이나 오늘날 기독교인들이 믿고 있는 하나님의 아들은 본래 성령으로 잉태되어 오직 영과 신성만 있는 존재로 오해하기 때문입니다.

그러므로 유대인이나 기독교인들이 믿고 있는 예수는 죽을 수도 없고 죽어서도 안되는 하나님의 아들입니다. 그러나 성경을 보면 하나님의 아들이신 예수님은 분명히 죽으셨고 죽은 자 가운데서 다시 부활하셨다고 말씀하고 있습니다.

[요한복음 12장 35~36절] 예수께서 가라사대 아직 잠시 동안 빛이 너희 중에 있으니 빛이 있을 동안에 다녀 어두움에 붙잡히지 않게 하라 어두움에 다니는 자는 그 가는 바를 알지 못하느니라 너희에게 아직 빛이 있을 동안에 빛을 믿으라 그리하면 빛의 아들이 되리라 예수께서 이 말씀을 하시고 저희를 떠나가서 숨으시니라.

요 12·35 Ειπεν ουν αὐτοῖς ὁ Ιησοῦς,"Ετι μικρὸν χρόνον τὸ φῶς μεθ᾽ ὑμῶν ἐστιν. περιπατεῖτε ἕως τὸ φῶς ἔχετε, ἵνα μὴ σκοτία ὑμᾶς καταλάβῃ· καὶ ὁ περιπατῶν ἐν τῇ σκοτίᾳ οὐκ- οιδεν ποῦ ὑπάγει.

요 12·36 ἕως τὸ φῶς ἔχετε, πιστεύετε εἰς τὸ φῶς, ἵνα υἱοὶ

φωτὸς γένησθε. Ταῦτα ἐλάλησεν ὁ Ἰησοῦς, καὶ ἀπελθὼν ἐκρύβη ἀπ᾽ αὐτῶν.

예수님은 "아직 잠시 동안 빛이 너희 중에 있으니 빛이 있을 동안에 빛 가운데 다녀 어두움에 붙잡히지 않게 하라"고 명하고 있습니다. 왜냐하면 어둠에 다니는 자는 그 가는 바를 알지 못하기 때문입니다. 예수님이 말씀하시는 빛은 예수님을 말하고 어둠은 아직 거듭나지 못한 존재, 즉 예수님을 잡아 죽이려는 유대의 제사장과 바리새인들을 말하고 있습니다. 때문에 예수님은 아직 내가 너희 가운데 있으니 내가 있을 동안 나와 함께 다녀 유대 제사장이나 바리새인들에게 잡히지 않게 하라는 것입니다.

왜냐하면 이들은 생명으로 가는 길 조차도 모르는 삯꾼 목자들인데 만일 이들에게 잡혀서 교리와 기복신앙으로 의식화되면 이들에게서 벗어날 수 없기 때문입니다. 예수님은 이어서 "너희에게 아직 빛이 있을 동안에 빛을 믿으라"고 말씀하시면서 그리하면 빛의 아들이 될 것이라 말씀하고 있습니다.

이 말은 예수님이 항상 계시는 것이 아니라 떠날 때가 있다는 뜻입니다. 그러므로 너희는 예수님이 계실 동안 예수님을 구원자로 믿고 그 입에서 나오는 말씀을 듣고 영접하여 하나님의 생명으로 거듭나서 너희도 아들이 되라고 말씀하시는 것입니다.

예수께서 이 말씀을 하시고 저희를 떠나 몸을 감추신 것은 예수님은 아직 할 일이 남아 있어서 지금 죽으면 안 되기 때문입니다.

[요한복음 12장 37~43절] 이렇게 많은 표적을 저희 앞에서 행하셨으나 저를 믿지 아니하니 이는 선지자 이사야의 말씀을 이루려 하심이라 가로되 주여 우리에게 들은 바를 누가 믿었으며 주의 팔이 뉘게 나타났나이까 하였더라 저희가 능히 믿지 못한 것은 이 까닭이니 곧 이사야가 다시 일렀으되 저희 눈을 멀게 하시고 저희 마음을 완고하게 하셨으니 이는 저희로 하여금 눈으로 보고 마음으로 깨닫고 돌이켜 내게 고침을 받지 못하게 하려 함이니라 하였음이더라. 이사야가 이렇게 말한 것은 주의 영광을 보고 주를 가리켜 말한 것이라 그러나 관원 중에도 저를 믿는 자가 많되 바리새인들을 인하여 드러나게 말하지 못하니 이는 출회를 당할까 두려워함이라 저희는 사람의 영광을 하나님의 영광보다 더 사랑하였더라.

요 12·37 Τοσαῦτα- δὲ αὐτοῦ σημεῖα πεποιηκότος ἔμπροσθεν αὐτῶν οὐκ- ἐπίστευον εἰς αὐτόν,

요 12·38 ἵνα ὁ λόγος Ἠσαΐου τοῦ προφήτου πληρωθῇ, ὃν εἶπεν, Κύριε, τίς ἐπίστευσεν τῇ ἀκοῇ- ἡμῶν καὶ ὁ βραχίων κυρίου τίνι ἀπεκαλύφθη

요 12·39 Διὰ- τοῦτο οὐκ- ἠδύναντο πιστεύειν, ὅτι πάλιν εἶπεν Ἠσαΐας,

요 12·40 Τετύφλωκεν αὐτῶν τοὺς ὀφθαλμοὺς καὶ πεπώρωκεν αὐτῶν τὴν καρδίαν· ἵνα μὴ- ἴδωσιν τοῖς ὀφθαλμοῖς καὶ νοήσωσιν τῇ καρδίᾳ καὶ ἐπιστραφῶσιν, καὶ ἰάσωμαι αὐτούς.

요 12·41 Ταῦτα εἶπεν Ἠσαΐας, ὅτε εἶδεν τὴν- δόξαν- αὐτοῦ, καὶ ἐλάλησεν περὶ αὐτοῦ.

요 12·42 ὅμως μέντοι καὶ ἐκ τῶν ἀρχόντων πολλοὶ ἐπίστευσαν εἰς αὐτόν· ἀλλὰ διὰ τοὺς Φαρισαίους οὐχ- ὡμολόγουν, ἵνα μὴ ἀποσυνάγωγοι γένωνται.

요 12·43 ἠγάπησαν- γὰρ τὴν δόξαν τῶν ἀνθρώπων μᾶλλον ἤπερ τὴν δόξαν τοῦ θεοῦ.

예수님께서 이렇게 많은 표적을 저희 앞에서 행하셨으

나 예수님을 하나님께서 보내주신 하나님의 아들이라는 것을 믿지 아니했다고 말씀하고 있습니다. 그런데 예수님이 행하신 표적은 육신적이고 외면적인 표적이 아니라 모두 영적이고 내면적인 표적이라는 것입니다.

만일 예수님께서 사람들을 놀라게 하는 육신적이고 외적인 표적을 보여주었다면 유대인들이나 바리새인들도 모두 예수를 하나님의 아들이며 구원자라는 것을 믿었을 것입니다.

이렇게 예수님은 유대인들이 볼 수 없고 알 수 없는 하나님의 뜻에 대해서 그리고 그동안 말씀 속에 감추어져 있던 영적인 비밀들을 모두 드러내신 것입니다. 그런데 하나님의 백성들이라는 유대인들이 예수님의 말씀을 듣지도 못하고 보지도 못하고 깨닫지도 못하는 것입니다. 그런데 이러한 현상은 선지자 이사야의 말씀을 이루려 하심이라 말씀하고 있습니다.

이사야가 가로되 "주여, 우리에게 들은 바를 누가 믿었으며 주의 팔이 누구에게 나타났습니까? 저희가 능히 믿지 못한 것은 이 까닭이니" 곧 이사야가 다시 일렀으되 "하나님께서 저희 눈을 멀게 하시고 저희 마음을 완고하게 하셨으니 이는 저희로 하여금 눈으로 보고 마음으로 깨닫고 돌이켜 내게 고침을 받지 못하게 하셨기 때문이라"는 것입니다.

이 말씀을 보면 놀랍게도 하나님의 백성의 눈을 멀게 하시고 마음을 강퍅하게 하여 말씀을 듣지 못하고 깨닫지 못하게 하신 분이 곧 하나님이시라는 것입니다.

유대인들이나 오늘날 기독교인들은 이 말씀을 이해할 수가 없겠지만 사실인 것입니다. 하나님께서 이렇게 귀와 눈을 멀게 하신 것은 「시편」14편에 다윗의 말씀과 같이 "어리석은 자(하나님의 백성들)의 마음에 하나님이 없어 마음이 부패해지고 그 소행은 가증하여 선을 행하는 자가 없기 때문에 하늘에서 하나님이 인생을 굽어 살피시며 하나님을 찾는 자가 혹시 있는가 하여 찾아보니 모두 욕심과 기복신앙에 치우쳐 하나님을 찾는 자가 없는데 하나도 없다"고 말씀하고 있습니다.

이사야 선지자가 이렇게 말씀하신 것은 스스로 보고 말한 것이 아니라 하나님을 통해서 주의 영광을 보고 주를 가리켜 말한 것이라 말씀하고 있습니다. 그러나 관원 중에도 예수를 믿는 자가 더러 있었지만 바리새인들로 인하여 드러나게 말하지 못한 것은 자신들이 유대 교회에서 이단으로 몰려 출회(출교)를 당할까 두렵기 때문입니다.

이들은 예수님이 하나님의 아들이라는 것을 속으로는

알고 믿었으나 입을 다물고 말하지 못한 것은 저희가 사람의 영광을 하나님의 영광보다 더 사랑했기 때문이라 말씀하고 있습니다. 즉 이들은 하나님보다 사람을 더 두려워했기 때문이라는 것입니다,

[요한복음 12장 44~47절] 예수께서 외쳐 가라사대 나를 믿는 자는 나를 믿는 것이 아니요 나를 보내신 이를 믿는 것이며 나를 보는 자는 나를 보내신 이를 보는 것이니라 나는 빛으로 세상에 왔나니 무릇 나를 믿는 자로 어두움에 거하지 않게 하려 함이로라 사람이 내 말을 듣고 지키지 아니할찌라도 내가 저를 심판하지 아니하노라 내가 온 것은 세상을 심판하려 함이 아니요 세상을 구원하려 함이로라.

요 12·44 Ἰησοῦς δὲ ἔκραξεν καὶ εἰ, Ὁ πιστεύων εἰς ἐμὲ, οὐ- πιστεύει εἰς ἐμὲ, ἀλλ᾽ εἰς τὸν πέμψαντά με·

요 12·45 καὶ ὁ θεωρῶν ἐμὲ, θεωρεῖ τὸν πέμψαντά με.

요 12·46 ἐγὼ φῶς εἰς τὸν κόσμον ἐλήλυθα, ἵνα πᾶς ὁ πιστεύων εἰς ἐμέ ἐν τῇ σκοτίᾳ μὴ μείνῃ.

요 12·47 καὶ ἐάν τις μου ἀκούσῃ τῶν ῥημάτων καὶ μὴ πιστεύσῃ, ἐγὼ οὐ- κρίνω αὐτόν· οὐ- γὰρ- ηλθον ἵνα κρίνω τὸν κόσμον, ἀλλ' ἵνα σώσω τὸν κόσμον.

예수님께서 지금은 가만히 말씀하지 않으시고 큰 소리로 외치시는 것은 사람들이 예수님이 하시는 말씀을 믿지도 않고 듣지도 않기 때문입니다.

예수님은 나를 믿는 자는 나를 믿는 것이 아니라 나를 보내신 이를 믿는 것이며 나를 보는 자는 나를 보내신 이를 보는 것이라 말씀하고 있습니다.

왜냐하면 하나님께서 구원과 심판을 모두 하나님의 아들에게 위임하셨기 때문에 예수님을 믿는 것이 곧 하나님을 믿는 것이며 예수님을 믿지 않는 것은 곧 하나님을 믿지 않는 것입니다.

예수님께서 나는 빛으로 세상에 왔기 때문에 무릇 나를 믿는 자는 어둠에 거하지 않게 하려는 것이라 말씀하십니다. 예수님이 말씀하시는 어둠은 세상의 욕심과 기복을 채워주는 삯꾼목자들을 말합니다.

이렇게 어둠의 존재인 삯꾼목자들은 할 수만 있으면 참목자를 따라 생명의 좁은 길을 가고 있는 택한 자들도 미혹하여 실족하게 만들고 있는 것입니다. 그러므로 빛이 있을 동안 빛을 믿고 그 입에서 나오는 말씀을 영접하여 빛으로 거듭나야 하는 것입니다.

이어서 예수님은 사람이 내 말을 듣고 지키지 아니할찌라도 내가 저를 심판하지 않는다고 말씀하십니다. 왜냐하면 예수님께서 이 세상에 오신 것은 세상을 심판하려는 것이 아니라 세상을 구원하려고 오셨기 때문입니다.

그런데 「요한복음」 3장에서 예수를 믿는 자는 심판을 받지 않지만 예수를 믿지 않는 자, 곧 예수님의 입에서 나오는 말씀(이름)을 믿지 않는 자는 이미 심판을 받은 것이라 말씀하고 있습니다.

결국 하나님 백성들의 구원과 심판은 예수님의 입에서 나오는 말씀을 믿고 영접하느냐 부인하느냐에 달려 있는 것입니다.

[요한복음 12장 48~50절] 나를 저버리고 내 말을 받지 아니하는 자를 심판할 이가 있으니 곧 나의 한 그 말이 마지막 날에 저를 심판하리라 내가 내 자의로 말한 것이 아니요 나를 보내신 아버지께서 나의 말할 것과 이를 것을 친히 명령하여 주셨으니 나는 그의 명령이 영생인 줄 아노라 그러므로 나의 이르는 것은 내 아버지께서 내게 말씀하신 그대로 이르노라 하시니라.

요 12·48 ὁ ἀθετῶν ἐμὲ καὶ μὴ- λαμβάνων τὰ- ῥήματά-
μου, ἔχει τὸν κρίνοντα αὐτόν· ὁ λόγος ὃν ἐλάλησα, ἐκεῖνος
κρινεῖ αὐτὸν ἐν τῇ ἐσχάτῃ ἡμέρᾳ.
요 12·49 ὅτι ἐγὼ ἐξ ἐμαυτοῦ οὐκ- ἐλάλησα· ἀλλ᾽ ὁ
πέμψας με πατήρ, αὐτός μοι ἐντολὴν ἔδωκεν τί εἴπω καὶ τί
λαλήσω·
요 12·50 καὶ οιδα ὅτι ἡ ἐντολὴ- αὐτοῦ ζωὴ αἰώνιός ἐστιν·
ἃ ουν λαλω̃ ἐγὼ, καθὼς εἴρηκέν μοι ὁ πατήρ, οὕτως λαλῶ.

예수님은 내가 직접 심판을 하지 않는다 말씀 하셨지만 나를 저버리고 내 말을 받지 아니하는 자를 심판할 이가 있는데, 곧 내가 한 그 말이 마지막 날에 저를 심판한다고 말씀하십니다. 이렇게 하나님 백성들의 구원과 심판은 모두 예수님이 하신 말씀에 의해서 받게 되는 것입니다.

예수님은 이어서 "내가 하는 말은 자의로 하는 것이 아니라 나를 보내신 아버지께서 나의 말할 것과 이를 것을 친히 명령하여 주신 것이기 때문에 나는 아버지의 명령이 곧 영생인 줄 안다"고 말씀하십니다.

그러므로 "내가 너희에게 이르는 말은 내가 스스로 하는 것이 아니라 모두 내 아버지께서 내게 말씀하신 그대로 말하는 것이라" 말씀하시는 것입니다. 이렇게 하나님의 아들이신 예수님이 하시는 말씀도 자의로 하시는 것이 아니라 아버지의 뜻에 따라 그리고 아버지께서 예수님께 명하신 그대로 말씀을 하고 있다는 것을 볼 수 있습니다.

이렇게 인간들의 생사화복을 주관하시는 하나님은 하나님 백성의 삶은 물론 성경의 주인공이신 예수님의 말과 행동도 모두 하나님께서 주관하신다는 것입니다.

교만

높이 들린 교만한 눈
마음속에 숨어 있는
악을 내 뿜으며
내장이 썩어 가는줄도
모르는 자신은
교활한 숨소리로
정죄 하면서
정죄로 말미암아
죽음을 재촉하듯
입벌리고 있다네

제13장

제자들의 발을 씻기시는 예수님

유월절 전에 예수께서 자기가 세상을 떠나
아버지께로 돌아가실 때가 이른줄 아시고
세상에 있는 자기 사람들을 사랑하시되 끝까지 사랑하시니라.

Πρὸ- δὲ τῆς ἑορτῆς τοῦ πάσχα, εἰδὼς ὁ Ἰησοῦς ὅτι ἐλήλυθεν
αὐτοῦ ἡ ὥρα ἵνα μεταβῇ ἐκ τοῦ- κόσμου- τούτου πρὸς τὸν πατέρα,
ἀγαπήσας τοὺς- ἰδίους τοὺς ἐν τῷ κόσμῳ εἰς τέλος ἠγάπησεν
αὐτούς.

[요한복음 13장 1절] 유월절 전에 예수께서 자기가 세상을 떠나 아버지께로 돌아가실 때가 이른줄 아시고 세상에 있는 자기 사람들을 사랑하시되 끝까지 사랑하시니라.

요 13:1 Πρὸ- δὲ τῆς ἑορτῆς τοῦ πάσχα, εἰδὼς ὁ Ἰησοῦς ὅτι ἐλήλυθεν αὐτοῦ ἡ ὥρα ἵνα μεταβῇ ἐκ τοῦ- κόσμου- τούτου πρὸς τὸν πατέρα, ἀγαπήσας τοὺς- ἰδίους τοὺς ἐν τῷ κόσμῳ εἰς τέλος ἠγάπησεν αὐτούς.

유월절 전에 예수께서 자기가 세상을 떠나 아버지께로 돌아가실 때가 이른줄 아시고 세상에 있는 자기 사람들을 사랑하시되 끝까지 사랑하셨다고 말씀하고 있습니다. 이 말씀을 보면 예수님께서 이 세상에 오실 때와 다시 돌아가실 때가 이미 정해져 있었다는 것을 볼 수 있습니다. 즉 예수님은 언제 어떻게 태어나서 어떤 일을 하시다가 언제 아버지께로 돌아가신다는 것이 모두 각본에 의해 정해져 있었다는 것입니다. 그러므로 예수님은 이제 세상을 떠나 아버지께로 돌아가실 때가 이른 줄 아시고 세상에 있는 자기 사람들, 즉 예수님의 제자들을 사랑하시되 끝까지 사랑한다고 말씀하고 있습니다.

여기서 예수님이 제자들을 끝까지 사랑하신다는 뜻은 새 계명에 "이웃을 네 몸과 같이 사랑하라"는 말씀과 같이 예수님께서 제자들을 하나님의 말씀으로 구원 시키되 끝까지 완성시켜 하나님의 생명으로 거듭나게 하시겠다는 것을 말씀하고 있는 것입니다.

예수님의 이 말씀을 통해 오늘날 기독교인들은 구원이 단회적으로 한번에 이루어지는 것이 아니라 점진적으로 완성된다는 것을 알아야 합니다.

[요한복음 13장 2~11절] 마귀가 벌써 시몬의 아들 가룟 유다의 마음에 예수를 팔려는 생각을 넣었더니 저녁 먹는 중 예수는 아버지께서 모든 것을 자기 손에 맡기신 것과 또 자기가 하나님께로부터 오셨다가 하나님께로 돌아가실 것을 아시고 저녁 잡수시던 자리에서 일어나 겉옷을 벗고 수건을 가져다가 허리에 두르시고 이에 대야에 물을 담아 제자들의 발을 씻기시고 그 두르신 수건으로 씻기기를 시작하여 시몬 베드로에게 이르시니 가로되 주여 주께서 내 발을 씻기시나이까 예수께서 대답하여 가라사대 나의 하는 것을 네가 이제는 알지 못하나 이 후에는 알리라 베드로가 가로되 내 발을 절대로 씻기지 못하시리이다 예수께서 대답하시되 내가 너를 씻기지 아니하면 네가 나

와 상관이 없느니라 시몬 베드로가 가로되 주여 내 발 뿐아니
라 손과 머리도 씻겨 주옵소서 예수께서 가라사대 이미 목욕한
자는 발 밖에 씻을 필요가 없느니라 온 몸이 깨끗하니라 너희
가 깨끗하나 다는 아니니라 하시니 이는 자기를 팔 자가 누구
인지 아심이라 그러므로 다는 깨끗지 아니하다 하시니라.

요 13·2 καὶ δείπνου γενομένου, τοῦ διαβόλου ἤδη
βεβληκότος εἰς τὴν καρδίαν Ἰούδα Σίμωνος Ἰσκαριώτου,
ἵνα αὐτὸν παραδῷ,

요 13·3 εἰδὼς ὁ Ἰησοῦς ὅτι πάντα δέδωκεν αὐτῷ ὁ πατὴρ
εἰς τὰς χεῖρας, καὶ ὅτι ἀπὸ θεοῦ ἐξῆλθεν καὶ πρὸς τὸν θεὸν
ὑπάγει,

요 13·4 ἐγείρεται ἐκ τοῦ δείπνου καὶ τίθησιν τὰ ἱμάτια,
καὶ λαβὼν λέντιον διέζωσεν ἑαυτόν·

요 13·5 ειτα βάλλει ὕδωρ εἰς τὸν νιπτῆρα, καὶ ἤρξατο
νίπτειν τοὺς πόδας τῶν μαθητῶν, καὶ ἐκμάσσειν τῷ λεντίῳ
ᾧ ην διεζωσμένος,

요 13·6 ἔρχεται ουν πρὸς Σίμωνα Πέτρον· καὶ λέγει αὐτῷ
ἐκεῖνος, Κύριε, σύ μου νίπτεις τοὺς πόδας;

요 13·7 Ἀπεκρίθη Ἰησοῦς καὶ ειπεν αὐτῷ, Ὃ ἐγὼ ποιῶ σὺ

οὐκ οιδας ἄρτι, γνώσῃ- δὲ μετὰ- ταῦτα.

요 13·8 Λέγει αὐτῷ Πέτρος, Οὐ- μὴ νίψῃς τοὺς- πόδας-
μου εἰς- τὸν- αἰῶνα.᾿Απεκρίθη αὐτῷ ὁ᾿Ιησοῦς,᾿Εὰν- μὴ
νίψω σε, οὐκ- ἔχεις μέρος μετ᾿ ἐμοῦ.

요 13·9 Λέγει αὐτῷ Σιμων Πέτρος, Κύριε, μὴ τοὺς- πόδας-
μου μόνον, ἀλλὰ καὶ τὰς χεῖρας καὶ τὴν κεφαλήν.

요 13·10 Λέγει αὐτῷ ὁ᾿Ιησοῦς,῾Ο λελουμένος οὐ χρείαν
ἔχει ἢ τοὺς πόδας νίψασθαι, ἀλλ᾿ ἔστιν καθαρὸς ὅλος· καὶ
ὑμεῖς καθαροί ἐστε, ἀλλ᾿ οὐχὶ πάντες.

요 13·11 ᾔδει- γὰρ τὸν παραδιδόντα αὐτόν· διὰ τοῦτο ει,
Οὐχὶ πάντες καθαροί ἐστε.

시몬의 아들 가룟 유다의 마음에 마귀가 들어가 예수를 팔려는 생각을 넣었다 말씀하고 있습니다. 가룟 유다는 은 삼십량을 받고 유대인들에게 예수를 팔아 먹은 아주 사악한 존재입니다. 그런데 가룟 유다가 이렇게 예수님을 팔게 된 것은 마귀 때문이라는 것을 볼 수 있습니다. 만일 마귀가 가룟 유다의 마음에 예수를 팔려는 생각을 넣지 않았다면 팔지 않았을 것입니다. 그러면 가룟 유다에게 마귀가 들어가도록 마귀를 보내신 분은 어떤 분일까요? 이어지는 말씀은 저녁 먹는 중에 예수님은 아버지께서 모든 것을 자기 손에 맡기신 것과 또 자기가 하나님께로부터 오셨다가 하나님께로 돌아가실 것을 아시고 저녁 잡수시던 자리에서 일어나 겉옷을 벗고 수건을 가져다가 허리에 두르시고 대야에 물을 담아 제자들의 발을 씻기시고 그 두르신 수건으로 씻기기를 시작하여 시몬 베드로에게 이르게 되었다고 말씀하고 있습니다.

예수님은 하나님 아버지께서 모든 일을 자신에게 맡기신 것과 또 하나님께로부터 왔다가 하나님께로 돌아갈 것을 이미 아셨기 때문에 예수님은 돌아가시기 전에 제자들에게 마지막으로 해야 할 일을 마무리하고 있습니다. 예수님께서 마지막으로 해야 할 일은 제자들의 발을 씻기시는 일입니다.

예수님께서 제자들의 발을 씻기시는 것은 예수님의 말씀으로 제자들의 더러운 마음을 깨끗이 씻기신다는 뜻입니다. 그런데 이 말씀을 한국교회에서 유명하다는 목사님이 설교를 하는데 중동지방에는 사막이라 먼지가 많이 나고 신발이 샌달과 같이 끈으로 되어 있어 발이 더럽기 때문에 예수님이 제자들의 발을 손수 씻겨 주셨다는 것입니다. 때문에 오늘날 어떤 교회에서는 이 말씀을 본받아 세족식, 즉 목사님들이 손수 교인들의 발을 씻겨주는 행사까지 하고 있는 것입니다.

그런데 시몬 베드로에게 이르게 되었을때 베드로는 "주여 주께서 어떻게 내 발을 씻기실 수가 있습니까? 제가 예수님의 발을 씻겨드려야지요"하며 내 발은 절대로 씻기실 수 없다고 완강하게 거절을 하는 것입니다. 그러니 예수께서 대답하시되 내가 네 발을 씻기는 것을 지금은 알지 못하지만 언젠가는 그 의미를 알게 될 것이라 말씀하시면서 내가 네 발을 씻기지 아니하면 너는 나와 상관이 없는 존재라고 말씀하시는 것입니다.

이 말씀을 들은 시몬 베드로는 그러면 주여 내 발 뿐만 아니라 손과 머리도 씻겨달라는 것입니다. 그러니 예수께서 말씀하시되 "이미 목욕한 자는 발밖에 씻을 필요가 없고 너희 온 몸은 이미 깨끗하게 되었다"고 말씀하시면서 그러나 너희 모두가 다 깨끗하지 않다고 말씀하시는데 이는 자기를 팔 자가 누구인지 알고 계시기 때문입니다.

[요한복음 13장 12~15절] 저희 발을 씻기신 후에 옷을 입으시고 다시 앉아 저희에게 이르시되 내가 너희에게 행한 것을 너희가 아느냐 너희가 나를 선생이라 또는 주라 하니 너희 말

이 옳도다 내가 그러하다 내가 주와 또는 선생이 되어 너희 발을 씻겼으니 너희도 서로 발을 씻기는 것이 옳으니라 내가 너희에게 행한 것 같이 너희도 행하게 하려하여 본을 보였노라.

요 13·12 ῞Οτε ουν ἔνιψεν τοὺς- πόδας- αὐτῶν, καὶ ἔλαβεν τὰ- ἱμάτια- αὐτοῦ, ἀναπεσὼν πάλιν, ειαὐτοῖς, Γινώσκετε τί πεποίηκα ὑμῖν

요 13·13 ὑμεῖς φωνεῖτέ με ὁ διδάσκαλος καὶ ὁ κύριος, καὶ καλῶς λέγετε, εἰμὶ γάρ.

요 13·14 εἰ ουν ἐγὼ ἔνιψα ὑμῶν τοὺς πόδας, ὁ κύριος καὶ ὁ διδάσκαλος, καὶ ὑμεῖς ὀφείλετε ἀλλήλων νίπτειν τοὺς πόδας.

요 13·15 ὑπόδειγμα- γὰρ ἔδωκα ὑμῖν, ἵνα καθὼς ἐγὼ ἐποίησα ὑμῖν, καὶ ὑμεῖς ποιῆτε.

예수님께서 제자들의 발을 씻기신 후에 옷을 입으시고 다시 앉아 저희에게 이르시되 "내가 너희에게 행한 것을 너희가 아느냐"고 묻고 있습니다. 왜냐하면 예수님께서 제자들의 발을 씻기신 의미는 영적으로 뜻이 매우 깊어 제자들도 아는 사람이 없기 때문입니다.

예수님은 이어서 “너희가 나를 선생이라 또는 주라하니 너희 말이 옳도다”라고 말씀하십니다. 예수님께서 이렇게 말씀하시는 것은 다 같은 제자들이라 해도 영적인 차원과 생각에 따라 예수님을 선생이라 부르는 자와 주님이라 부르는 자들이 있기 때문입니다. 왜냐하면 제자들 중에 예수님을 말씀을 가르치는 선생님처럼 생각하는 사람과 예수님이 자신을 구원하는 주님, 즉 하나님의 아들이라는 것을 알고 있는 자들이 있기 때문입니다.

예수님은 “너희가 나를 부르는 것과 같이 내가 그렇다” 라고 말씀하시면서 “내가 주와 또는 선생이 되어 너희의 발을 씻겼으니 너희도 서로 발을 씻기는 것이 옳은 일이라”고 말씀하시면서 “내가 너희에게 행한 것 같이 너희도 행하게 하려고 본을 보인 것이라” 말씀하고 있습니다.

이 말씀은 발을 씻기라는 뜻이 아니라 하나님의 말씀을 가지고 교리와 기복으로 더러워진 마음을 서로 깨끗이 씻겨서 모두 정결한 처녀와 같이 만들어 하나님의 아들로 거듭나라는 뜻입니다.

[요한복음 13장 16~18절] 내가 진실로진실로 너희에게 이르노니 종이 상전보다 크지 못하고 보냄을 받은 자가 보낸 자보

다 크지 못하니 너희가 이것을 알고 행하면 복이 있으리라 내가 너희를 다 가리켜 말하는 것이 아니라 내가 나의 택한 자들이 누구인지 앎이라 그러나 내 떡을 먹는 자가 내게 발꿈치를 들었다 한 성경을 응하게 하려는 것이니라.

요 13·16 ἀμὴν ἀμὴν λέγω ὑμῖν, οὐκ- ἔστιν δοῦλος μείζων τοῦ- κυρίου- αὐτοῦ, οὐδὲ ἀπόστολος μείζων τοῦ- πέμψαντος αὐτόν.

요 13·17 εἰ ταῦτα οἴδατε, μακάριοί ἐστε ἐὰν ποιῆτε αὐτά.

요 13·18 οὐ περὶ πάντων ὑμῶν λέγω· ἐγὼ οιδα οὓς ἐξελεξάμην· ἀλλ᾽ ἵνα ἡ γραφὴ πληρωθῇ, Ὁ τρώγων μετ᾽ ἐμοῦ τὸν ἄρτον ἐπῆρεν ἐπ᾽ ἐμὲ τὴν- πτέρναν- αὐτοῦ.

예수님께서 내가 진실로진실로 너희에게 말하노니 종이 상전보다 크지 못하고 보냄을 받은 자가 보낸 자보다 크지 못하니 너희가 이것을 알고 행하면 복이 있다고 말씀하십니다.

예수님은 이 말씀을 통해 위계질서, 즉 영적인 세계도 윗 사람과 아랫 사람이 있다는 것을 알려주시며 이 질서를 알고 행하면 복(생명)이 있게 된다고 가르쳐 주시는 것입니다. 그럼에도 불구하고 오늘날 기독교인들은 아직 출애굽도 못한 피조물들이 예수님을 자기 친구처럼 여기고 있는 것입니다.

오늘날 기독교인들은 하나님의 말씀을 통해서 자신이 하나님의 아들은 물론 종도 아닌 피조물들이라는 것을 알아야 합니다.

예수님은 이어서 내가 너희를 다 가리켜 말하는 것이 아니라 말씀하시면서 이는 내가 나의 택한 자들이 누구인지 알고 있기 때문이라는 것입니다. 그런데 내 떡을 먹는 자가 내게 발꿈치를 든 것은 하나님의 뜻, 즉 성경을 응하게 하려는 것이라 말씀하시는 것입니다. 즉 예수님께 발꿈치를 들었다는 이 말씀은 예수님보다 더 높아져 예수님을 대적하여 팔게 된다는 의미입니다.

만일 가룟 유다가 예수님께 발꿈치를 들지 않는다면 성경에 예언된 말씀이 응하지 않고 또한 하나님께서 계획하신 일도 이루어질 수 없는 것입니다. 때문에 하나님께서는 가룟 유다를 악의 도구로 사용하여 하나님의 뜻을 이루신다는 것을 알아야 하는 것입니다. 그렇다면 가룟 유다는 하나님의 뜻을 이루기 위해 희생의 제물이 된 것인데 그래도 가룟 유다를 배신자요 악한자라 저주 할 수 있는 것일까요? 인간들은 선한 자를 선인이라 말하고 악한 자는 악인이라 말하지만 하나님은 선한 자나 악한 자나 필요에 따라 사용하는 도구일 뿐인 것입니다.

[요한복음 13장 19~20절] 지금부터 일이 이루기 전에 미리 너희에게 이름은 일이 이룰 때에 내가 그인줄 너희로 믿게 하려 함이로라 내가 진실로진실로 너희에게 이르노니 나의 보낸 자를 영접하는 자는 나를 영접하는 것이요 나를 영접하는 자는 나를 보내신 이를 영접하는 것이니라.

요 13·19 ἀπ᾽ - ἄρτι λέγω ὑμῖν πρὸ τοῦ- γενέσθαι, ἵνα ὅταν γένηται, πιστεύσητε ὅτι ἐγώ εἰμι.

요 13·20 ἀμὴν ἀμὴν λέγω ὑμῖν, Ὁ λαμβάνων ἐάν- τινα πέμψω, ἐμὲ λαμβάνει· ὁ- δὲ ἐμὲ λαμβάνων, λαμβάνει τὸν πέμψαντά με.

예수님께서 지금 제자들에게 이런 말씀들을 미리 알려주시는 것은 앞으로 너희에게 이런 일이 이루어질 때 내가 바로 하나님의 아들이요 메시야인줄 너희로 믿게 하려는 것이라 말씀하고 있습니다.

예수님은 이어서 내가 진실로진실로 너희에게 이르노니 내가 보낸 자(제자들)를 영접하는 자는 곧 나를 영접하는 것이요 나를 영접하는 자는 곧 나를 보내신 하나님 아버지를 영접하는 것이라 말씀하고 있습니다.

예수님이 이렇게 자신에 대해서 지속적으로 말씀하시는 것은 내가 곧 하나님께서 보낸 하나님의 아들이며 너희를 구원할 메시야라는 것을 믿게 하려는 것입니다. 왜냐하면 하나님의 백성들이 죽고 사는 것은 오직 하나님의 아들이신 예수를 믿느냐 아니면 믿지 않느냐에 달려 있기 때문입니다.

성경은 하나님의 백성들을 구원하러 오시는 구원자 곧 하나님의 아들에 대해서 기록을 하고 있으며 하나님은 하나님이 보내주시는 아들을 믿고 영접해야 구원을 받아 하나님의 아들로 거듭날 수 있다고 말씀하고 있기 때문입니다.

하나님께서 믿으라고 보내주시는 구원자 예수는 성경이나 역사 속에 묻혀있는 예수가 아니라 실존 예수, 즉 오늘날 하나님의 아들로 거듭난 현재의 예수입니다. 그런데 오늘날 기독교인들은 오늘날 예수라고 말하면 무조건 이단으로 정죄를 하고 배척 하며 오직 자기가 섬기는 목사만 믿고 있는 것입니다.

이렇게 지금도 이천년 전에 오셨던 예수나 자기 목사의 말만 믿으며 현재의 예수는 이단자로 배척하는 자들이 과연 구원을 받을 수 있을까요?

[요한복음 13장 21~30절] 예수께서 이 말씀을 하시고 심령에 민망하여 증거하여 가라사대 내가 진실로진실로 너희에게 이르노니 너희 중 하나가 나를 팔리라 하시니 제자들이 서로 보며 뉘게 대하여 말씀하시는지 의심하더라 예수의 제자 중 하나 곧 그의 사랑하시는 자가 예수의 품에 의지하여 누웠는지라 시몬 베드로가 머릿짓을 하여 말하되 말씀하신 자가 누구인지 말하라 한대 그가 예수의 가슴에 그대로 의지하여 말하되 주여 누구오니이까 예수께서 대답하시되 내가 한 조각을 찍어다가 주는 자가 그니라 하시고 곧 한 조각을 찍으셔다가 가룟 시몬의 아들 유다를 주시니 조각을 받은 후 곧 사단이 그 속에 들어간지라 이에 예수께서 유다에게 이르시되 네 하는 일을 속히 하라 하시니 이 말씀을 무슨 뜻으로 하셨는지 그 앉은 자 중에 아는 이가 없고 어떤 이들은 유다가 돈 궤를 맡았으므로 명절에 우리의 쓸 물건을 사라 하시는지 혹 가난한 자들에게 무엇을 주라 하시는 줄로 생각하더라 유다가 그 조각을 받고 곧 나

가니 밤이러라.

요 13·21 Ταῦτα εἰπὼν ὁ᾿Ιησοῦς ἐταράχθη τῷ πνεύματι, καὶ ἐμαρτύρησεν καὶ ειπεν, ᾿Αμὴν ἀμὴν λέγω ὑμῖν, ὅτι εἷς ἐξ ὑμῶν παραδώσει με.

요 13·22 ῎Εβλεπον ουν εἰς ἀλλήλους οἱ μαθηταὶ, ἀπορούμενοι περὶ τίνος λέγει.

요 13·23 ην- δὲ ἀνακείμενος εἷς τῶν μαθητῶν- αὐτοῦ ἐν τῷ κόλπῳ τοῦ Ιησοῦ, ὃν ἠγάπα ὅ Ιησοῦς·

요 13·24 νεύει ουν τούτῳ Σιμων Πέτρος πυθέσθαι τίς ἀν-είη περὶ οὗ λέγει.

요 13·25 ἐπιπεσὼν δὲ ἐκεῖνος ἐπὶ τὸ στῆθος τοῦ᾿Ιησοῦ, λέγει αὐτῷ, Κύριε, τίς ἐστιν

요 13·26 ᾿Αποκρίνεται ὁ᾿Ιησοῦς,᾿Εκεῖνός ἐστιν ᾧ ἐγὼ βάψας τὸ ψωμίον ἐπιδώσω. Καὶ ἐμβάψας τὸ ψωμίον δίδωσιν Ιούδᾳ Σιμωνος Ισκαριώτῃ.

요 13·27 καὶ μετὰ τὸ ψωμίον, τότε εἰσῆλθεν εἰς ἐκεῖνον ὁ σατανᾶς. λέγει ουν αὐτῷ ο῾ ᾿Ιησοῦς,῞Ο ποιεῖς, ποίησον τάχιον.

요 13·28 Τοῦτο- δὲ οὐδεὶς ἔγνω τῶν ἀνακειμένων πρὸς- τί

ειπεν αὐτῷ.

요 13:29 τινὲς- γὰρ ἐδόκουν, ἐπεὶ τὸ γλωσσόκομον ειχεν ὁ Ἰούδας, ὅτι λέγει αὐτῷ ὁ Ἰησοῦς, Ἀγόρασον ὧν χρείαν ἔχομεν εἰς τὴν ἑορτήν· ἢ τοῖς πτωχοῖς ἵνα τι δῷ.

요 13:30 λαβὼν ουν τὸ ψωμίον ἐκεῖνος εὐθέως ἐξῆλθεν· ην- δὲ νύξ.

예수께서 제자들에게 말씀을 마치시고 심기가 불편한 상태에서 말씀하시되 내가 진실로 너희에게 이르노니 너희 중에 하나가 나를 팔리라 하시니 제자들이 서로 보며 예수님이 누구를 말씀하는지 의아해 하는 것입니다.

예수님의 제자 중 하나 곧 예수님이 사랑하시는 제자가 예수의 품에 의지하여 누워있습니다. 이때 시몬 베드로가 그 제자에게 머릿짓을 하며 말하되 주님이 말씀하신 자가 누구인지 말하라고 하니 그자가 예수의 가슴에 그대로 의지한 상태에서 예수님께 묻되 주여 주님을 팔자가 누구냐고 말하는 것입니다.

이에 예수님께서 대답하시되 내가 떡 한 조각을 찍어다가 주는 자가 곧 그 자라고 말씀을 하시고 곧 떡 한 조각을 찍어서 가룟 시몬의 아들 유다를 주시니 유다가 떡 조각을 받자 곧 사단이 그 속에 들어가게 된 것입니다. 이렇게 예수님은 자신을 팔 자가 가룟 유다라는 것을 이미 아시고 계신데 제자들은 물론 유다 자신도 예수를 팔 자인지를 몰랐다는 것입니다.

유다도 떡 한 조각을 받을 때 사단이 그 마음속에 들어가 예수를 팔게 된 것입니다. 그러면 유다에게 사단이 들어가도록 허락하신 분은 누구일까요? 그리고 예수님이 유다에게 주신 떡 한 조각은 무엇을 비유하여 말씀하신 것일까요?

이때 예수께서 유다에게 이르시되 "네 하는 일을 속히 하라"고 말씀하시니 예수님께서 이 말씀을 무슨 뜻으로 하셨는지 그 앉은 자 중에 아는 자가 없고 어떤 이들은 유다가 돈 궤를 맡았으므로 명절에 우리의 쓸 물건을 사라고 지시하는지 혹은 가난한 자들에게 무엇을 주라고 말씀하시는 줄로 생각하였다고 말씀하고 있습니다. 이것은 제자들 중에도 예수님의 마음이나 생각을 알고 있는 자가 하나도 없었다는 것을 말해주는 것입니다. 그래서 예수님은 항상 마음이 답답하고 외롭고 쓸쓸하셨던 것입니다.

유다가 떡 한 조각을 받고 나가니 곧 밤이 되었다고 합니다. 유다가 떡 한 조각을 받을 때 사단이 유다 속으로 들어가 유다는 어둠의 존재, 즉 사단의 종이 되었다는 뜻입니다. 이때부터 유다는 사단의 종이 되어 예수님을 팔게 된 것입니다.

[요한복음 13장 31절-32절] 저가 나간 후에 예수께서 가라사대 지금 인자가 영광을 얻었고 하나님도 인자를 인하여 영광을 얻으셨도다 만일 하나님이 저로 인하여 영광을 얻으셨으면 하나님도 자기로 인하여 저에게 영광을 주시리니 곧 주시리라

요 13·31 Ὅτε ἐξῆλθεν λέγει ὁ' Ιησοῦς, Νῦν ἐδοξάσθη ὁ ὑιὸς τοῦ ἀνθρώπου, καὶ ὁ θεὸς ἐδοξάσθη ἐν αὐτῷ.

요 13·32 ἐι ὁ θεὸς ἐδοξάσθη ἐν αὐτῷ, καὶ ὁ θεὸς δοξάσει αὐτὸν ἐν ἑαυτῷ, καὶ εὐθὺς δοξάσει αὐτόν.

가룟 유다가 예수님으로부터 떡 한 조각을 받고 나간 후에 예수께서 말씀하시되 "지금 인자가 그(가룟 유다)로 인해 영광을 얻었고 하나님도 인자를 인하여 영광을 얻었도다"라고 말씀하시고 있습니다. 이렇게 예수님과 하나님께서 영광을 얻으신 것은 가룟 유다가 예수를 팔기 때문에 영광을 얻게 되신 것입니다.

만일 가룟 유다가 나는 예수님을 배반할 수 없고 양심에 꺼리는 일을 할 수 없다고 예수를 팔지 않았다면 사람들은 유다가 잘했다고 칭찬 할지는 모르나 예수님은 십자가에 달려죽지 않으셨을 것이고 따라서 그리스도로 부활되는 영광도 얻지 못했을 것입니다.

그보다 유다가 자신의 의를 내세워 예수를 팔지 않았다면 하나님이 계획하신 모든 일들이 망가지게 되고 유다로 인해서 예수님도 영광을 얻지 못하고 그리스도로 부활 되지 못했을 것입니다. 결국 가룟 유다가 예수님을 팔았기 때문에 하나님도 예수님도 영광을 받으실 수 있었던 것입니다. 그러므로 가룟 유다는 배신자나 정죄받을 죄인이 아니라 하나님과 예수님을 영화롭게 하신 공로자며 일등공신인 것입니다. 때문에 하나님께서 가룟 유다에게 영광을 주신다고 말씀하신 것이며 그것도 속히 주시겠다 말씀하신 것입니다.

이렇게 가룟 유다는 예수님과 하나님이 영광을 얻을 수 있도록 하나님께서 불의의 병기로 사용하신 것이며 따라서 유다는 큰 공을 세우게 된 것입니다. 때문에 하나님께서 가룟 유다에게도 영광을 주시되 곧 주신다고 말씀하신 것입니다.

오늘날 기독교인들은 이러한 하나님의 깊은 뜻을 모르기 때문에 지금까지 가룟 유다를 악한 자라고 정죄를 해 온 것입니다. 이렇게 오늘날 기독교인들은 말씀의 깊은 뜻을 모르기 때문에 예수를 죽인 자가 유대교의 제사장이 아니라 본디오 빌라도라고 사도신경을 하면서 지금도 위증을 하고 있는 것입니다.

[요한복음 13장 33~35절] 소자들아 내가 아직 잠시 너희와 함께 있겠노라 너희가 나를 찾을터이나 그러나 일찍 내가 유대인들에게 너희는 나의 가는 곳에 올 수 없다고 말한 것과 같이 지금 너희에게도 이르노라 새 계명을 너희에게 주노니 서로 사랑하라 내가 너희를 사랑한것 같이 너희도 서로 사랑하라 너희가 서로 사랑하면 이로써 모든 사람이 너희가 내 제자인줄 알리라

요 13·33 Τεκνία, ἔτι μικρὸν μεθ' ὑμῶν εἰμι. ζητήσετέ με, καὶ καθὼς ειπον τοῖς Ἰουδαίοις, Ὅτι ὅπου ὑπάγω ἐγὼ, ὑμεῖς οὐ- δύνασθε ἐλθεῖν, καὶ ὑμῖν λέγω ἄρτι.

요 13·34 ἐντολὴν καινὴν δίδωμι ὑμῖν, ἵνα ἀγαπᾶτε ἀλλήλους· καθὼς ἠγάπησα ὑμᾶς, ἵνα καὶ ὑμεῖς ἀγαπᾶτε ἀλλήλους.

요 13:35 ἐν τούτῳ γνώσονται πάντες ὅτι ἐμοὶ μαθηταί ἐστε, ἐὰν ἀγάπην ἔχητε ἐν ἀλλήλοις.

예수님은 제자들에게 내가 아직은 너희와 잠시 동안 함께 있지만 조금 있으면 너희를 떠나는데 유대인들에게 내가 가는 곳에 올 수 없다고 말한 것과 같이 너희가 나를 찾아도 찾을 수 없고 내가 가는 곳에도 올 수 없다고 말씀하고 있습니다. 왜냐하면 예수님은 곧 세상을 떠나가시기 때문에 찾을 수 없고 또한 제자들은 예수님이 가시는 하나님의 나라에 따라 갈 수 없기 때문입니다. 이어서 예수님은 지금 너희에게 새 계명을 주노니 "서로 사랑하라"고 말씀하시면서 "내가 너희를 사랑한 것 같이 너희도 서로 사랑하라"고 말씀하고 있습니다.

왜냐하면 너희가 서로 사랑해야 모든 사람이 사랑하는 것을 보고 너희가 내 제자인줄 알게 된다는 것입니다. 예수님께서 서로 사랑하라는 말씀은 예수님께서 제자들을 하나님의 사랑으로 구원시킨 것처럼 너희도 이웃에 죽어가는 영혼들을 하나님의 사랑으로 구원하라는 뜻입니다.

그러면 예수님은 물론 주위의 모든 사람들도 너희가 예

수님의 제자인줄 알고 제자로 인정하게 된다는 것입니다.

[요한복음 13장 36~38절] 시몬 베드로가 가로되 주여 어디로 가시나이까 예수께서 대답하시되 나의 가는 곳에 네가 지금은 따라 올 수 없으나 후에는 따라 오리라 베드로가 가로되 주여 내가 지금은 어찌하여 따를 수 없나이까 주를 위하여 내 목숨을 버리겠나이다 예수께서 대답하시되 네가 나를 위하여 네 목숨을 버리겠느냐 내가 진실로진실로 네게 이르노니 닭 울기 전에 네가 세 번 나를 부인하리라.

요 13·36 Λέγει αὐτῷ Σίμων Πέτρος, Κύριε, ποῦ ὑπάγεις ἀπεκρίθη αὐτῷ ὁ Ἰησοῦς, Ὅπου ὑπάγω οὐ- δύνασαί μοι νῦν ἀκολουθῆσαι· ὕστερον- δὲ ἀκολουθήσεις μοι.

요 13·37 Λέγει αὐτῷ ὁ Πέτρος, Κύριε, διατί οὐ- δύναμαί σοι ἀκολουθῆσαι ἄρτι τὴν ψυχήν μου ὑπὲρ σοῦ θήσω.

요 13·38 Ἀπεκρίθη αὐτῷ ὁ Ἰησοῦς, Τὴν- ψυχήν- σου ὑπὲρ ἐμοῦ θήσεις ἀμὴν ἀμὴν λέγω σοι, οὐ- μὴ ἀλέκτωρ φωνήσει ἕως- οὗ ἀρνήσῃ με τρίς.

예수님께서 떠나가신다는 말씀을 들은 베드로는 "주여 어디로 가신다는 말입니까?" 하고 예수님께 말씀을 드리니 예수께서 대답하시되 "나의 가는 곳에 네가 지금은 따라 올 수 없으나 후에는 따라 오리라"고 말씀하고 있습니다.

예수님의 말씀을 들은 베드로는 "주여 내가 지금은 어찌하여 따를 수 없습니까?" 하며 "나는 주를 위하여 내 목숨까지 버리겠다"고 말씀 드리고 있습니다. 예수님의 수석 제자라는 베드로가 예수님이 어디로 가시는지 그리고 예수님이 가시는 곳을 지금은 왜 따라 갈 수 없는지 모르고 있는 것입니다. 그러면서 베드로는 주를 위해서 목숨까지 버릴 각오가 되어 있으니 나는 주가 가시는 곳은 어디든지 따라 가겠다는 것입니다.

베드로의 말을 들으신 예수님은 "네가 나를 위하여 진정 네 목숨을 버리겠느냐?"고 말씀하시면서 "내가 진실로 진실로 네게 이르노니 닭이 울기 전에 네가 세 번 나를 부인하리라"고 말씀하고 있습니다. 예수님의 말씀대로 주를 위해 목숨까지 버리겠다는 베드로는 닭이 울기 전에 예수님을 세 번이나 부인한 것입니다.

오늘날 기독교인들은 베드로의 이런 모습을 보고 실망을 하며 수석 제자 베드로가 어떻게 예수를 부인할 수 있을까 하고 의아해 하지만 베드로의 모습이 바로 내 모습이라는 것을 알아야 합니다.

오늘날 기독교인들은 자기 유익이나 이권을 위해서는 예수님을 세 번 아니라 삼십 번도 부인하는 존재라는 것을 알아야 합니다.

제14장

제자들의 처소를 준비하러 떠나시는 예수님

너희는 마음에 근심하지 말라 하나님을 믿으니 또 나를 믿으라
내 아버지 집에 거할 곳이 많도다

Μὴ- ταρασσέσθω ὑμῶν ἡ καρδια· πιστεύετε εἰς τὸν θεόν,
καὶ εἰς ἐμὲ πιστεύετε.

[요한복음 14장 1~3절] 너희는 마음에 근심하지 말라 하나님을 믿으니 또 나를 믿으라 내 아버지 집에 거할 곳이 많도다 그렇지 않으면 너희에게 일렀으리라 내가 너희를 위하여 처소를 예비하러 가노니 가서 너희를 위하여 처소를 예비하면 내가 다시 와서 너희를 내게로 영접하여 나 있는 곳에 너희도 있게 하리라.

요 14·1 Μὴ- ταρασσέσθω ὑμῶν ἡ καρδια· πιστεύετε ἐἰς
τὸν θεόν, καὶ ἐἰς ἐμὲ πιστεύετε.
요 14·2 ἐν τῇ οἰκίᾳ τοῦ- πατρός- μου μοναὶ πολλαί ἐἰσιν·
ἐἰ- δὲ- μή, ειπον- ἂν ὑμῖν· πορεύομαι ἑτοιμάσαι τόπον ὑμῖν.
요 14·3 καὶ ἐὰν πορευθῶ καὶ ἑτοιμάσω ὑμιν τόπον, πάλιν
ἔρχομαι καὶ παραλήψομαι ὑμᾶς πρὸς ἐμαυτόν· ἵνα ὅπου
ἐἰμὶ ἐγώ, καὶ ὑμεῖς ητε.

그동안 예수님을 구원자로 믿고 주로 섬기며 따랐던 예수님의 제자들은 예수님이 떠난다고 하니 실망과 더불어 근심이 생긴 것입니다.

예수님은 제자들이 걱정하며 근심하는 것을 아시고 "너희는 마음에 근심하지 말라 하나님을 믿으니 또 나를 믿으라"고 하시면서 "내 아버지 집에 거할 곳이 많으니 걱정하지 말라"고 말씀하고 있습니다. 그렇지 않으면 너희에게 일렀으리라는 말씀은 만일 내 아버지 집에 거할 곳이 없으면 미리 말해 주었다는 뜻입니다. 이어서 예수님은 "지금 내가 너희를 위하여 처소를 예비하러 가는데 가서 너희를 위하여 처소를 준비하면 내가 다시 와서 너희를 내게로 영접하여 나있는 곳에 너희도 있게 하겠다"고 말씀하시는 것입니다. 그런데 예수님이 말씀하시는 아버지의 집은 어느 곳에 있으며 또한 예수님이 제자들을 위해서 예비하는 처소는 어떤 곳인지를 알 수가 없다는 것입니다.

예수님이 말씀하시는 아버지의 집은 하늘나라, 즉 천국을 말하며 예수님이 제자들을 위해서 예비하는 처소는 곧 제자들의 마음을 말합니다. 왜냐하면 제자들 안에 하나님의 성전이 건축되면 예수님이 제자들 안에 들어가 거하시게 되기 때문입니다. 이렇게 하나님이 계신 천국이나 예수님이 거하시는 처소는 어느 장소나 특정한 지역이 아니라 하나님의 말씀으로 건축된 제자들의 마음을 말하고 있습니다.

왜냐하면 마음에 천국이 이루어진 자는 지옥에 가도 천국이지만 마음이 지옥인 자는 천국에 가도 지옥이기 때문입니다. 예수님이 계신 곳은 천국이나 지옥이나 모두 천국이라고 말하는 것은 바로 이 때문입니다. 이렇게 예수님께서 너희가 거할 처소를 예비하러 간다는 곳은 다른 곳이 아니라 제자들의 마음을 말하고 있는 것입니다. 왜냐하면 제자들 안에 예수님이 거하실 성전이 건축되면 예수님이 들어가셔서 제자들과 함께 거하실 수 있기 때문입니다.

사도바울께서 너희가 곧 성령이 거하시는 하나님의 전(성전)인줄 알지 못하느냐고 말씀하신 것과 같이 하나님이 거하시는 성전은 바로 하나님의 말씀으로 하나님의 성전이 건축된 사도들을 말하는 것입니다. 그러므로 예수님께서 거하실 처소를 예비하러 가신다는 곳은 곧 제자들의 마음을 비유로 말씀하신 것입니다.

[요한복음 14장 4~7절] 내가 가는 곳에 그 길을 너희가 알리라 도마가 가로되 주여 어디로 가시는지 우리가 알지 못하거늘 그 길을 어찌 알겠삽나이까 예수께서 가라사대 내가 곧 길이요 진리요 생명이니 나로 말미암지 않고는 아버지께로 올 자가 없느니라 너희가 나를 알았더면 내 아버지도 알았으리로다 이제부터는 너희가 그를 알았고 또 보았느니라.

요 14:4 καὶ ὅπου ἐγὼ ὑπάγω οἴδατε καὶ τὴν ὁδόν οἴδατε.

요 14:5 Λέγει αὐτῷ Θωμᾶς, Κύριε, οὐκ- οἴδαμεν ποῦ ὑπάγεις, καὶ πῶς δυνάμεθα τὴν ὁδὸν εἰδέναι

요 14:6 Λέγει αὐτῷ ὁ Ἰησοῦς, Ἐγώ εἰμι ἡ ὁδὸς καὶ ἡ ἀλήθεια καὶ ἡ ζωή· οὐδεὶς ἔρχεται πρὸς τὸν πατέρα εἰ- μὴ δι' ἐμοῦ.

요 14:7 εἰ ἐγνώκειτέ με, καὶ τὸν- πατέρα- μου ἐγνώκειτε- ἄν· καὶ ἀπ' - ἄρτι γινώσκετε αὐτὸν, καὶ ἑωράκατε αὐτόν

예수님은 제자들에게 내가 가는 곳의 길을 너희가 지금은 모르지만 앞으로는 알게 될 것이라 말씀하고 있습니다. 예수님의 말씀을 들은 도마가 가로되 "주여 어디로 가시는지 우리가 알지 못하거늘 그 길을 어떻게 알 수 있느냐"고 항변하고 있습니다.

도마의 말을 들으신 예수님은 "내가 곧 길이요 진리요 생명이니 나로 말미암지 않고는 아버지께로 올 자가 없다"고 말씀하시는 것입니다. 즉 예수님이 곧 천국으로 가는 길이며 진리의 말씀이며 하나님의 생명이라는 뜻입니다. 때문에 예수님은 나로 말미암지 않고는 아버지께로, 즉 천국으로 갈 자가 없다는 것입니다.

이어서 예수님은 너희가 나를 알았더면 내 아버지도 알았을 터인데 너희가 아직 아버지를 모르고 있는 것은 나를 모르기 때문이라는 것입니다. 그런데 이제 부터는 너희가 나를 보았으므로 아버지를 본 것이며 또한 아버지를 알게 되었다고 말씀하시는 것입니다.

왜냐하면 예수님 안에는 하나님 아버지가 항상 안식하고 계시기 때문에 예수를 본 자는 곧 아버지를 본 자라고 말씀하신 것입니다.

[요한복음 14장 8~11절] 빌립이 가로되 주여 아버지를 우리에게 보여 주옵소서 그리하면 족하겠나이다 예수께서 가라사대 빌립아 내가 이렇게 오래 너희와 함께 있으되 네가 나를 알지 못하느냐 나를 본 자는 아버지를 보았거늘 어찌하여 아버지를 보이라 하느냐 나는 아버지 안에 있고 아버지는 내안에 계신 것을 네가 믿지 아니하느냐 내가 너희에게 이르는 말이 스스로 하는 것이 아니라 아버지께서 내 안에 계셔 그의 일을 하시는 것이라 내가 아버지 안에 있고 아버지께서 내 안에 계심을 믿으라 그렇지 못하겠거든 행하는 그 일을 인하여 나를 믿으라

요 14·8 Λέγει αὐτῷ Φίλιππος, Κύριε, δεῖξον ἡμῖν τὸν

πατέρα, καὶ ἀρκεῖ ἡμῖν.

요 14·9 Λέγει αὐτῷ ὁ Ἰησοῦς, Τοσοῦτον χρόνον μεθ' ὑμῶν εἰμι, καὶ οὐκ- ἔγνωκάς με, Φίλιππε ὁ ἑωρακὼς ἐμὲ, ἑώρακεν τὸν πατέρα· καὶ πῶς σὺ λέγεις, Δεῖξον ἡμῖν τὸν πατέρα

요 14·10 οὐ- πιστεύεις ὅτι ἐγὼ ἐν τῷ πατρὶ, καὶ ὁ πατὴρ ἐν ἐμοί ἐστιν τὰ ῥήματα ἃ ἐγὼ λαλῶ ὑμῖν, ἀπ' ἐμαυτοῦ οὐ- λαλῶ· ὁ- δὲ πατὴρ ὁ ἐν ἐμοὶ μένων αὐτὸς ποιεῖ τὰ ἔργα.

요 14·11 πιστεύετέ μοι ὅτι ἐγὼ ἐν τῷ πατρί, καὶ ὁ πατὴρ ἐν ἐμοί· εἰ- δὲ μή, διὰ τὰ ἔργα αὐτὰ πιστεύετέ μοι.

예수님의 말씀을 듣고 있던 빌립이 나서서 "주여 아버지를 우리에게 보여 주옵소서 그리하면 우리가 더 이상 바랄 것이 없겠습니다"라고 말씀을 드리고 있습니다. 빌립이 예수님께 이렇게 말씀을 드리는 것은 빌립은 물론 다른 제자들도 지금까지 예수님을 하나님의 아들이며 구원자라 믿고 따라다니며 가르침을 받았지만 아직도 하나님이나 예수님에 대해서 모르고 있다는 것입니다.

빌립의 말을 들으신 예수님은 "빌립아 내가 이렇게 너희와 함께 오래 있었는데 아직도 네가 나를 알지 못하느냐" 고 책망조로 말씀하시면서 "나를 본 자는 아버지를 보았거늘 어찌하여 아버지를 보이라 하느냐 나는 아버지 안에 있고 아버지가 내 안에 계신 것을 네가 믿지 아니하느냐"고 말씀을 하십니다.

소경은 보석을 손에 쥐고 있어도 보석을 볼 수 없듯이 아직 하나님의 생명으로 거듭나지 못해 영안이 열리지 않은 제자들은 예수님과 항상 함께 동행 하면서도 예수님이 하나님의 아들이라는 것을 믿고 있을 뿐 볼 수는 없었던 것입니다.

이어서 예수님은 내가 너희에게 이르는 말은 내 스스로 하는 말이 아니라 아버지께서 내 안에 계셔 아버지가 하시는 말씀이라는 것입니다. 예수님의 제자들이 아직도 자신을 모르기 때문에 예수님은 마음이 답답해서 그러면 내가 아버지 안에 있고 아버지께서 내 안에 계신다는 것이라도 믿으라 그런데 만일 그것도 못 믿겠으면 내가 행하는 그 일들을 보고 내가 하나님의 아들이며 구원자라는 것을 믿으라고 말씀을 하시는 것입니다.

이렇게 예수님을 하나님의 아들이라 믿고 따르며 그의 가르침을 직접 받고 있는 예수님의 제자들도 예수님에 대해 잘 모르고 있는데 하물며 오늘날 예수님으로부터 가르침 한 번도 받지 못하고 예수님의 얼굴 한번 보지 못한 기독교인들이 예수를 안다는 것은 어불성설이라 생각합니다.

[요한복음 14장 12~14절] 내가 진실로진실로 너희에게 이르노니 나를 믿는 자는 나의 하는 일을 저도 할 것이요 또한 이보다 큰 것도 하리니 이는 내가 아버지께로 감이니라 너희가 내 이름으로 무엇을 구하든지 내가 시행하리니 이는 아버지로 하여금 아들을 인하여 영광을 얻으시게 하려 함이라 내 이름으로 무엇이든지 내게 구하면 내가 시행하리라.

요 14·12 Ἀμὴν ἀμὴν λέγω ὑμῖν, ὁ πιστεύων εἰς ἐμέ, τὰ ἔργα ἃ ἐγὼ ποιῶ, κἀκεῖνος ποιήσει, καὶ μείζονα τούτων ποιήσει, ὅτι ἐγὼ πρὸς τὸν πατέρα- μου πορεύομαι.

요 14·13 καὶ ὅ- τι- ἂν αἰτήσητε ἐν τῷ ὀνόματί- μου, τοῦτο ποιήσω, ἵνα δοξασθῇ ὁ πατὴρ ἐν τῷ υἱῷ.

요 14·14 ἐάν τι αἰτήσητέ ἐν τῷ- ὀνόματί- μου, ἐγὼ ποιήσω.

예수님은 자신을 믿지 못하는 제자들에게 내가 진실로 진실로 너희에게 이르노니 나를 믿는 자는 내가 하는 일을 그도 할 것이요 또한 나보다 더 큰 일도 할 것이라고 말씀하고 있습니다. 왜냐하면 조금 있다가 내가 아버지께로 가면 아버지께서 나를 대신해서 너희가 일할 수 있도록 도와주기 때문이라는 뜻입니다.

예수님의 말씀과 같이 서신서를 보면 사도바울을 비롯한 사도들이 실로 예수님보다 더 많은 일을 하신 것을 볼 수 있습니다. 예수님은 이어서 너희가 내 이름으로 무엇을 구하든지 내가 시행하리니 이는 아버지로 하여금 아들을 인하여 영광을 얻으시게 하려 함이라고 말씀하십니다.

예수님께서 내 이름으로 구하라는 것은 예수님이 말씀하신 뜻대로 구하라는 것이며 너희가 내 뜻대로 구한다면 내가 도와주겠다는 뜻입니다. 왜냐하면 너희로 인해 내가 영광을 얻고 또 나를 통해 아버지가 영광을 얻어야 하기 때문입니다. 결국 예수님의 제자들은 예수님의 영광을 위해 일하라는 것이며 예수님의 영광은 곧 하나님 아버지의 영광이라는 것입니다.

그러므로 예수님은 내 이름, 즉 내가 말한 뜻에 따라 무엇이든지 내게 구하면 내가 시행한다고 말씀하시는 것입니다. 예수님의 뜻은 곧 하나님 아버지의 뜻인데 하나님의 뜻은 곧 죽어가는 영혼들을 하나님의 말씀으로 구원하고 살리라는 것입니다.

[요한복음 14장 15~17절] 너희가 나를 사랑하면 나의 계명을 지키리라 내가 아버지께 구하겠으니 그가 또 다른 보혜사를 너희에게 주사 영원토록 너희와 함께 있게 하시리니 저는 진리의 영이라 세상은 능히 저를 받지 못하나니 이는 저를 보지도 못하고 알지도 못함이라 그러나 너희는 저를 아나니 저는 너희와 함께 거하심이요 또 너희 속에 계시겠음이라.

요 14·15 ἐὰν ἀγαπᾶτέ με, τὰς ἐντολὰς τὰς ἐμὰς τηρήσατε.

요 14·16 καὶ ἐγὼ ἐρωτήσω τὸν πατέρα, καὶ ἄλλον παράκλητον δώσει ὑμῖν, ἵνα μένῃ μεθ' ὑμῶν εἰς- τὸν- αἰῶνα,

요 14·17 τὸ πνεῦμα τῆς ἀληθείας, ὃ ὁ κόσμος οὐ- δύναται λαβεῖν, ὅτι οὐ- θεωρεῖ αὐτό, οὐδὲ γινώσκει αὐτό· ὑμεῖς- δὲ γινώσκετε αὐτό, ὅτι παρ' ὑμῖν μένει, καὶ ἐν ὑμῖν ἔσται.

예수님은 제자들에게 "너희가 나를 사랑하면 나의 계명을 지키라"고 말씀하고 있습니다. 예수님이 제자들에게 지키라고 주신 계명은 새 계명, 즉 첫째는 위로 하나님을 사랑하여 하나님의 아들이 되라는 것이며 둘째는 이웃을 네 몸과 같이 사랑하여 하나님의 아들을 만들라는 것입니다.

내 계명을 너희가 지키면 내가 아버지께 구하여 다른 보혜사를 너희에게 주게 하여 영원토록 너희와 함께 있게 하여 주겠다는 것입니다.

아버지께 구하여 너희에게 주는 보혜사는 곧 진리의 영이라 말씀하고 있는데 진리의 영은 생명의 말씀을 말하고 있습니다. 그런데 세상은 이 진리의 영을 능히 받지 못하나니 이는 지금까지 진리의 영, 즉 생명의 말씀은 듣지도 못하고 보지도 못하고 알지도 못했기 때문이라는 것입니다.

그러나 너희는 진리의 영을 아나니 이는 지금까지 나(예수님)로부터 생명의 말씀을 받아서 지금 너희 안에 있고 또 너희 속에 거하고 있기 때문이라는 것입니다. 이렇게 진리의 영, 즉 생명의 말씀은 오늘날 기독교인들도 지금까지 듣거나 보지도 못한 소중한 영의 말씀입니다. 왜냐하면 오늘날 기독교 안에는 아직 예수님과 같이 살아계신 하나님의 아들이 존재하고 있지 않기 때문입니다.

이렇게 진리의 영은 오직 살아계신 하나님 아들의 입에서 나오는 말씀을 말하는 것입니다.

[요한복음 14장 18~21절] 내가 너희를 고아와 같이 버려두지 아니하고 너희에게로 오리라 조금 있으면 세상은 다시 나를 보

지 못할 터이로되 너희는 나를 보리니 이는 내가 살았고 너희도 살겠음이라 그 날에는 내가 아버지 안에, 너희가 내 안에, 내가 너희 안에 있는 것을 너희가 알리라 나의 계명을 가지고 지키는 자라야 나를 사랑하는 자니 나를 사랑하는 자는 내 아버지께 사랑을 받을 것이요 나도 그를 사랑하여 그에게 나를 나타내리라.

요 14·18 οὐκ- ἀφήσω ὑμᾶς ὀρφανούς· ἔρχομαι πρὸς ὑμᾶς.

요 14·19 ἔτι μικρὸν καὶ ὁ κόσμος με οὐκ ἔτι θεωρεῖ, ὑμεῖς-δὲ θεωρεῖτέ με· ὅτι ἐγὼ ζῶ, καὶ ὑμεῖς ζήσεσθε.

요 14·20 ἐν ἐκείνῃ τῇ ἡμέρᾳ γνώσεσθε ὑμεῖς ὅτι ἐγὼ ἐν τῷ-πατρί- μου, καὶ ὑμεῖς ἐν ἐμοὶ, κἀγὼ ἐν ὑμῖν·

요 14·21 ὁ ἔχων τὰς- ἐντολάς- μου καὶ τηρῶν αὐτάς, ἐκεῖνός ἐστιν ὁ ἀγαπῶν με· ὁ- δὲ ἀγαπῶν με, ἀγαπηθήσεται ὑπὸ τοῦ- πατρός- μου· καὶ ἐγὼ ἀγαπήσω αὐτὸν, καὶ ἐμφανίσω α ὐτῷ ἐμαυτόν.

예수님은 "내가 너희를 고아와 같이 버려두지 아니하고 너희에게로 오리라 조금 있으면 세상은 나를 보지 못할 터이로되 너희는 나를 보리니 이는 내가 살았고 너희도 살기 때문이라"는 것입니다.

이 말씀을 보면 조금 있으면 세상은 나를 보지 못하지만 너희는 나를 본다는데 예수님을 보지 못하는 세상은 누구를 말하며 세상은 왜 예수님을 보지 못하는지 알아야 합니다. 예수님이 말씀하시는 세상은 넓은 이 세상을 말하는 것이 아니라 아직 거듭나지 못한 어둠의 존재들을 말하며 예수님을 보는 너희는 그동안 예수님을 믿고 따르며 가르침을 받았던 예수님의 제자들을 말하고 있습니다.

왜냐하면 예수님께서 내가 살았고 너희(제자들)도 살게 되기 때문이라는 것입니다. 즉 예수님은 하나님의 생명으로 거듭난 하나님의 아들들만이 볼 수 있다는 것이며 아직 거듭나지 못한 자들은 보지 못한다는 것입니다. 이렇게 너희가 하나님의 생명으로 거듭나는 날에는 내가 아버지 안에, 너희가 내안에, 내가 너희 안에 있는 것을 알게 된다는 것입니다.

그런데 예수님은 "나의 계명을 가지고 지키는 자라야 나를 사랑하는 자며 또 내가 준 계명을 지키는 자라야 내 아버지께 사랑을 받을 것이며 나도 계명을 지키는 자를 사랑하여 그에게 나를 나타내리라"고 말씀하고 있습니다.

즉 예수님은 내 계명을 가지고 지키는 자에게 들어가

서 부활하여 하나님의 아들을 만들겠다는 뜻입니다. 이렇게 예수님이 지키라고 주신 계명은 제자들뿐만 아니라 오늘날 기독교인들에게도 중요한 계명입니다.

만일 오늘날 기독교인들이 예수님이 지키라고 주신 계명을 소중히 가지고 지킨다면 예수님이 오셔서 부활하여 하나님의 아들로 거듭나게 될 것입니다.

[요한복음 14장 22~24절] 가룟인 아닌 유다가 가로되 주여 어찌하여 자기를 우리에게는 나타내시고 세상에게는 아니하려 하시나이까 예수께서 대답하여 가라사대 사람이 나를 사랑하면 내 말을 지키리니 내 아버지께서 저를 사랑하실 것이요 우리가 저에게 와서 거처를 저와 함께 하리라 나를 사랑하지 아니하는 자는 내 말을 지키지 아니하나니 너희의 듣는 말은 내 말이 아니요 나를 보내신 아버지의 말씀이니라.

요 14·22 Λέγει αὐτῷ Ἰούδας οὐχ ὁ Ἰσκαριώτης, Κύριε, τί γέγονεν ὅτι ἡμῖν μέλλεις ἐμφανίζειν σεαυτόν, καὶ οὐχὶ τῷ κόσμῳ

요 14·23 Ἀπεκρίθη ὁ Ἰησοῦς καὶ ειπεν αὐτῷ, Ἐάν τις ἀγαπᾷ με, τὸν- λόγον- μου τηρήσει, καὶ ὁ- πατήρ- μου ἀγαπήσει αὐτόν, καὶ πρὸς αὐτὸν ἐλευσόμεθα, καὶ μονὴν παρ᾽ αὐτῷ ποιήσομεν.

요 14:24 ὁ μὴ ἀγαπῶν με, τοὺς- λόγους- μου οὐ- τηρεῖ· καὶ ὁ λόγος ὃν ἀκούετε οὐκ- ἔστιν ἐμός, ἀλλὰ τοῦ πέμψαντός με πατρός.

예수님의 말씀을 듣고 있던 가룟 유다가 아닌 유다가 말하되 "주여 어찌하여 예수님께서 우리에게는 나타내시고 세상에는 나타내지 아니하려 하시느냐"고 묻고 있습니다. 그런데 예수님은 유다의 질문과는 관계없이 "사람이 나를 사랑하면 내 말을 지킬 것이며 내 말을 지키면 내 아버지께서 그를 사랑하실 것이며 또한 우리가 와서 거처를 저와 함께 하리라"고 말씀을 하십니다. 이 말씀을 자세히 살펴보면 예수님은 유다의 질문에 정확하게 답변하셨다는 것을 알 수 있습니다. 왜냐하면 예수님께서 내 말을 지키면 내 아버지께서 그를 사랑하실 것이며 또한 예수님은 자기 말을 지키는 자에게 들어가 함께 거하면서 자신을 나타내신다고 말씀하고 있기 때문입니다.

즉 예수님의 말씀을 지키는 자들에게는 예수님이 나타나시고 예수님의 말씀을 지키지 않거나 거부하는 자에게는 나타내지 않으신다는 뜻입니다. 예수님은 이어서 나를 사랑하지 아니하는 자는 내 말을 지키지 않는다고 말씀하시면서 지금 너희가 듣는 말은 내 말이 아니요 나를 보내신 아버지의 말씀이라는 것입니다. 즉 예수님께서 하시는 모든 말씀은 예수님의 자의, 즉 예수님의 개인적인 생각으로 하시는 것이 아니라 모두 하나님의 뜻에 따라 하나님께서 말씀하시는대로 하신다는 것입니다. 이렇게 예수님께서 이 세상에 오셔서 하신 모든 말씀은 스스로 혹은 자의로 하신 것이 아니라 하나님의 뜻에 따라 하나님의 말씀을 대변하신 것이라는 것을 알 수 있습니다.

[요한복음 14장 25~28절] 내가 아직 너희와 함께 있어서 이 말을 너희에게 하였거니와 보혜사 곧 아버지께서 내 이름으로 보내실 성령 그가 너희에게 모든 것을 가르치시고 내가 너희에게 말한 모든 것을 생각나게 하시리라 평안을 너희에게 끼치노니 곧 나의 평안을 너희에게 주노라 내가 너희에게 주는 것은 세상이 주는 것 같지 아니하니라 너희는 마음에 근심도 말고 두려워하지도 말라 내가 갔다가 너희에게로 온다 하는 말을 너희가 들었나니 나를 사랑하였더면 나의 아버지께로 감을 기뻐하였으리라 아버지는 나보다 크심이니라.

요 14·25 Ταῦτα λελάληκα ὑμῖν παρ᾽ ὑμῖν μένων·

요 14·26 ὁ- δὲ παράκλητος, τὸ πνεῦμα τὸ ἅγιον, ὃ πέμψει ὁ πατὴρ ἐν τῷ ὀνόματί- μου, ἐκεῖνος ὑμᾶς διδάξει πάντα, καὶ ὑπομνήσει ὑμᾶς πάντα ἃ ειπον ὑμῖν.

요 14·27 εἰρήνην ἀφίημι ὑμῖν, εἰρήνην τὴν ἐμὴν δίδωμι ὑμῖν· οὐ καθὼς ὁ κόσμος δίδωσιν, ἐγὼ δίδωμι ὑμῖν· μὴ-ταρασσέσθω ὑμῶν ἡ καρδια, μηδὲ δειλιάτω.

요 14·28 ἠκούσατε ὅτι ἐγὼ ειπον ὑμῖν, Ὑπάγω καὶ ἔρχομαι πρὸς ὑμᾶς. εἰ ἠγαπᾶτέ με, ἐχάρητε- ἄν ὅτι ει, Πορεύομαι πρὸς τὸν πατέρα· ὅτι ὁ- πατήρ- μου μείζων μου ἐστιν.

예수님은 제자들에게 “내가 아직 너희와 함께 있어서 이 말을 너희에게 하였거니와 보혜사 곧 아버지께서 내 이름으로 보내실 성령 그가 너희에게 모든 것을 가르치고 생각나게 할 것이라” 말씀하고 있습니다. 이 말씀 때문에 오늘날 기독교인들은 기도원에 가서 금식까지 하면서 성령을 받으려 하고 있습니다. 그런데 보혜사 곧 성령은 진리의 영을 말하는데 성령은 아버지께서 아무에게나 보내주시는 것이 아니라 회개하여 동정녀 마리아와 같이 정결하게 된 자에게만 보내 주시는 것입니다.

때문에 지금 아버지께서 내 이름으로 보내 주신다는 보혜사 성령은 그동안 예수님으로부터 죄 사함을 받고 정결케 된 예수님의 제자들만이 받을 수 있는 것입니다.

왜냐하면 진리의 성령은 거룩한 영이기 때문에 아버지께서 정결하게 준비 된 존재들에게만 보내주시며 아직 더러운 죄인들에게는 보내주시지도 않지만 성령이 임할 수도 없기 때문입니다. 이렇게 거룩한 성령이 임하면 성령이 가르치기도 하고 깨닫게도 하시는 것입니다. 예수님은 이어서 "나에게 있는 평안을 너희에게 주시겠다"고 말씀하십니다. 그런데 "내가 너희에게 주는 평안은 세상이 주는 것과 같지 아니하다"는 것입니다. 왜냐하면 세상이 주는 평안은 일시적이며 잠시 머물다가 지나가는 것이지만 예수님께서 주시는 평안은 영원하기 때문입니다.

예수님께서 제자들에게 "너희는 마음에 근심도 말고 두려워하지도 말라"고 하시는 것은 예수님께서 이미 내가 갔다가 너희에게로 다시 온다고 말했고 너희는 들었기 때문이라는 것입니다. 이어서 예수님은 "너희가 나를 사랑하였더면 나의 아버지께로 감을 기뻐하였으리라"고 말씀하시는데 그것은 내 아버지는 나보다 크고 위대하시기 때문이라는 것입니다. 이렇게 제자들이 예수님을 사랑하여 예수님에 대해서 잘 알고 있다면 아버지께 가는 것을 충분히 이해하고 오히려 기뻐한다는 것입니다.

[요한복음 14장 29~31절] 이제 일이 이루기 전에 너희에게 말한 것은 일이 이룰 때에 너희로 믿게 하려 함이라 이후에는 내가 너희와 말을 많이 하지 아니하리니 이 세상 임금이 오겠음이라 그러나 저는 내게 관계할 것이 없으니 오직 내가 아버지를 사랑하는 것과 아버지의 명하신대로 행하는 것을 세상으로 알게 하려 함이로라 일어나라 여기를 떠나자 하시니라.

요 14·29 καὶ νῦν εἴρηκα ὑμῖν πρὶν γενέσθαι, ἵνα ὅταν γένηται πιστεύσητε.

요 14·30 οὐκ ἔτι πολλὰ λαλήσω μεθ᾽ ὑμῶν· ἔρχεται- γὰρ ὁ τοῦ κόσμου τούτου ἄρχων, καὶ ἐν ἐμοὶ οὐκ ἔχει οὐδέν·

요 14·31 ἀλλ᾽ ἵνα γνῷ ὁ κόσμος ὅτι ἀγαπῶ τὸν πατέρα, καὶ καθὼς ἐνετείλατο μοι ὁ πατήρ, οὕτως ποιῶ· ἐγείρεσθε, ἄγωμεν ἐντεῦθεν.

예수님이 지금 제자들에게 일이 이루어지기 전에 말을 한 것은 앞으로 너희에게 일이 일어날 때에 너희가 믿게 하려고 말한 것이라는 것입니다. 이것은 구약 성경에 선지자들이 예언하신 말씀들이 신약에 와서 이루어지는 것과 같이 예수님께서 지금까지 제자들에게 하신 말씀들도 모두 이루어진다는 것입니다. 이어서 예수님은 "이후에는 내가 너희와 말을 많이 하지 아니할 것인데 이는 너희에게 이 세상 임금이 오기 때문이라"고 하시는 것입니다. 왜냐하면 제자들의 왕은 지금까지 예수님이었는데 예수님이 떠나면 다시 자신이 왕 노릇을 하기 때문입니다.

그러나 "그 왕은 내게 관계할 것이 없으니 오직 내가 아버지를 사랑하는 것과 아버지의 명하신대로 행하는 것을 그 세상 왕에게 알게 하려 한다"는 것입니다. 즉 제자들에게 오는 세상 왕은 그동안 제자들에게서 잠시 떠나 있던 혼적 존재를 말하는데 그 존재가 예수님께서 하나님을 사랑하시는 것과 아버지께서 명하신대로 행한 것임을 알게 하려고 한다는 것입니다.

예수님은 제자들에게 말씀을 마치시고 "이제 일어나 여기를 떠나자"고 말씀하고 있습니다.

어리석음

자신을
잃어버리고
상대를 보는 것은
죽음을 망각한
어릿광대 같구나.

잃어버린
자신을
죽음앞에 승복하며
영원한 자신을
찾아가자.

제15장

포도나무의 비유

내가 참 포도나무요 내 아버지는 그 농부라

᾿Εγώ εἰμι ἡ ἄμπελος ἡ ἀληθινή, καὶ ὁ- πατήρ- μου ὁ γεωργός ἐστιν.

[요한복음 15장 1절] 내가 참 포도나무요 내 아버지는 그 농부라

요 15·1 Ἐγώ εἰμι ἡ ἄμπελος ἡ ἀληθινή, καὶ ὁ- πατήρ- μου ὁ γεωργός ἐστιν.

예수님은 내가 참 포도나무요 내 아버지는 그 농부라고 말씀하고 있습니다. 이 말씀은 예수님을 포도나무로, 아버지는 농부로 비유한 것이지 포도나무가 예수님으로, 하나님을 농사꾼으로 믿는 사람은 없다고 생각합니다. 이렇게 예수님께서 하신 말씀들은 모두 비유와 비사로 말씀하고 있는 것입니다. 그러나 더욱 중요한 것은 예수님의 말씀만 비유가 아니라 성경에 기록된 하나님의 말씀들도 모두 비사와 비유로 말씀하고 있는 것입니다.

[마태복음 13장 34~35절] 예수께서 이 모든 것을 무리에게 비유로 말씀하시고 비유가 아니면 아무것도 말씀하지 아니하셨으니 이는 선지자로 말씀하신바 내가 입을 열어 비유로 말하고 창세부터 감추인 것들을 드러내리라 함을 이루려 하심이니라.

상기의 말씀과 같이 영적인 하나님의 말씀은 창세로부터 감추어져 있으며 예수님이나 선지자의 말씀도 비유로 말씀하고 있는 것입니다. 그러므로 하나님의 말씀은 하나님의 백성인 유대인들이나 오늘날 기독교인들도 볼 수 없고 들을 수도 없는 것입니다. 왜냐하면 하나님과 예수님은 영이시기 때문에 모두 영적인 말씀을 하시는데 아직 육신에 속한 자들은 영의 귀나 눈이 없기 때문에 영적인 말씀을 육신의 귀로 듣고 눈으로 보며 모두 육적으로 해석하고 있는 것입니다.

이와 같이 예수님이 말씀하시는 영적인 말씀은 유대인들은 물론 예수님의 제자들도 듣기 힘들어 했던 것입니다. 그렇기 때문에 오늘날 기독교인들도 아직 하나님의 생명으로 거듭나지 못한 자, 즉 영안이 열리지 않은 자는 목회자나 신학박사라 해도 하나님의 말씀을 듣거나 볼 수가 없다는 것입니다.

[마태복음 13장 10~7절] 제자들이 예수께 나아와 가로되 어찌하여 저희에게 비유로 말씀하시나이까 대답하여 가라사대 천국의 비밀을 아는 것이 너희에게는 허락되었으나 저희에게는 아니되었나니 무릇 있는 자는 받아 넉넉하게 되되 무릇 없는

자는 그 있는 것도 빼앗기리라 그러므로 내가 저희에게 비유로 말하기는 저희가 보아도 보지 못하며 들어도 듣지 못하며 깨닫지 못함이니라 이사야의 예언이 저희에게 이루었으니 일렀으되 너희가 듣기는 들어도 깨닫지 못할 것이요 보기는 보아도 알지 못하리라 이 백성들의 마음이 완악하여져서 그 귀는 듣기에 둔하고 눈은 감았으니 이는 눈으로 보고 귀로 듣고 마음으로 깨달아 돌이켜 내게 고침을 받을까 두려워함이라 하였느니라 그러나 너희 눈은 봄으로 너희 귀는 들음으로 복이 있도다 내가 진실로 너희에게 이르노니 많은 선지자와 의인이 너희 보는 것들을 보고자 하여도 보지 못하였고 너희 듣는 것들을 듣고자 하여도 듣지 못하였느니라.

상기의 말씀을 보면 예수님께서 천국의 비밀, 즉 영적인 말씀의 비밀을 아는 것이 '너희' 에게는 허락되었으나 '저희' 에게는 아니되었다고 말씀하시는데 예수님이 말씀하시는 '너희' 는 누구며 '저희' 는 누구를 말하는 것일까요? 말씀의 비밀을 알 수 있도록 허락된 '너희' 는 예수님의 제자들을 말하며 허락되지 않아 알 수 없는 '저희' 는 유대인들을 말하고 있습니다,

그러면 오늘날 기독교인들은 너희일까요 저희일까요?

이렇게 저희들은 이사야의 말씀과 같이 듣기는 들어도 깨닫지 못하고 보기는 보아도 알지 못하는데 이는 이들의 마음이 완악하여져서 그 귀는 듣기에 둔하고 눈은 감았다고 말씀하고 있습니다.

하나님의 백성들의 마음이 완악해졌다는 것은 기복신앙으로 말미암아 마음들이 모두 욕심과 탐심으로 굳어져 있다는 뜻입니다. 그런데 문제는 이런 자들은 눈으로 보고 귀로 듣고 마음으로 깨달아 돌이켜 내게 고침을 받아야 함에도 불구하고 오히려 고침 받는 것을 두려워하고 거부하고 있다는 것입니다. 왜냐하면 예수님의 말씀을 들으면 자신 안에 들어 있는 욕심과 탐심들, 그리고 기복신앙을 모두 버려야 하는데 버릴 수 없기 때문입니다.

이어서 예수님은 "그러나 너희 눈은 봄으로 너희 귀는 들음으로 복이 있다"고 말씀하시면서 "내가 진실로 너희에게 이르노니 많은 선지자와 의인이 너희 보는 것들을 보고자 하여도 보지 못하였고 너희 듣는 것을 듣고자 하여도 듣지 못하였다"고 충격적인 말씀을 하고 있습니다. 왜냐하면 지금까지 계시던 많은 선지자와 의인들도 이 비유의 말씀들을 듣고자 했어도 듣지 못하고 보고자 하여도 보지 못했다고 말씀하고 있기 때문입니다.

이렇게 하나님의 말씀이나 예수님이 하시는 말씀은 모두 영적인 말씀이며 비유의 말씀이기 때문에 듣기 힘들고 보기는 더 힘든 것입니다. 때문에 하나님의 영적인 비밀들은 하나님의 생명으로 거듭나야 듣기도 하며 보기도 하고 깨달아 알 수 있는 것입니다.

그러므로 예수님께서 이스라엘의 선생인 니고데모에게 네가 물과 성령으로 거듭나지 아니하면 하나님의 나라(영적인 말씀)를 볼 수 없다고 말씀하신 것입니다.

[요한복음 15장 2~4절] 무릇 내게 있어 과실을 맺지 아니하는 가지는 아버지께서 이를 제해 버리시고 무릇 과실을 맺는 가지는 더 과실을 맺게 하려하여 이를 깨끗케 하시느니라 너희는 내가 일러준 말로 이미 깨끗하였으니 내 안에 거하라 나도 너희 안에 거하리라 가지가 포도나무에 붙어 있지 아니하면 절로 과실을 맺을 수 없음 같이 너희도 내 안에 있지 아니하면 그러하리라

요. 15·2 πᾶν κλῆμα ἐν ἐμοὶ μὴ φέρον καρπόν, αἴρει αὐτό· καὶ πᾶν τὸ καρπὸν φέρον, καθαίρει αὐτὸ ἵνα πλείονα καρπὸν φέρῃ.

요 15:3 ἤδη ὑμεῖς καθαροί ἐστε διὰ τὸν λόγον ὃν λελάληκα ὑμῖν.

요 15:4 μείνατε ἐν ἐμοί, κἀγὼ ἐν ὑμῖν. καθὼς τὸ κλῆμα οὐ- δύναται καρπὸν φέρειν ἀφ' ἑαυτοῦ ἐὰν- μὴ μείνῃ ἐν τῇ ἀμπέλῳ, οὕτως οὐδὲ ὑμεῖς ἐὰν- μὴ ἐν ἐμοὶ μείνητε.

예수님은 "무릇 내게 있어 과실을 맺지 아니하는 가지는 아버지께서 이를 제해 버리시고 무릇 과실을 맺는 가지는 더 과실을 맺게 하려하여 이를 깨끗하게 하신다"고 말씀하십니다. 오늘날 기독교인들은 예수님은 포도나무요 자신들은 포도나무에 붙어있는 가지라고 말합니다. 그런데 이 세상에는 참 포도나무는 찾아볼 수 없고 대부분이 들포도나무나 잡목들이라는 것입니다. 왜냐하면 오늘날 참 목자이신 예수님은 없고 대부분이 삯을 위해 목회하는 삯꾼목자들이기 때문입니다.

그런데 참 포도나무에 붙어 있는 예수님의 제자들도 열매를 맺지 않으면 아버지께서 그 가지를 잘라 버린다는 것입니다. 그러나 열매를 맺는 가지는 열매를 더 잘 맺게 하기위해 깨끗케 해 주신다는 것입니다. 그런데 예수님의 제자들은 예수님이 주시는 말씀으로 이미 깨끗하게 되어 있다고 말씀하십니다. 예수님의 제자들이 말씀으로 정결하게 된 것은 그 당시에 예수님이 계셨기 때문입니다. 때문에 오늘날 기독교인들도 말씀으로 깨끗함을 받으려면 반드시 오늘날 살아계신 하나님의 아들, 즉 오늘날의 예수님이 존재해야 한다는 것입니다.

예수님은 이어서 "너희는 내가 일러준 말로 이미 깨끗하였으니 내 안에 거하라"고 말씀하시면서 "나도 너희 안에 거하리라"고 말씀하고 있습니다. 왜냐하면 포도나무에 붙어있는 가지가 나무로부터 나오는 진액을 공급받지 않으면 스스로 과실을 맺을 수 없는 것과 같이 예수님의 제자들도 예수님과 함께 거하면서 예수님의 입에서 나오는 말씀을 받지 않으면 열매를 맺을 수 없기 때문입니다.

[요한복음 15장 5~8절] 나는 포도나무요 너희는 가지니 저가 내 안에, 내가 저 안에 있으면 이 사람은 과실을 많이 맺나니 나를 떠나서는 너희가 아무 것도 할 수 없음이라 사람이 내 안에 거하지 아니하면 가지처럼 밖에 버리워 말라지나니 사람들이 이것을 모아다가 불에 던져 사르느니라 너희가 내 안에 거하고 내 말이 너희 안에 거하면 무엇이든지 원하는대로 구하라 그리하면 이루리라 너희가 과실을 많이 맺으면 내 아버지께

서 영광을 받으실 것이요 너희가 내 제자가 되리라.

요 15·5 ἐγώ εἰμι ἡ ἄμπελος, ὑμεῖς τὰ κλήματα. ὁ μένων ἐν ἐμοί, κἀγὼ ἐν αὐτῷ, οὗτος φέρει καρπὸν πολύν· ὅτι χωρὶς ἐμοῦ οὐ δύνασθε ποιεῖν οὐδέν.

요 15·6 ἐὰν- μή τις μείνῃ ἐν ἐμοί, ἐβλήθη ἔξω ὡς τὸ κλῆμα, καὶ ἐξηράνθη, καὶ συνάγουσιν αὐτὰ καὶ εἰς πῦρ βάλλουσιν, καὶ καίεται.

요 15·7 ἐὰν μείνητε ἐν ἐμοί, καὶ τὰ- ῥήματά- μου ἐν ὑμῖν μείνῃ, ὃ- ἐὰν θέλητε αἰτήσεσθε, καὶ γενήσεται ὑμῖν.

요 15·8 ἐν τούτῳ ἐδοξάσθη ὁ- πατήρ- μου, ἵνα καρπὸν πολὺν φέρητε, καὶ γενήσεσθε ἐμοὶ μαθηταί.

예수님께서 "나는 포도나무요 너희는 가지니 저가 내 안에, 내가 저 안에 있으면 이 사람은 과실을 많이 맺나니 나를 떠나서는 너희가 아무것도 할 수 없다"고 말씀하십니다. 예수님의 말씀과 같이 가지가 열매를 맺으려면 나무에 붙어서 나무의 진액을 받아야 합니다. 그러므로 포도 열매를 맺으려면 반드시 포도나무에 붙어 있어야지 다른 나무에 붙어 있으면 포도가 아닌 다른 열매를 맺게 되는 것입니다. 그리고 예수님 안에 내가, 예수님이 내 안에 있다는 것은 곧 예수님이 주시는 말씀과 함께 있다는 뜻입니다.

이렇게 예수님을 믿고 따르며 주시는 말씀을 일용할 양식으로 먹고 자란 예수님의 제자들은 모두 사도가 되어 많은 열매를 맺게 된 것입니다. 그런데 가지가 나무에서 분리되면 마르게 되고 사람은 가지를 모아다 불에 던져 사르게 되는 것입니다. 예수님은 이어서 "너희가 내 안에 거하고 내 말이 너희 안에 거하면 무엇이든지 원하는 대로 구하라 그리하면 이루게 된다"고 말씀하십니다.

그런데 예수님께서 너희가 원하는 대로 무엇이든지 구하라는 것은 곧 열매를 말씀하고 있습니다. 왜냐하면 포도나무에 붙어 있는 가지가 원하는 것은 오직 열매밖에 없기 때문입니다. 예수님은 이렇게 "너희가 열매를 많이 맺으면 내 아버지께서 영광 받으실 것이요 그 때 너희가 진정한 내 제자가 되리라"고 말씀하시는 것입니다.

이 말씀은 가지가 포도나무에 붙어 있다 해도 열매를 맺지 않는다면 예수님의 제자가 아니라는 뜻입니다. 때문에 행함이 없는 믿음은 죽은 믿음이라 말씀하고 있는 것입니다.

[요한복음 15장 9~12절] 아버지께서 나를 사랑하신 것 같이 나도 너희를 사랑하였으니 나의 사랑 안에 거하라 내가 아버지의 계명을 지켜 그의 사랑 안에 거하는것 같이 너희도 내 계명을 지키면 내 사랑 안에 거하리라 내가 이것을 너희에게 이름은 내 기쁨이 너희 안에 있어 너희 기쁨을 충만하게 하려 함이니라 내 계명은 곧 내가 너희를 사랑한 것 같이 너희도 서로 사랑하라 하는 이것이니라.

요 15·9 καθὼς ἠγάπησέν με ὁ πατήρ, κἀγὼ ἠγάπησα ὑμᾶς· μείνατε ἐν τῇ ἀγάπῃ τῇ ἐμῇ.

요 15·10 ἐὰν τὰς- ἐντολάς- μου τηρήσητε, μενεῖτε ἐν τῇ- ἀγάπῃ- μου· καθὼς ἐγὼ τὰς ἐντολὰς τοῦ- πατρός- μου τετήρηκα, καὶ μένω αὐτοῦ ἐν τῇ ἀγάπῃ.

요 15·11 ταῦτα λελάληκα ὑμῖν, ἵνα ἡ χαρὰ ἡ ἐμὴ ἐν ὑμῖν μείνῃ, — καὶ ἡ- χαρὰ- ὑμῶν πληρωθῇ.

요 15·12 αὕτη ἐστὶν ἡ ἐντολὴ ἡ ἐμή, ἵνα ἀγαπᾶτε ἀλλήλους, καθὼς ἠγάπησα ὑμᾶς.

예수님은 제자들에게 "아버지께서 나를 사랑하신 것같이 나도 너희를 사랑하였으니 너희도 나의 사랑 안에 거하라 그리고 내가 아버지의 계명을 지킨 것같이 너희도 내 계명을 지킨다면 내 사랑 안에 거하게 된다"고 말씀하고 있습니다.

원문성경을 보면 사랑은 하나님의 사랑(아가페-ἀγάπη)과 인간의 사랑(필로스-φιλος)으로 기록되어 있습니다. 이렇게 사랑은 모두 같은 사랑이 아니라 하나님의 아가페적인 영원한 사랑이 있고 조건에 따라 변하는 인간의 필로스적인 사랑이 있는 것입니다. 하나님의 사랑은 오직 하나님과 하나님의 생명으로 거듭난 하나님의 아들들에게만 존재하고 있습니다.

그러므로 지금 예수님께서 제자들에게 아버지께서 나를 사랑한 것같이 나도 너희를 사랑하였다는 사랑이 곧 하나님의 아가페적인 사랑입니다. 그런데 하나님의 사랑은 하나님의 말씀과 하나님의 계명 속에 존재하고 있기 때문에 예수님께서 제자들에게 "너희가 내 계명을 지킨다면 내 사랑 안에 거하게 된다"고 말씀하시는 것입니다.

이어서 예수님은 "내가 이러한 것을 너희에게 알려주는 것은 내 기쁨이 너희 안에 있어 너희도 기쁨을 충만하게 해주려고 하는 것이라" 말씀하면서 "내 계명은 내가 너희를 사랑한 것같이 너희도 서로 사랑하라"고 하시는 것입니다.

즉 서로 사랑하라는 뜻은 하나님의 말씀으로 죽은 영혼을 구원하여 살리라는 것입니다.

[요한복음 15장 13~17절] 사랑이 친구를 위하여 자기 목숨을 버리면 이에서 더 큰 사랑이 없나니 너희가 나의 명하는대로 행하면 곧 나의 친구라 이제부터는 너희를 종이라 하지 아니하리니 종은 주인의 하는 것을 알지 못함이라 너희를 친구라 하였노니 내가 내 아버지께 들은 것을 다 너희에게 알게 하였음이니라 너희가 나를 택한 것이 아니요 내가 너희를 택하여 세웠나니 이는 너희로 가서 과실을 맺게 하고 또 너희 과실이 항상 있게 하여 내 이름으로 아버지께 무엇을 구하든지 다 받게 하려 함이니라 내가 이것을 너희에게 명함은 너희로 서로 사랑하게 하려함이로라.

요 15·13 μείζονα ταύτης ἀγάπην οὐδεὶς ἔχει, ἵνα τις τὴν-ψυχὴν- αὐτοῦ θῇ ὑπὲρ τῶν φίλων αὐτοῦ.

요 15·14 ὑμεῖς φίλοι μού ἐστὲ ἐὰν ποιῆτε ὅσα — ἐγὼ ἐντέλλομαι ὑμῖν.

요 15·15 οὐκέτι ὑμᾶς λέγω δούλους, ὅτι ὁ δοῦλος οὐκ-οιδεν τί ποιεῖ αὐτοῦ ὁ κύριος· ὑμᾶς- δὲ φίλους, ὅτι πάντα ἃ ἤκουσα παρὰ τοῦ- πατρός- μου ἐγνώρισα ὑμῖν.

요 15·16 οὐχ ὑμεῖς με ἐξελέξασθε, ἀλλ᾽ ἐγὼ ἐξελεξάμην ὑμᾶς, καὶ ἔθηκα ὑμᾶς ἵνα ὑμεῖς ὑπάγητε καὶ καρπὸν φέρητε, καὶ ὁ- καρπὸς- ὑμῶν μένῃ· ἵνα ὅ- τι- ἂν αἰτήσητε τὸν πατέρα ἐν τῷ- ὀνόματί- μου δῷ ὑμῖν.

요 15·17 ταῦτα ἐντέλλομαι ὑμῖν, ἵνα ἀγαπᾶτε ἀλλήλους.

예수님은 "어떤 사람이 친구를 위하여 자기 목숨을 버리면 이보다 더 큰 사랑이 없다"고 말씀하시면서 "너희가 나의 명하는 대로 행하면 곧 나의 친구라" 말씀하고 있습니다. 사람의 목숨은 친구를 위해서 가족을 위해서 혹은 사랑하는 애인이나 국가를 위해서 버릴 수도 있습니다. 그런데 예수님이 말씀하시는 친구는 곧 예수님을 말씀하고 있다는 것입니다.

그러므로 예수님을 위해서 그리고 하나님의 뜻을 위해서 목숨을 버린다면 이보다 더 큰 사랑이 없다는 것입니다. 이렇게 주를 위해서 목숨을 버릴 수 있는 너희는 예수님께서 이제부터 종이라 하지 않고 친구로 인정 한다는 뜻입니다. 왜냐하면 내가 내 아버지께 보고 들은 것을 모두 너희에게 알게 해주어 너희는 나의 언행을 모두 잘 알고 있기 때문이라는 것입니다.

예수님은 이어서 "너희가 나를 택한 것이 아니요 내가 너희를 택하여 세웠나니 이는 너희로 가서 과실을 맺게 하고 또 너희 과실이 항상 있게 하여 내 이름으로 아버지께 무엇을 구하든지 다 얻게 하려함이라"는 것입니다.

이 말씀은 제자들이 예수님을 믿고 따르는 것은 예수님이 제자들을 택했기 때문이며 제자들이 예수님이 좋다고 택한 것이 아니라는 것입니다. 왜냐하면 제자들을 택할 수 있는 분은 예수님이지 제자들은 예수님을 택할 수 있는 존재가 아니기 때문입니다.

예수님께서 지금까지 제자로 택하고 불러서 키우시고 지금 이렇게 명하시는 것은 너희로 서로 사랑하게 하려는 것이라 말씀하고 있습니다. 예수님께서 서로 사랑하라는 것은 예수님께서 제자들에게 베푼 사랑대로 서로 사랑하여 영혼들을 구원하라는 뜻입니다.

이렇게 예수님께서 제자들을 택하여 먹이고 입히시며 키우신 것은 제자들도 나가서 죽은 영혼들을 구원하여 제자를 삼고 먹이고 입히고 키우면서 항상 그들과 함께 있게 하여 내 이름으로 아버지께 무엇을 구하든지 다 얻게 하려는 것이라 말씀하고 있습니다.

때문에 예수님께서 베드로에게 네가 나를 사랑한다면 너도 가서 양을 먹이고 입히면서 양을 치라 명하신 것입니다.

[요한복음 15장 18~19절] 세상이 너희를 미워하면 너희보다 먼저 나를 미워한 줄을 알라 너희가 세상에 속하였으면 세상이 자기의 것을 사랑할 터이나 너희는 세상에 속한 자가 아니요 도리어 세상에서 나의 택함을 입은 자인고로 세상이 너희를 미워하느니라.

요 15·18 Eἰ ὁ κόσμος ὑμᾶς μισεῖ, γινώσκετε ὅτι ἐμὲ πρῶτον ὑμῶν μεμίσηκεν.

요 15·19 εἰ ἐκ τοῦ κόσμου ητε, ὁ κόσμος ἂν- τὸ- ἴδιον- ἐφίλει· ὅτι- δὲ ἐκ τοῦ κόσμου οὐκ- ἐστέ, ἀλλ᾽ ἐγὼ ἐξελεξάμην ὑμᾶς ἐκ τοῦ κόσμου, διὰ τοῦτο μισεῖ ὑμᾶς ὁ κόσμος.

예수님은 이어서 "세상이 너희를 미워하면 너희보다 먼저 나를 미워한 줄 알라"고 말씀하십니다. 예수님이 너희를 미워한다는 세상은 불신자나 이방인이 아니라 하나님을 믿고 섬기는 유대인들이며 오늘날 기독교인들을 말하고 있는 것입니다. 왜냐하면 예전이나 지금이나 예수님은 유대인들과 기독교인들이 가장 미워하고 배척하는 이단자이기 때문입니다. 이렇게 유대인들은 예수를 잡아 죽였고 오늘날 기독교인들은 예수가 어디 있다면 확인 한번 해보지 않고 이단으로 몰아 배척하며 상종도 하지 않기 때문입니다.

예수님께서 "너희는 원수를 사랑하라"고 하신 말씀은 "너희가 원수처럼 미워하는 나를 사랑하라"는 뜻으로 하신 말씀입니다. 그런데 이런 말씀의 뜻을 모르고 세상에서 원수같이 미워하는 사람을 사랑해 보려고 애를 쓰는 것입니다. 그런데 세상에 속한 하나님의 백성들이 예수님만 미워하는 것이 아니라 예수를 믿고 따르는 제자들까지 미워하며 이단으로 배척하는 것입니다.

때문에 예수님은 이어서 "너희가 세상에 속하였으면 세상이 자기의 것을 사랑할 터이나 너희는 세상에 속한 자가 아니요 도리어 세상에서 나의 택함을 입은 자인고로 세상이 너희를 미워하는 것이라" 말씀하시는 것입니다. 이렇게 오늘날도 멸망의 넓은 길을 가는 자들이 좁고 협착한 생명의 길을 힘들게 가는 자들을 이단으로 배척하며 핍박하고 있는 것입니다.

[요한복음 15장 20~23절] 내가 너희더러 종이 주인보다 더 크지 못하다 한 말을 기억하라 사람들이 나를 핍박하였은즉 너희도 핍박할 터이요 내 말을 지켰은즉 너희 말도 지킬 터이라 그러나 사람들이 내 이름을 인하여 이 모든 일을 너희에게 하리니 이는 나 보내신 이를 알지 못함이니라 내가 와서 저희에게 말하지 아니하였더면 죄가 없었으려니와 지금은 그 죄를 핑계할 수 없느니라 나를 미워하는 자는 또 내 아버지를 미워하느니라.

요 15·20 μνημονεύετε τοῦ λόγου οὗ ἐγὼ ειπον ὑμῖν, Οὐκ-ἔστιν δοῦλος μείζων τοῦ κυρίου- αὐτοῦ. εἰ ἐμὲ ἐδίωξαν, καὶ ὑμᾶς διώξουσιν· εἰ τὸν- λόγον- μου ἐτήρησαν, καὶ τὸν ὑμέτερον τηρήσουσιν.

요 15·21 ἀλλὰ ταῦτα πάντα ποιήσουσιν ὑμας διὰ τὸ-ὄνομά- μου, ὅτι οὐκ- οἴδασιν τὸν πέμψαντά με.

요 15·22 εἰ μὴ- ηλθον καὶ ἐλάλησα αὐτοῖς, ἁμαρτίαν οὐκ- ειχον· νῦν- δὲ πρόφασιν οὐκ- ἔχουσιν περὶ τῆς-ἁμαρτίας- αὐτῶν.

요 15·23 ὁ ἐμὲ μισῶν, καὶ τὸν- πατέρα- μου μισεῖ.

예수님은 제자들에게 “내가 너희더러 종이 주인보다 더 크지 못하다 한 말을 기억하라”고 말씀하십니다.

예수님이 이렇게 말씀하시는 것은 가룟 유다가 말씀을 듣고 발꿈치를 든 것같이 종들이 말씀을 조금 알게 되면 주인 행세를 하기 때문입니다. 예수님은 이어서 제자들에게 “유대인들이 나를 핍박하였은즉 너희도 핍박할 것이요 너희가 핍박을 받으면서도 내 말을 지켰은즉 너희의 말도 지켜 줄 것이라” 말씀하고 있습니다.

하나님의 백성인 유대인들이 하나님께서 구원자로 보내주신 하나님의 아들을 핍박하는 이유는 예수님께서 유대인들의 잘못된 신앙을 모두 드러내며 책망하고 질책하기 때문입니다. 이렇게 사람들이 내 이름, 즉 내 말씀으로 인해 너희를 핍박할 것인데 이는 나 보내신 하나님을 알지 못하기 때문이라는 것입니다.

문제는 예수님의 말씀과 같이 유대인들이나 오늘날 기독교인들이 평생동안 하나님을 믿고 섬기면서도 하나님에 대해서 모르는 것은 물론 예수님도 모르고 있다는 것입니다. 왜냐하면 하나님의 백성들이 믿는 하나님과 예수님, 그리고 말씀들은 사도바울의 말씀과 같이 모두 다른 하나님, 다른 예수, 다른 복음이기 때문입니다.

그러므로 예수님은 내가 와서 너희(유대인)에게 이러한 사실들을 알려주지 아니했다면 너희에게 죄가 없지만 지금은 내가 너희에게 모두 말해 주었기 때문에 핑계할 수 없다고 말씀하고 있는 것입니다. 이와 같이 유대인들이나 오늘날 기독교인들은 이미 선지자와 사도들 그리고 오늘날 하나님께서 보내주신 하나님의 아들들을 통해서 지금 너희의 신앙이 잘못 되었다는 것을 분명히 알려주는데도 불구하고 그 말은 듣지도 않고 오히려 배척을 하고 있는 것입니다.

이런 자들이 바로 예수님을 미워하고 대적하는 자들인데 이들이 예수님을 미워하는 것은 곧 내 아버지를 미워하는 것이라고 말씀하고 있습니다. 그러나 지금이라도 이 말씀을 믿고 삯꾼목자들과 교리신앙에서 벗어나 참 목자가 인도하는 생명의 좁은 길을 간다면 구원을 받는 것은 물론 하나님의 생명으로 거듭나게 될 것입니다.

[요한복음 15장 24~27절] 내가 아무도 못한 일을 저희 중에서 하지 아니하였더면 저희가 죄 없었으려니와 지금은 저희가 나와 및 내 아버지를 보았고 또 미워하였도다 그러나 이는 저희 율법에 기록된바 저희가 연고 없이 나를 미워하였다한 말을 응하게 하려 함이니라 내가 아버지께로서 너희에게 보낼 보혜

사 곧 아버지께로서 나오시는 진리의 성령이 오실 때에 그가 나를 증거하실 것이요 너희도 처음부터 나와 함께 있었으므로 증거하느니라.

요 15·24 εἰ τὰ ἔργα μὴ- ἐποίησα ἐν αὐτοῖς ἃ οὐδεὶς- ἄλλος πεποίηκεν, ἁμαρτίαν οὐκ- ειχον· νῦν- δὲ καὶ ἑωράκασιν καὶ μεμισήκασιν καὶ ἐμὲ καὶ τὸν πατέρα μου·
요 15·25 ἀλλ᾽ ἵνα πληρωθῇ ὁ λόγος ὁ γεγραμμένος ἐν τῷ- νόμῳ- αὐτῶν,"Οτι ἐμίσησάν με δωρεάν.
요 15·26 "Οταν- δὲ ἔλθῃ ὁ παράκλητος, ὃν ἐγὼ πέμψω ὑμῖν παρὰ τοῦ πατρός, τὸ πνεῦμα τῆς ἀληθείας, ὃ παρὰ τοῦ πατρὸς ἐκπορεύεται, ἐκεῖνος μαρτυρήσει περὶ ἐμοῦ·
요 15·27 καὶ ὑμεῖς δὲ μαρτυρεῖτε, ὅτι ἀπ᾽ ἀρχῆς μετ᾽ ἐμοῦ ἐστε.

예수님은 이어서 “내가 아무도 못한 일을 저희 중에서 행하지 아니하였더면 저희가 죄 없었으려니와 지금은 저희가 나와 및 내 아버지를 보았고 또 미워하였다”고 말씀하고 있습니다.

유대인들이 하나님을 모르고 있었다는 것은 곧 하나님

의 말씀을 몰랐다는 것인데 말씀을 몰랐다는 것은 영적인 의미를 모르고 있었다는 것입니다. 그런데 예수님이 오셔서 지금까지 말씀 속에 감추어져 있던 영적인 의미와 진정한 뜻을 모두 드러내어 보여주신 것입니다. 때문에 예수님은 유대인들에게 말씀을 통해 참 하나님을 분명하게 알려주셨고 또 자신이 하나님의 아들이라는 것도 분명히 알려주신 것입니다.

그럼에도 불구하고 지금도 하나님을 미워하고 예수님과 사도들을 핍박하는 것입니다. 그러므로 예수님은 유대인들에게 이제부터는 너희가 나는 하나님을 모르고 하나님의 아들이신 예수님도 몰랐다고 핑계할 수 없다는 것입니다.

지금 유대인들이나 오늘날 기독교인들이 믿고 섬기는 하나님은 기복의 하나님이며 세상의 복과 육신의 복을 주시는 하나님이지 하늘의 복과 영생을 주시는 하나님이 아니라는 것입니다. 그런데 예수님이 오셔서 진정한 하나님에 대해서 분명히 알려 주신 것입니다. 그럼에도 불구하고 유대인들은 하늘의 신령한 복과 영생을 주시는 예수님을 미워하고 핍박까지 하는 것입니다.

이렇게 유대인들이 예수님을 미워하고 제자들까지 미

워하며 핍박하는 것은 율법에 기록한 바와 같이 저희가 아무런 이유 없이 나를 미워하였다한 말을 응하게 하려 함이라고 말씀하고 있습니다.

이어서 예수님은 "내가 아버지로부터 너희에게 보낼 보혜사, 곧 아버지로부터 나오시는 진리의 성령이 오실 때에 그(보혜사)가 나를 증거 하실 것이요 너희도 처음부터 나와 함께 있었으므로 증거 한다"고 말씀하고 있습니다.

이 진리의 성령이 오시면 예수님이 곧 하나님의 아들이요 구원자라는 것을 증명해 주실 것이며 또한 너희도 그동안 나와 함께 있어 나에 대하여 잘 알고 있기 때문에 나에 대해서 증거 할 것이라는 것입니다.

예수님의 말씀과 같이 예수님의 제자들은 진리의 성령이 와서 사도가 되었고 사도가 된 예수님의 제자들은 예수님에 대해서 증거하게 된 것입니다.

환난의 날

환난 날의 잡힌 마음이
등불을 밝히는 구나

부끄러운 줄 모르며 달려 가더니
어리석음을 깨닫고 후회하면서

지난밤의 쑤시던 뼈마디가
쉬지 아니하였더면

흑암 중에 잡히지 않은 마음이
고생의 날 보내는 자가
광명을 볼 수 있었던가

제16장

예수님께서 보내주신다는 보혜사 성령

내가 이것을 너희에게 이름은 너희로 실족지 않게 하려 함이니

Ταῦτα λελάληκα ὑμῖν ἵνα μὴ- σκανδαλισθῆτε.

[요한복음 16장 1~4절] 내가 이것을 너희에게 이름은 너희로 실족지 않게 하려 함이니 사람들이 너희를 출회할 뿐아니라 때가 이르면 무릇 너희를 죽이는 자가 생각하기를 이것이 하나님을 섬기는 예라하리라 저희가 이런 일을 할 것은 아버지와 나를 알지 못함이라 오직 너희에게 이 말을 이른 것은 너희로 그 때를 당하면 내가 너희에게 이 말 한 것을 기억나게 하려 함이요 처음부터 이 말을 하지 아니한 것은 내가 너희와 함께 있었음이니라.

요 16·1 Ταῦτα λελάληκα ὑμῖν ἵνα μὴ- σκανδαλισθῆτε.

요 16·2 ἀποσυναγώγους ποιήσουσιν ὑμᾶς· ἀλλ᾽ ἔρχεται ὥρα ἵνα πᾶς ὁ ἀποκτείνας ὑμᾶς δόξῃ λατρείαν προσφέρειν τῷ θεῷ.

요 16·3 καὶ ταῦτα ποιήσουσιν ὑμῖν ὅτι οὐκ- ἔγνωσαν τὸν πατέρα οὐδὲ ἐμέ.

요 16·4 ἀλλὰ ταῦτα λελάληκα ὑμῖν, ἵνα ὅταν ἔλθῃ ἡ ὥρα μνημονεύητε αὐτῶν ὅτι ἐγὼ ειπον ὑμῖν· ταῦτα- δὲ ὑμῖν ἐξ ἀρχῆς οὐκ- ειπον ὅτι μεθ᾽ ὑμῶν ἤμην.

예수님은 제자들에게 “내가 이것을 지금 너희에게 알

려주는 것은 너희를 실족하지 않게 하려고 한 것이라" 말씀하십니다. 내가 떠나고 없으면 사람들이 너희를 출회(출교) 할 뿐아니라 때가 이르면 너희를 핍박하고 죽이는 자가 말하기를 이렇게 하는 것이 하나님을 섬기는 자들이 마땅히 해야 할 일이라고 한다는 것입니다.

왜냐하면 예수님이나 사도들과 같은 이단자들은 유대교의 잘못된 신앙을 질책하고 책망하기 때문에 하루속히 처단하고 제거시켜야 편안하게 신앙생활을 할 수 있기 때문입니다. 이러한 일들은 오늘날도 동일하게 일어나고 있는 일들입니다. 그런데 유대인들이나 오늘날 기독교인들이 이렇게 생명의 좁은 길을 가는 자들을 핍박하고 죽이는 것은 하나님과 예수님을 모르기 때문이라 말씀하고 있습니다.

하나님을 모른다는 것은 곧 하나님의 말씀을 모른다는 것인데 말씀을 모른다는 것은 말씀 속에 감추어져 있는 영적인 의미를 모른다는 것입니다. 때문에 예수님께서 "영생은 곧 유일하신 참 하나님과 그의 보내신 자 예수그리스도를 아는 것이라" 말씀하신 것입니다.

유대인들이나 오늘날 기독교인들이 평생 동안 하나님을 믿고 섬기면서 신앙생활을 하지만 유일하신 참 하나님과 예수그리스도를 알고 영생에 이른 자는 지금까지 별로 없었다는 것입니다.

왜냐하면 유대인들은 물론 기독교 이천 년 역사 속에 하나님과 예수그리스도를 알고 영생을 얻어 예수님(하나님의 아들)이 된 자는 단 한 사람도 없었기 때문입니다. 그러나 기독교 밖에는 유일하신 참 하나님과 예수그리스도를 알고 영생에 이른 자들이 지금도 존재하고 있다는 것입니다.

이들은 지금도 예수님과 사도들과 같이 이단으로 배척을 당하며 온갖 핍박을 받고 있는 것입니다. 예수님은 이어서 오직 너희에게 이런 말을 하는 것은 너희가 그 때를 당하면 내가 지금 너희에게 한 말을 기억나게 하려는 것이요 처음부터 이 말을 하지 아니한 것은 내가 너희와 함께 있었기 때문에 하지 않은 것이라 말씀하고 있습니다.

예수님은 어린 아이들을 두고 떠나가는 부모의 심정으로 제자들을 떠나면서 제자들이 앞으로 당할 핍박과 고통이 염려가 되어 미리 알려주고 있는 것입니다.

예수님의 제자들이 사도가 되어 복음 전할 때 유대인들로부터 받은 온갖 핍박과 고통은 사도행전이나 서신서에 자세히 기록되어 있습니다.

[요한복음 16장 5~8절] 지금 내가 나를 보내신 이에게로 가는데 너희 중에서 나더러 어디로 가느냐 묻는 자가 없고 도리어 내가 이 말을 하므로 너희 마음에 근심이 가득하였도다 그러하나 내가 너희에게 실상을 말하노니 내가 떠나가는 것이 너희에게 유익이라 내가 떠나가지 아니하면 보혜사가 너희에게로 오시지 아니할 것이요 가면 내가 그를 너희에게로 보내리니 그가 와서 죄에 대하여, 의에 대하여, 심판에 대하여 세상을 책망하시리라.

요 16·5 νῦν- δὲ ὑπάγω πρὸς τὸν πέμψαντά με, καὶ οὐδεὶς ἐξ ὑμῶν ἐρωτᾷ με, Ποῦ ὑπάγεις

요 16·6 ἀλλ᾽ ὅτι ταῦτα λελάληκα ὑμῖν ἡ λύπη πεπλήρωκεν ὑμῶν τὴν καρδιαν.

요 16·7 ἀλλ᾽ ἐγὼ τὴν ἀλήθειαν λέγω ὑμῖν, συμφέρει ὑμῖν ἵνα ἐγὼ ἀπέλθω· ἐὰν- γὰρ μὴ- ἀπέλθω ὁ παράκλητος οὐκ-ἐλεύσεται πρὸς ὑμᾶς· ἐὰν- δὲ πορευθῶ, πέμψω αὐτὸν πρὸς ὑμᾶς·

요 16·8 καὶ ἐλθὼν ἐκεῖνος ἐλέγξει τὸν κόσμον περὶ ἁμαρτίας καὶ περὶ δικαιοσύνης καὶ περὶ κρίσεως.

예수님은 제자들에게 “지금 내가 나를 보내신 이에게로 가는데 너희 중에 나더러 어디로 가느냐 묻는 자가 없고 도리어 내가 이런 말을 하므로 너희 마음에 근심만 가득하다”고 말씀하고 있습니다. 예수님은 제자들을 두고 떠나야 하기 때문에 염려가 되어 앞으로 일어날 일에 대해서 도움이 되라고 미리 알려주었는데 제자들은 오히려 마음에 근심이 가득하게 된 것입니다. 그래서 예수님은 어린 제자들이 걱정이 되어 앞으로 제자들에게 일어날 실제 상황에 대해 말씀하면서 이런 일을 당하면 실족하지 말고 잘 이기라고 가르쳐 주신 것입니다.

예수님은 이어서 제자들에게 “내가 떠나가는 것이 너희에게 유익하다”고 말씀하고 있습니다. 왜냐하면 내가 떠나가지 아니하면 보혜사가 너희에게 오시지 않고 내가 너희를 떠나야 내가 너희에게 보혜사, 즉 진리의 성령을 보내줄 수 있기 때문이라는 것입니다. 이렇게 내가 가서 너희에게 보혜사 성령을 보내주어야 그 성령이 세상의 죄에 대하여 의에 대하여 그리고 심판에 대하여 책망하실 것이리고 말씀하고 있습니다.

이 말씀은 보혜사가 너희에게 오셔야 세상의 죄에 대해서 의에 대해서 그리고 심판에 대해서 분명히 알게 되어 예수님과 같이 세상을 질책하고 책망할 수 있게 된다는 뜻입니다. 즉 제자들에게 진리의 영이 오지 않으면 지금 세상교회와 교인들이 무슨 죄를 짓고 있는지 그리고 이들이 소유하고 있는 하나님의 의, 즉 하나님의 말씀이 어떤 말씀인지 그리고 이들이 무엇 때문에 심판을 받게 되는지 알 수 없고 따라서 이들의 잘못된 신앙을 올바로 알려 줄 수 없고 책망도 할 수 없다는 것입니다. 그러므로 예수님은 제자들에게 보혜사 성령을 반드시 보내주셔야 하고 제자들은 예수님이 보내주시는 성령을 반드시 받아야 하는 것입니다.

[요한복음 16장 9~11절] 죄에 대하여라 함은 저희가 나를 믿지 아니함이요 의에 대하여라 함은 내가 아버지께로 가니 너희가 다시 나를 보지 못함이요 심판에 대하여라 함은 이 세상 임금이 심판을 받았음이니라.

요 16·9 περὶ ἁμαρτίας μέν, ὅτι οὐ- πιστεύουσιν εἰς ἐμέ·

요 16·10 περὶ δικαιοσύνης δέ, ὅτι πρὸς τὸν- πατέρα- μου ὑπάγω, καὶ οὐκ ἔτι θεωρεῖτέ με·

요 16·11 περὶ- δὲ κρίσεως, ὅτι ὁ ἄρχων τοῦ κόσμου- τούτου κέκριται.

오늘날 기독교인들은 죄 때문에 괴로워하며 날마다 회개를 하고 있습니다. 그런데 오늘날 기독교인들이 고민하는 죄는 대부분이 교리나 윤리도덕을 기준하고 있는 것입니다. 그런데 지금 예수님이 말씀하시는 죄는 "저희가 나를 믿지 않는 것이 바로 죄라"고 말씀하고 있습니다. 왜냐하면 하나님께서 구원자로 보내주시는 실존 예수를 믿지 않거나 다른 예수를 믿으면 멸망을 받기 때문입니다.

예수님은 이어서 의에 대해서 말씀하시는데 의는 곧 예수님 자신과 예수님의 입에서 나오는 말씀을 말하고 있습니다. 때문에 하나님의 의이신 예수님께서 아버지께로 가면 너희가 다시는 나를 보지 못한다고 말씀하신 것입니다. 그리고 심판에 대하여라 함은 이 세상 임금이 심판을 받았다고 말씀하시는데 세상 임금은 바로 자기 자신을 말하고 있습니다. 왜냐하면 자기 자신의 주인은 예수님이라 말은 하지만 실제 주인은 자신이기 때문입니다. 그러므로 심판을 받아야 할 세상 왕은 바로 자기 자신인데 제자들은 그동안 예수님의 말씀을 통해서 이미 심판을 받았다고 말씀하는 것입니다. 이것은 자신의 악한 존재가 말씀을 통해서 심판을 받고 죽어야 하나님의 생명으로 거듭나기 때문에 세상왕은 반드시 심판을 받아서 죽어야 하는 것입니다.

[요한복음 16장 12~15절] 내가 아직도 너희에게 이를 것이 많으나 지금은 너희가 감당치 못하리라 그러하나 진리의 성령이 오시면 그가 너희를 모든 진리 가운데로 인도하시리니 그가 자의로 말하지 않고 오직 듣는 것을 말하시며 장래 일을 너희에게 알리시리라 그가 내 영광을 나타내리니 내 것을 가지고 너희에게 알리겠음이니라 무릇 아버지께 있는 것은 다 내 것이라 그러므로 내가 말하기를 그가 내 것을 가지고 너희에게 알리리라 하였노라.

요 16·12 Ἔτι πολλὰ ἔχω λέγειν ὑμῖν, ἀλλ᾽ οὐ- δύνασθε βαστάζειν ἄρτι·

요 16·13 ὅταν- δὲ ἔλθῃ ἐκεῖνος, τὸ πνεῦμα τῆς ἀληθείας, ὁδηγήσει ὑμᾶς εἰς πᾶσαν τὴν ἀλήθειαν· οὐ γὰρ λαλήσει ἀφ ᾽ ἑαυτοῦ, ἀλλ᾽ ὅσα- ἂν- ἀκούσῃ λαλήσει, καὶ τὰ ἐρχόμενα ἀναγγελεῖ ὑμῖν.

요 16·14 ἐκεῖνος ἐμὲ δοξάσει, ὅτι ἐκ τοῦ ἐμοῦ λήψεται, καὶ ἀναγγελεῖ ὑμῖν.

요 16·15 πάντα ὅσα ἔχει ὁ πατὴρ ἐμά ἐστιν· διὰ τοῦτο ειπον, ὅτι ἐκ τοῦ ἐμοῦ λήψεται, καὶ ἀναγγελεῖ ὑμῖν.

예수님은 제자들에게 “내가 아직도 너희에게 이를 것이 많으나 지금은 너희가 내말을 모두 감당하기가 어렵기 때문에 더 말할 수가 없다”는 것입니다. 그러나 너희에게 진리의 성령이 오시면 그가 너희를 모든 진리 가운데로 인도하시는데 진리의 성령은 자의로 말하지 않고 오직 내게 듣는 것을 말하시며 또한 장래의 일을 너희에게 알려주실 것이라 말씀하고 있습니다. 이렇게 예수님이 말씀하시는 진리의 성령은 예수님 안에 계신 하나님의 말씀을 말하는 것입니다. 그런데 진리의 성령은 아무에게나 오시는 것이 아니라 더러운 몸을 하나님의 말씀으로 깨끗하게 씻어 정결한 처녀와 같이 준비된 자에게만 오신다는 것입니다. 왜냐하면 진리의 성령은 깨끗하고 거룩한 하나님의 영이기 때문에 더럽고 욕심이 많은 존재들에게는 절대로 오시지 않는다는 것입니다.

예수님은 이어서 진리의 성령이 내 영광을 나타낼 것인데 이는 진리의 성령이 내 것을 가지고 너희에게 알리기 때문이라 맏씀 하십니다. 왜냐하면 예수님은 하나님의 아들로 아버지의 것을 모두 상속받았기 때문에 아버지의 것이 곧 내 것이라 말씀하시는 것입니다. 그러므로 예수님께서 진리의 성령은 모두 내게 있는 것을 가지고 너희에게 알려

주는 것이라 말씀하시는 것입니다.

진리의 성령은 곧 예수님 안에 있는 생명의 말씀을 말하는데 진리의 성령은 천성을 향해 생명의 좁은 길을 가는 자들을 보호해주며 지켜주고 도와주시는 하나님의 영이십니다.

[요한복음 16장 16~20절] 조금 있으면 너희가 나를 보지 못하겠고 또 조금 있으면 나를 보리라 하신대 제자 중에서 서로 말하되 우리에게 말씀하신바 조금 있으면 나를 보지 못하겠고 또 조금 있으면 나를 보리라 하시며 또 내가 아버지께로 감이라 하신 것이 무슨 말씀이뇨 하고 또 말하되 조금 있으면이라 한 말씀이 무슨 말씀이뇨 무엇을 말씀하시는지 알지 못하노라 하거늘 예수께서 그 묻고자 함을 아시고 가라사대 내 말이 조금 있으면 나를 보지 못하겠고 또 조금 있으면 나를 보리라 하므로 서로 문의하느냐 내가 진실로진실로 너희에게 이르노니 너희는 곡하고 애통하리니 세상이 기뻐하리라 너희는 근심하겠으나 너희 근심이 도리어 기쁨이 되리라.

요 16:16 Μικρὸν καὶ οὐ- θεωρεῖτέ με, καὶ πάλιν μικρὸν καὶ ὄψεσθέ με, ὅτι ἐγὼ ὑπάγω πρὸς τὸν πατέρα.

요 16·17 Ειπον ουν ἐκ τῶν- μαθητῶν- αὐτοῦ πρὸς ἀλλήλους, Τί ἐστιν τοῦτο ὃ λέγει ἡμῖν, Μικρὸν καὶ οὐ- θεωρεῖτέ με, καὶ πάλιν μικρὸν καὶ ὄψεσθέ με καί Ὅτι ἐγὼ ὑπάγω πρὸς τὸν πατέρα

요 16·18 Ἔλεγον ουν, Τοῦτο τί ἐστιν ὃ λέγει, τὸ μικρόν οὐκ- οἴδαμεν τί λαλεῖ.

요 16·19 Ἐγνω ουν ὁ Ἰησοῦς ὅτι ἤθελον αὐτὸν ἐρωτᾶν, καὶ ειπεν αὐτοῖς, Περὶ τούτου ζητεῖτε μετ᾽ ἀλλήλων, ὅτι ειπον, Μικρὸν καὶ οὐ- θεωρεῖτέ με, καὶ πάλιν μικρὸν καὶ ὄψεσθέ με

요 16·20 ἀμὴν ἀμὴν λέγω ὑμῖν ὅτι κλαύσετε καὶ θρηνήσετε ὑμεῖς, ὁ- δὲ κόσμος χαρήσεται· ὑμεῖς- δὲ λυπηθήσεσθε, ἀλλ᾽ ἡ- λύπη- ὑμῶν εἰς χαρὰν γενήσεται.

예수님께서 제자들에게 "조금 있으면 너희가 나를 보지 못하겠고 또 조금 있으면 나를 보리라"고 말씀하십니다. 예수님의 말씀을 듣고 제자들은 서로 말하되 "우리에게 말씀하신바 조금 있으면 나를 보지 못하겠고 또 조금 있으면 나를 보리라 하신 말씀이 무슨 뜻이며 또 내가 아버지께 감이라 하신 것이 무슨 말씀이뇨 그리고 조금은 언제를 말하는지 우리는 알 수 없다"고 말하는 것입니다.

이렇게 제자들 중에 예수님께서 하시는 말씀의 뜻을 올바로 아는 자가 없어 우왕좌왕하고 있는 것을 볼 수 있습니다. 예수님이 조금 있으면 나를 못 본다고 하시는 것은 예수님의 죽음을 말씀하신 것이며 조금 있으면 다시 나를 보리라고 말씀하신 것은 예수님이 부활하여 제자들에게 다시 오신다는 뜻으로 말씀하신 것입니다.

예수님의 제자들이 예수님께서 조금 있으면 나를 보지 못하겠고 조금 있으면 나를 다시보게 된다는 말씀 때문에 의아해하며 궁금해 하는 것을 예수님이 보시고 제자들에게 "내가 진실로진실로 너희에게 이르노니 너희는 내가 죽으면 곡하고 애통하겠지만 유대인들은 걸림돌이 되는 내가 없어졌다고 좋아하며 기뻐할 것이라" 말씀하십니다. 그러나 너희는 내가 죽었다고 잠시 근심하며 괴로워 하겠지만 내가 다시 부활함으로 너희의 근심은 도리어 기쁨이 될 것이라는 뜻으로 말씀하시는 것입니다.

그런데 예수님의 제자들은 예수님이 말씀하신 뜻을 올바로 이해하는 자가 없어 우왕좌왕하며 걱정하고 있는 것을 볼 수 있습니다. 그러나 예수님은 이 말씀대로 유대인들에게 잡혀서 십자가에 달려 돌아 가셨고 장사한지 사흘 만에 부활하시어 제자들에게 다시 나타나신 것입니다.

[요한복음 16장 21~24절] 여자가 해산하게 되면 그 때가 이르렀으므로 근심하나 아이를 낳으면 세상에 사람 난 기쁨을 인하여 그 고통을 다시 기억지 아니하느니라 지금은 너희가 근심하나 내가 다시 너희를 보리니 너희 마음이 기쁠 것이요 너희 기쁨을 빼앗을 자가 없느니라 그 날에는 너희가 아무 것도 내게 묻지 아니하리라 내가 진실로진실로 너희에게 이르노니 너희가 무엇이든지 아버지께 구하는 것을 내 이름으로 주시리라 지금까지는 너희가 내 이름으로 아무 것도 구하지 아니하였으나 구하라 그리하면 받으리니 너희 기쁨이 충만하리라.

요 16·21 ἡ γυνὴ ὅταν τίκτῃ, λύπην ἔχει, ὅτι ηλθεν ἡ-ὥρα- αὐτῆς· ὅταν- δὲ γεννήσῃ τὸ παιδίον, οὐκ ἔτι μνημονεύει τῆς θλίψεως, διὰ τὴν χαρὰν ὅτι ἐγεννήθη ἄνθρωπος ἐἰς τὸν κόσμον.

요 16·22 καὶ ὑμεῖς ουν λύπην μὲν νῦν ἔχετε· πάλιν- δὲ ὄψομαι ὑμᾶς, καὶ χαρήσεται ὑμῶν ἡ καρδία, καὶ τὴν-χαρὰν- ὑμῶν οὐδεὶς αἴρει ἀφ᾽ ὑμῶν.

요 16·23 καὶ ἐν ἐκείνῃ τῇ ἡμέρᾳ ἐμὲ οὐκ ἐρωτήσετε

οὐδέν.᾽Αμὴν ἀμὴν λέγω ὑμῖν, ὅτι ὅσα- ἂν αἰτήσητε τὸν πατέρα ἐν τῷ ὀνόματί- μου δώσει ὑμῖν.

᾿Ω 16·24 ἕως- ἄρτι οὐκ ᾐτήσατε οὐδὲν ἐν τῷ- ὀνόματί- μου· αἰτεῖτε, καὶ λήψεσθε, ἵνα ἡ- χαρὰ- ὑμῶν η πεπληρωμένη.

예수님은 제자들에게 "여자가 아기를 낳을 때가 되면 때가 이르렀으므로 근심 걱정을 하지만 아이를 낳으면 아기가 세상에 태어난 기쁨으로 인해 그 고통을 다시 기억하지 않듯이 지금은 내가 떠나므로 너희가 근심하나 너희가 다시 나를 볼 때는 너희 마음이 기쁠 것이요 너희의 기쁨을 빼앗을 자가 없다"고 말씀하십니다.

예수님은 제자들에게 "내가 떠난다고 해서 걱정하지 말라"고 이렇게 예까지 들어서 자세히 말씀 하시지만 제자들은 예수님이 하시는 말씀을 잘 이해하지 못하고 있는 것입니다. 이렇게 예수님의 말씀은 유대인들은 물론 제자들도 듣기조차 힘들어 하는 것입니다. 예수님은 이어서 "그 날에는 너희가 아무것도 내게 묻지 아니하리라"고 말씀하시고 있는데 예수님이 말씀하시는 그 날은 예수님이 다시 오셔서 제자들 안에서 부활하시는 날을 말하고 있습니다.

그 날에 예수님이 다시 오셔서 제자들 안에 예수님이 계시고 예수님 안에 제자들이 계시게 되면 하나님의 아들로 거듭나게 되는 것인데 이때 너희가 내 이름으로 무엇이든지 아버지께 구하면 주신다는 것입니다.

한글성경에는 "너희가 무엇이든지 아버지께 구하는 것을 내 이름으로 주신다"고 되어있지만 원문성경을 보면 "너희가 내 이름으로 구하는 것을 아버지께서 주신다"고 기록되어 있습니다. 예수님께서 말씀하시는 이름은 '예수'라는 이름 두 글자를 말하는 것이 아니라 예수님이 하신 말씀을 말하고 있습니다. 그러므로 기도할 때 예수의 이름으로 기도하라는 것도 예수님이 가르쳐 주신 말씀, 즉 하나님의 뜻대로 기도하라는 것입니다. 그런데 오늘날 기독교인들이 기도할 때 예수님이 가르쳐주신 말씀대로 하는 것이 아니라 자기 욕심대로 하면서 기도를 마칠 때 예수님의 이름만 붙이면 예수님의 이름으로 기도했다는 것입니다.

그러므로 예수님은 제자들에게 너희가 지금까지는 내 이름, 즉 예수님이 주신 말씀으로 구하지 아니하였으나 이제부터는 이름으로 구하라고 말씀하시면서 내 이름으로 구하면 너희가 받게 될 것이며 너희가 받은 것으로 인해 기쁨이 충만하게 된다는 것입니다. 예수님의 제자들이 하나님의 뜻대로 예수님의 말씀으로 구할 것은 다른 것이 아니라 진리의 영이며 하나님의 생명입니다. 왜냐하면 하나님께서 구하는 자에게 주시고자 하는 것은 하늘의 신령한 복, 즉 하나님의 영원한 생명이기 때문입니다.

[요한복음 16장 25~30절] 이것을 비사로 너희에게 일렀거니와 때가 이르면 다시 비사로 너희에게 이르지 않고 아버지에 대한 것을 밝히 이르리라 그 날에 너희가 내 이름으로 구할 것이요 내가 너희를 위하여 아버지께 구하겠다 하는 말이 아니니 이는 너희가 나를 사랑하고 또 나를 하나님께로서 온줄 믿은 고로 아버지께서 친히 너희를 사랑하심이니라 내가 아버지께로 나와서 세상에 왔고 다시 세상을 떠나 아버지께로 가노라 하시니 제자들이 말하되 지금은 밝히 말씀하시고 아무 비사도 하지 아니하시니 우리가 지금에야 주께서 모든 것을 아시고 또 사람의 물음을 기다리시지 않는줄 아나이다 이로서 하나님께로서 나오심을 우리가 믿삽나이다.

요 16·25 ταῦτα ἐν παροιμίαις λελάληκα ὑμῖν· ἀλλ᾽ ἔρχεται ὥρα ὅτε οὐκ ἔτι ἐν παροιμίαις λαλήσω ὑμῖν, ἀλλὰ παρρησίᾳ περὶ τοῦ πατρὸς ἀναγγελῶ ὑμῖν.

요 16:26 ἐν ἐκείνῃ τῇ ἡμέρᾳ ἐν τῷ- ὀνόματί- μου αἰτήσεσθε· καὶ οὐ λέγω- ὑμῖν ὅτι ἐγὼ ἐρωτήσω τὸν πατέρα περὶ ὑμῶν·

요 16:27 αὐτὸς γὰρ ὁ πατὴρ φιλεῖ ὑμᾶς, ὅτι ὑμεῖς ἐμὲ πεφιλήκατε, καὶ πεπιστεύκατε ὅτι ἐγὼ παρὰ τοῦ θεοῦ ἐξῆλθον.

요 16:28 ἐξῆλθον παρὰ τοῦ πατρὸς καὶ ἐλήλυθα εἰς τὸν κόσμον· πάλιν ἀφίημι τὸν κόσμον καὶ πορεύομαι πρὸς τὸν πατέρα.

요 16:29 Λέγουσιν αὐτῷ οἱ- μαθηταὶ- αὐτοῦ,"Ἴδε, νῦν παῤῥησίᾳ λαλεῖς, καὶ παροιμίαν οὐδεμίαν λέγεις.

요 16:30 νῦν οἴδαμεν ὅτι οιδας πάντα, καὶ οὐ χρείαν ἔχεις ἵνα τίς σε ἐρωτᾷ. ἐν τούτῳ πιστεύομεν ὅτι ἀπὸ θεοῦ ἐξῆλθες.

예수님은 제자들에게 지금까지는 내가 너희에게 비사로 말하였지만 때가 이르면 다시 비사로 이르지 않고 이비지에 대한 것을 밝히 드러내어 말하겠다고 말씀하고 있습니다. 즉 지금은 너희가 아직 거듭나지 못해서 내가 하는 말이 모두 비사로 들리지만 너희가 거듭나면 비사로 들리지 않고 아버지에 대한 비사의 말씀들이 밝히 드러나 모두 알게 된다는 뜻입니다. 왜냐하면 영의 말씀을 육에 속한 사람들이 들으면 모두 비사로 들리지만 영으로 거듭나면 더 이상 비사로 들리지 않기 때문입니다.

예수님은 제자들에게 그 날, 즉 너희가 거듭나는 날에는 너희가 직접 내 이름으로 아버지께 구할 것이며 더 이상 내가 너희를 위하여 아버지께 구하지 않겠다는 뜻입니다. 너희가 이렇게 거듭나게 되는 것은 너희가 나를 사랑하고 또 나를 하나님께로부터 온줄 믿은 고로 아버지께서 친히 너희를 사랑하였기 때문이라는 것입니다.

결국 예수님의 제자들이 하나님의 아들로 거듭나는 것은 하나님께서 구원자로 보내주신 하나님의 아들을 믿었기 때문이며 유대인들이 거듭나지 못하고 멸망당한 것은 하나님께서 구원자로 보내주신 아들 곧 실존하는 인간 예수를 믿지 않고 배척했기 때문입니다.

이것은 오늘날 기독교인들도 하나님께서 구원자로 보내주시는 실존예수를 믿고 영접하면 구원을 받지만 실존하는 인간 예수님을 믿지 않으면 멸망을 당하는 것입니다. 즉 하나님께서 구원자로 보내주시는 하나님의 아들은 이천 년 전에 오셨던 예수나 앞으로 구름타고 오실 예수가 아니라 오늘날 살아계신 인간 예수라는 것입니다.

예수님께서 "내가 아버지께로 나와서 세상에 왔고 다시 세상을 떠나 아버지께로 가노라" 말씀하시니 제자들이 예수님의 말씀을 듣고 놀라서 말하되 왜 지금은 밝히 말씀하시고 비사로 말씀하지 않느냐고 의아해 하는 것입니다. 이것은 예수님의 제자들이 거듭나기 전에는 예수님의 말씀이 모두 비사로 들렸는데 이제 거듭나니까 예수님이 하시는 말씀이 비사로 들리지 않고 모두 알게 되었기 때문입니다. 예수님의 제자들은 예수님의 영적인 말씀이 귀에 들리는 것을 보고 우리가 지금에서야 주께서 하신 말씀들을 모두 알게 되었고 주님은 우리가 다시 묻지 않게 된 것을 알게 되었다는 것입니다.

예수님의 제자들이 이렇게 하나님의 생명으로 거듭나니 비로소 예수님께서 하나님으로부터 오신 것을 믿게 되었다고 말씀하시는데 그보다 이제 예수님께서 진정한 하나님의 아들이라는 것을 확실히 알게 되었다는 뜻입니다.

[요한복음 16장 31~33절] 예수께서 대답하시되 이제는 너희가 믿느냐 보라 너희가 다 각각 제 곳으로 흩어지고 나를 혼자 둘 때가 오나니 벌써 왔도다 그러나 내가 혼자 있는 것이

아니라 아버지께서 나와 함께 계시느니라 이것을 너희에게 이름은 너희로 내 안에서 평안을 누리게 하려함이라 세상에서는 너희가 환난을 당하나 담대하라 내가 세상을 이기었노라 하시니라.

요 16:31 'Απεκρίθη αὐτοῖς ὁ Ιησοῦς,"Αρτι πιστεύετε

요 16:32 ἰδού, ἔρχεται ὥρα καὶ νῦν ἐλήλυθεν, ἵνα σκορπισθῆτε ἕκαστος εἰς τὰ- ἴδια, καὶ ἐμὲ μονον ἀφῆτε· καὶ οὐκ- εἰμὶ μόνος, ὅτι ὁ πατὴρ μετ' ἐμοῦ ἐστιν.

요 16:33 ταῦτα λελάληκα ὑμῖν ἵνα ἐν ἐμοὶ εἰρήνην ἔχητε. ἐν τῷ κόσμῳ θλῖψιν ἔχετε· ἀλλὰ θαρσεῖτε, ἐγὼ νενίκηκα τὸν κόσμον.

제자들이 하는 말을 듣고 예수께서 말씀하시되 "이제 너희가 나를 믿느냐"고 묻고 있습니다. 예수님이 제자들에게 이제 너희가 나를 믿느냐고 하신 말씀은 너희가 이제 거듭났느냐는 뜻으로 하신 말씀입니다. 왜냐하면 제자들이 하나님의 생명으로 거듭나지 아니하면 예수님을 진정으로 하나님의 아들로 믿거나 알 수 없기 때문입니다.

예수님은 이어서 "보라 너희가 다 각각 제 곳으로 흩어지고 나를 혼자 둘 때가 오는데 벌써 왔다"고 말씀하십니다. 즉 예수님의 죽음이 다가 오자 제자들이 모두 각각 흩어져 자기 있을 곳으로 가고 예수님만 외롭게 홀로 남아 있게 된다는 것입니다.

그러나 예수님은 내가 혼자 있는 것이 아니라 아버지께서 나와 함께 계신다고 말씀하십니다. 왜냐하면 예수님 안에는 항상 아버지가 함께 계시기 때문입니다.

예수님께서 "이것을 너희에게 알려 주는 것은 너희로 내 안에서 평안을 누리게 하려는 것이라" 말씀하시면서 "너희가 세상에서 환난을 당하게 될 터이나 담대하라"고 말씀하십니다. 왜냐하면 내가 세상의 환난을 모두 이기었기 때문에 너희도 이길 수 있다는 것입니다.

이 말씀대로 예수님의 제자들은 사도들이 되어 복음을 전하면서 예수님과 같은 핍박과 환난을 당했지만 예수님과 같이 모두 극복하고 승리한 것을 볼 수 있습니다.

제17장

예수님의 기도

예수께서 이 말씀을 하시고 눈을 들어 하늘을 우러러 가라사대

Ταῦτα ἐλάλησεν ὁ Ἰησοῦς, καὶ ἐπῆρεν τοὺς ὀφθαλμοὺς αὐτοῦ
εἰς τὸν οὐρανὸν καὶ εἶπεν, Πάτερ, ἐλήλυθεν ἡ ὥρα· δόξασόν σου
τὸν υἱόν, ἵνα καὶ ὁ- υἱὸς- σου δοξάσῃ σε·

[요한복음 17장 1~3절] 예수께서 이 말씀을 하시고 눈을 들어 하늘을 우러러 가라사대 아버지여 때가 이르렀사오니 아들을 영화롭게 하사 아들로 아버지를 영화롭게 하게 하옵소서 아버지께서 아들에게 주신 모든 자에게 영생을 주게 하시려고 만민을 다스리는 권세를 아들에게 주셨음이로소이다 영생은 곧 유일하신 참 하나님과 그의 보내신 자 예수 그리스도를 아는 것이니이다.

요 17·1 Ταῦτα ἐλάλησεν ὁ Ἰησοῦς, καὶ ἐπῆρεν τοὺς ὀφθαλμοὺς αὐτοῦ εἰς τὸν οὐρανὸν καὶ ειπεν, Πάτερ, ἐλήλυθεν ἡ ὥρα· δόξασόν σου τὸν υἱόν, ἵνα καὶ ὁ- υἱὸς-σου δοξάσῃ σε·

요 17·2 καθὼς ἔδωκας αὐτῷ ἐξουσίαν πάσης σαρκός, ἵνα πᾶν ὃ δέδωκας αὐτῷ, δώσῃ αὐτοῖς ζωὴν αἰώνιον.

요 17·3 αὕτη- δέ ἐστιν ἡ αἰώνιος ζωή, ἵνα γινώσκωσίν σὲ τὸν μόνον ἀληθινὸν θεόν, καὶ ὃν ἀπέστειλας Ἰησοῦν χριστόν.

예수께서 제자들에게 말씀을 마치시고 눈을 들어 하늘을 우러러보며 말씀하시되 "아버지여 나의 때가 이르렀사오니 아들을 영화롭게 하사 아들로 아버지를 영화롭게 하게 하여 달라"고 기도를 하십니다. 예수님께서 내 때라는 것은 나에게 죽음이 이르렀다는 것이며 아들을 영화롭게 하여 아들로 하여금 아버지를 영화롭게 하여 달라는 뜻은 아들을 그리스도로 부활시켜 자기를 통해 아버지의 영광을 나타나게 하여 달라는 뜻입니다. 왜냐하면 아버지께서 모든 육신에 속한 자(짐승들)들에게 영생을 주시기 위해 아들에게 다스리는 권세(구원)를 주셨기 때문입니다. 예수님은 이 말씀대로 장사한지 사흘 만에 육축의 상태에 있는 제자들 안에서 부활하시어 아들(사도)들을 만들어 아버지를 영화롭게 하신 것입니다.

원어성경에 만민은 '파세스 사르코스'(πασῆς σαρκὸς)로 모든 육체, 즉 아직 거듭나지 못해 육신에 속한 자들을 말씀하고 있습니다. 문제는 유대인들이나 오늘날 기독교인들도 자신이 아직 사람으로 거듭나지 못한 육신의 존재, 즉 애굽의 물고기나 광야의 짐승과 같은 존재라는 것을 전혀 모르고 있는 것입니다.

하나님께서 성경을 통해 말씀하고 있는 사람(인자)은 오직 예수님과 그리고 하나님의 아들로 거듭난 사도들을 말씀하고 있으며 아직 출애굽도 못한 애굽의 종교인들은 물고기이며 그리고 출애굽하여 광야에 머물고 있는 유대인들은 짐승들이고 요단강을 건너 가나안에 이른 예수님의 제자들은 육축(양)이라 말씀하고 있습니다.

이렇게 하나님께서 아들에게 구원과 심판의 권세를 주신 것은 아들을 통해서 육신에 속한 모든 자(짐승)들을 구원하고 영원한 생명을 주어 그 열매로 하나님의 영광을 나타내려는 것입니다. 이어서 예수님은 "영생은 곧 유일하신 참 하나님과 그의 보내신 자 예수 그리스도를 아는 것"이라 말씀하고 있습니다. 이렇게 예수님께서 영생은 오직 자신(예수님)만을 믿어서 되는 것이 아니라 유일하신 참 하나님과 그의 보내신 자 예수 그리스도를 "아는 것"이라 분명히 말씀하고 있습니다.

그런데 오늘날 예수님을 구주로 믿고 날마다 입으로 시인하고 있는 기독교인들은 하나님과 예수님을 모두 잘 알고 있다 믿고 있기 때문에 이미 영생을 얻은 것처럼 착각하고 있는 것입니다. 이것은 예수께서 말씀하시는 '알고 있다' 는 자들의 차원이나 기준을 모르고 있기 때문입니다. 예수님께서 지금 말씀하고 있는 '알다' 는 원문에 '기노스코'(γινώσκω)로 기록되어 있으며 히브리어로는 '야다' 로 말씀하고 있는데 뜻은 '알다, 느끼다, 확신하다' 구약에는 '동침하다' 로 기록되어 있습니다.

때문에 예수님께서 말씀하시는 '알다' 의 진정한 뜻은 "내가 너희 안에, 너희가 내 안에 있어 예수님과 한 몸이 된 자들", 즉 예수님과 같이 하나님의 아들로 거듭난 자들 곧 사도들과 같은 자들을 말씀하고 있는 것입니다.

즉 유일하신 참 하나님과 그의 아들 예수 그리스도를 아는 것은 하나님의 생명으로 거듭나 하나님의 아들이 된 자들(사도들)만이 알 수 있다는 뜻입니다. 그러므로 오늘날 기독교인들도 유일하신 참 하나님과 그의 보내신 자 예수 그리스도를 알아서 영생에 이르려면 예수를 믿는 것에서 벗어나 하나님의 아들로 거듭나야 하는 것입니다. 예수님께서 유일하신 참 하나님을 강조하신 것은 다른 하나님이 있기 때문인데 이는 하나님의 백성 대부분이 지금 다른 하나님을 참 하나님이라 믿고 섬기고 있기 때문입니다.

하나님께서 출애굽한 이스라엘 백성에게 지키라고 주신 십계명의 첫 계명이 "너희는 나 외에 다른 신, 즉 다른 하나님을 있게 말라"고 명하신 것은 이스라엘 백성이 애굽(세상 교회)에서 다른 하나님을 믿고 있었기 때문입니다. 그러므로 오늘날 기독교인들도 지금 내가 믿고 섬기는 하나님이 참 하나님인지 다른 하나님인지를 분명히 알아야 합니다.

왜냐하면 지금 내가 믿고 있는 하나님이 참 하나님이 아니라 다른 하나님이라면 신앙생활을 아무리 열심히 잘한다 해도 지옥으로 들어갈 수밖에 없기 때문입니다.

지금 지옥문 앞에서 슬피 울며 이를 갈고 있는 자들은 모두 세상교회에서 참 하나님을 모르고 다른 하나님을 참 하나님으로 믿고 섬겼기 때문입니다.

[요한복음 17장 4~5절] 아버지께서 내게 하라고 주신 일을 내가 이루어 아버지를 이 세상에서 영화롭게 하였사오니 아버지여 창세 전에 내가 아버지와 함께 가졌던 영화로써 지금도 아버지와 함께 나를 영화롭게 하옵소서

요 17:4 ἐγώ σε ἐδόξασα ἐπὶ τῆς γῆς· τὸ ἔργον ἐτελείωσα ὃ δέδωκάς μοι ἵνα ποιήσω·

요 17:5 καὶ νῦν δόξασόν με σύ, πάτερ, παρὰ σεαυτῷ, τῇ δόξῃ ᾗ εἶχον πρὸ τοῦ τὸν κόσμον εἶναι παρὰ σοί.

예수님은 지금 아버지께서 내게 행하라고 주신 일을 내가 모두 이루어 아버지를 이 세상에서 영화롭게 하였사오니 아버지께서 창세전에 내가 아버지와 함께 가졌던 영화

를 지금도 아버지와 함께 나를 영화롭게 해달라고 기도하고 있는 것입니다. 아버지께서 예수님께 하라고 주신 일은 죽은 영혼을 구원하고 살려서 하나님의 아들을 만들라는 것입니다. 예수님은 아버지의 말씀대로 열두 제자를 구원하고 살려서 모두 하나님의 아들로 만들어 아버지께 열매로 드려 아버지를 영화롭게 하셨습니다.

예수님께서 십자가에 달려 죽으시면서 "나는 다 이루었다"고 말씀하신 것은 아버지께서 명하신 일들을 모두 완성하였다는 뜻입니다. 그러므로 예수님은 지금 아버지께서 행하라고 주신 일을 모두 완성하여 아버지를 영화롭게 하였으니 아버지도 창세전에 내가 아버지와 함께 가졌던 영화를 다시 누리게 하여 달라고 기도하는 것입니다.

예수님께서 창세전에 아버지와 함께 있었던 존재는 육신을 말하는 것이 아니라 예수님 안에 계신 성령 하나님을 말씀하고 있는 것입니다. 때문에 예수님은 십자가에서 돌아가신 후에 지금도 하나님 우편에서 하나님과 함께 거하시고 계신 것입니다.

[요한복음 17장 6~8절] 세상 중에서 내게 주신 사람들에게 내가 아버지의 이름을 나타내었나이다 저희는 아버지의 것이었

는데 내게 주셨으며 저희는 아버지의 말씀을 지키었나이다 지금 저희는 아버지께서 내게 주신 것이 다 아버지께로서 온 것인줄 알았나이다 나는 아버지께서 내게 주신 말씀들을 저희에게 주었사오며 저희는 이것을 받고 내가 아버지께로부터 나온 줄을 참으로 아오며 아버지께서 나를 보내신 줄도 믿었사옵나이다.

요 17·6 Ἐφανέρωσά σου τὸ ὄνομα τοῖς ἀνθρώποις οὓς δέδωκάς μοι ἐκ τοῦ κόσμου· σοὶ η, καὶ ἐμοὶ αὐτοὺς δέδωκας· καὶ τὸν- λόγον- σου τετηρήκασιν.

요 17·7 νῦν ἔγνωκαν ὅτι πάντα ὅσα δέδωκάς μοι, παρὰ σοῦ ἐστιν

요 17·8 ὅτι τὰ ῥήματα ἃ δέδωκάς μοι δέδωκα αὐτοῖς· καὶ αὐτοὶ ἔλαβον, καὶ ἔγνωσαν ἀληθῶς ὅτι παρὰ σοῦ ἐξῆλθον, καὶ ἐπίστευσαν ὅτι σύ με ἀπέστειλας.

예수님께서 말씀하시는 세상은 육신에 속한 하나님의 백성을 말하며 이들 중에서 내게 주신 사람은 곧 예수님의 제자들을 말하고 있습니다.

예수님은 제자들에게 아버지의 이름 곧 아버지가 주신

영적인 말씀의 뜻을 모두 드러냈다고 말씀하고 있습니다. 예수님의 제자들은 본래 아버지의 것이었는데 아들에게 주셨으며 또한 제자들은 예수님으로부터 아버지의 말씀을 듣고 지켰다고 말씀하고 있습니다. 이렇게 이 세상에는 수많은 하나님의 백성이 신앙생활을 열심히 하고 있지만 하나님께서 아시고 부르시고 택하여 예수님께 보내주신 자는 그리 많지 않다는 것입니다.

왜냐하면 유대인들이나 오늘날 기독교인들이 모두 기복과 욕심에 치우쳐 하나님(진리)을 찾는 자가 없기 때문입니다. 그러나 예수님의 제자들은 집과 가족과 세상의 부귀영화를 버리고 오직 하나님의 말씀을 찾고 있었던 자들이기 때문에 하나님께서 아시고 부르시고 택하여 아들에게 보내 주신 것입니다. 예수님은 이어서 "나를 믿고 내 말을 듣고 따른 제자들이 이제야 내가 제자들에게 준 말씀들이 다 아버지께로부터 온 것인 줄 알게 되었다"고 말씀하고 있습니다.

이어서 예수님은 "아버지께서 내게 주신 말씀들을 모두 저희에게 주었사오며 저희는 이것을 받고 내가 아버지께로부터 온 줄을 참으로 알았고 또한 아버지께서 나를 보내신 것도 믿었다"고 말씀하고 있습니다.

이것은 예수님을 믿고 따르는 제자들이라 해도 영적으로 어느 정도 성장을 해야 예수님을 믿을 수 있고 또한 예수님이 하시는 말씀도 듣고 알 수 있다는 것을 말해주는 것입니다.

[요한복음 17장 9~11절] 내가 저희를 위하여 비옵나니 내가 비옵는 것은 세상을 위함이 아니요 내게 주신 자들을 위함이니이다 저희는 아버지의 것이로소이다 내 것은 다 아버지의 것이요 아버지의 것은 내 것이온데 내가 저희로 말미암아 영광을 받았나이다 나는 세상에 더 있지 아니하오나 저희는 세상에 있사옵고 나는 아버지께로 가옵나니 거룩하신 아버지여 내게 주신 아버지의 이름으로 저희를 보전하사 우리와 같이 저희도 하나가 되게 하옵소서

요 17·9 ἐγὼ περὶ αὐτῶν ἐρωτῶ· οὐ περὶ τοῦ κόσμου ἐρωτῶ, ἀλλὰ περὶ ὧν δέδωκάς μοι, ὅτι σοί εἰσιν.

요 17·10 καὶ τὰ ἐμὰ πάντα σά ἐστιν, καὶ τὰ σὰ ἐμά· καὶ δεδόξασμαι ἐν αὐτοῖς.

요 17·11 καὶ οὐκ ἔτι εἰμὶ ἐν τῷ κόσμῳ, καὶ οὗτοι ἐν τῷ κόσμῳ εἰσίν, κἀγὼ πρός σε ἔρχομαι. πάτερ ἅγιε, τήρησον αὐτοὺς ἐν τῷ ὀνόματί- σου οὓς δέδωκάς μοι, ἵνα ωσιν ἓν, καθὼς ἡμεῖς.

예수님은 계속해서 제자들을 위하여 아버지께 기도를 하고 있습니다. 예수님은 아버지께 "내가 저희를 위하여 비옵는데 내가 비옵는 것은 세상을 위함이 아니요 내게 주신 자들을 위함이라"고 말씀하고 있습니다. 오늘날 기독교인들은 예수님의 기도를 보면서 많은 의구심을 갖게 되리라 생각합니다. 왜냐하면 예수님은 세상의 모든 사람을 사랑하셔서 모두를 위해서 기도하시는 줄로 알고 있는데 오직 제자들만을 위해서 기도하신다고 말씀하고 있기 때문입니다.

문제는 예수님이 말씀하시는 세상은 불신자나 타 종교인들을 말하는 것이 아니라 육신에 속한 하나님의 백성들을 말하고 있다는 것입니다. 이렇게 예수님은 오직 아버지께서 보내 주셔서 자신을 믿고 따르는 제자들을 사랑하시고 또한 제자들을 위해서 기도하고 계신 것입니다.

이어서 예수님은 "저희는 모두 아버지의 것이며 아버지의 것은 다 내 것이며 또한 내 것은 다 아버지의 것이라" 말씀하시면서 "내가 저희로 말미암아 영광을 받게 되었다"

고 말씀하고 있습니다.

즉 이 세상 만물은 모두 하나님의 것인데 하나님 아버지께서 아들이신 예수님에게 세상의 일부를 기업으로 주셨다는 것입니다. 그래서 세상 사람이나 제자들도 모두 하나님의 것인데 하나님께서 아들에게 제자들을 구원하라고 주신 것입니다. 그러므로 예수님은 제자들을 자신이 낳은 자식과 같이 사랑하시어 세상을 떠나시면서 염려가 되어 아버지께 기도를 하는 것입니다.

예수님께서 "나는 세상에 더 있지 않고 떠나가지만 저희(제자들)는 세상에 남아있고 나는 아버지께로 가오니 거룩하신 아버지께서 내게 주신 아버지의 이름으로 저희를 보호하사 우리와 같이 저희도 하나가 되게 하여달라"고 기도하시는 것입니다.

예수님께서 내게 주신 아버지의 이름은 곧 아버지께서 예수님에게 주신 말씀을 말하며 저희도 우리와 같이 하나가 되게 하여 달라는 것은 아버지의 말씀으로 제자들도 하나님의 아들로 거듭나서 우리(하나님)와 같이 하나가 되게 하여 달라는 뜻입니다.

[요한복음 17장 12~14절] 내가 저희와 함께 있을 때에 내게

주신 아버지의 이름으로 저희를 보전하와 지키었나이다 그 중에 하나도 멸망치 않고 오직 멸망의 자식 뿐이오니 이는 성경을 응하게 함이니이다. 지금 내가 아버지께로 가오니 내가 세상에서 이 말을 하옵는 것은 저희로 내 기쁨을 저희 안에 충만히 가지게하려 함이니이다. 내가 아버지의 말씀을 저희에게 주었사오매 세상이 저희를 미워하였사오니 이는 내가 세상에 속하지 아니함 같이 저희도 세상에 속하지 아니함을 인함이니이다.

요 17·12 ὅτε ἤμην μετ᾽ αὐτῶν ἐν τῷ κόσμῳ ἐγὼ ἐτήρουν αὐτοὺς ἐν τῷ- ὀνόματί- σου οὓς δέδωκάς μοι ἐφύλαξα, καὶ οὐδεὶς ἐξ αὐτῶν ἀπώλετο, εἰ- μὴ ὁ υἱὸς τῆς ἀπωλείας, ἵνα ἡ γραφὴ πληρωθῇ.

요 17·13 νῦν- δὲ πρός σε ἔρχομαι, καὶ ταῦτα λαλῶ ἐν τῷ κόσμῳ ἵνα ἔχωσιν τὴν χαρὰν τὴν ἐμὴν πεπληρωμένην ἐν αὐτοῖς.

요 17·14 ἐγὼ δέδωκα αὐτοῖς τὸν- λόγον- σου, καὶ ὁ κόσμος ἐμίσησεν αὐτούς, ὅτι οὐκ- εἰσὶν ἐκ τοῦ κόσμου, καθὼς ἐγὼ οὐκ- εἰμὶ ἐκ τοῦ κόσμου.

예수님은 “내가 제자들과 함께 있을 때에 내게 주신 아버지의 이름으로 저희를 보전하고 지켰다"고 말씀하고 있습니다. 예수님께서 말씀하시는 아버지의 이름은 여호와를 말하는 것이 아니라 아버지가 아들에게 주신 말씀을 말하고 있습니다. 그러므로 예수님께서 그 동안 제자들을 보호하고 지킨 것은 아버지의 이름이 아니라 아버지가 주신 말씀으로 하신 것입니다.

예수님은 아버지의 말씀을 가지고 제자들 중에 가룟 유다를 제외하고는 하나도 멸망치 않고 모두 구원시켰다고 말씀하십니다. 그런데 가룟 유다가 실족하여 예수를 판 것은 성경에 예언된 말씀을 이루게 하기 위한 것이라고 말씀하고 있습니다. 즉 가룟 유다는 하나님의 뜻을 이루기 위해 희생의 제물이 되었다는 것입니다. 왜냐하면 가룟 유다가 예수를 팔지 않았다면 예수님은 죽지 않았을 터이고 또한 하나님이 계획하신 일은 이루어질 수 없었기 때문입니다.

예수님은 이어서 지금 내가 아버지께로 가기 전에 내가 제자들에게 이 말을 하는 것은 저희로 내 기쁨을 저희 안에 충만케 하려는 것이라 말씀하고 있습니다. 예수님은 이어서 내가 아버지의 말씀을 저희에게 주었기 때문에 세상이 저희를 미워하고 핍박하는 것인데 이는 내가 세상에 속하지 아니함 같이 저희도 세상에 속하지 아니했기 때문이라는 것입니다. 즉 예수님의 제자들은 그 동안 예수님이 주신 말씀을 듣고 영접하여 세상에서 벗어났기 때문에 세상사람(하나님의 백성)들이 예수님을 미워하고 핍박하는 것과 같이 제자들도 미워하고 핍박을 한다는 것입니다.

이렇게 하나님의 말씀, 즉 예수님이 주시는 생명의 말씀을 받은 자들을 유대인들처럼 오늘날 기독교인들도 이단으로 배척을 하며 핍박을 하는 것입니다. 왜냐하면 예수님의 말씀은 목회자들이 전하는 말씀과 다를 뿐만 아니라 세상교회의 잘못을 지적하며 책망하기 때문입니다. 그러나 예수님의 입에서 나오는 말씀만이 생명의 말씀으로 죽은 영혼들을 구원하고 살릴 수가 있는 것입니다. 그러므로 오늘날 기독교인들은 오늘날 살아계신 예수님을 찾아서 그의 입에서 나오는 음성을 듣고 영접해야 합니다.

[요한복음 17장 15~19절] 내가 비옵는 것은 저희를 세상에서 데려가시기를 위함이 아니요 오직 악에 빠지지 않게 보전하시기를 위함이니이다 내가 세상에 속하지 아니함 같이 저희도 세상에 속하지 아니하였삽나이다 저희를 진리로 거룩하게 하옵소서 아버지의 말씀은 진리니이다 아버지께서 나를 세상에 보내신 것 같이 나도 저희를 세상에 보내었고 또 저희를 위하여

내가 나를 거룩하게 하오니 이는 저희도 진리로 거룩함을 얻게 하려 함이니이다.

요 17:15 οὐκ- ἐρωτῶ ἵνα ἄρῃς αὐτοὺς ἐκ τοῦ κόσμου, ἀλλ' ἵνα τηρήσῃς αὐτοὺς ἐκ τοῦ πονηροῦ.

요 17:16 ἐκ τοῦ κόσμου οὐκ- εἰσὶν, καθὼς ἐγὼ ἐκ τοῦ κόσμου οὐκ εἰμί.

요 17:17 ἁγίασον αὐτοὺς ἐν τῇ- ἀληθείᾳ- σου· ὁ λόγος ὁ σὸς ἀλήθειά ἐστιν.

요 17:18 καθὼς ἐμὲ ἀπέστειλας εἰς τὸν κόσμον, κἀγὼ ἀπέστειλα αὐτοὺς εἰς τὸν κόσμον·

요 17:19 καὶ ὑπὲρ αὐτῶν ἐγὼ ἁγιάζω ἐμαυτόν, ἵνα καὶ αὐτοὶ ωδιν ἡγιασμένοι ἐν ἀληθείᾳ.

예수님은 아버지에게 "내가 비옵는 것은 저희(제자들)를 세상에서 데려가시기 원하는 것이 아니라 오직 악에 빠지지 않게 보전하기를 위함이라"고 기도하시는 것입니다. 왜냐하면 내가 세상에 속하지 아니함 같이 저희도 세상에 속하지 아니했기 때문에 세상에 속한 하나님의 백성들이 하늘에 속한 예수님의 제자들을 배척하고 핍박하며 죽이려

하는 것입니다. 이렇게 아직 세상에 속한 유대인들이나 오늘날 기독교인들도 예수님을 통해 하나님의 생명으로 거듭나 하늘에 속하게 되면 자기들의 신앙과 다르다는 이유로 이단으로 배척을 받고 핍박 받게 되는 것입니다.

그러므로 예수님은 제자들이 염려가 되어 하나님 아버지께 악에 빠지지 않게 보호해 달라는 것이며 또한 제자들이 진리를 통해 거룩하게 되어 하나님의 아들로 거듭나게 하여 달라고 기도하시는 것입니다. 왜냐하면 아버지의 말씀은 모두 진리이기 때문에 예수님의 제자들을 하나님의 말씀으로 거룩하게 만들 수 있는 것입니다.

예수님은 이어서 "아버지께서 나를 세상에 보내신 것 같이 나도 저희를 세상에 보내었고 또 저희를 위하여 내가 나를 거룩하게 하오니 이는 저희도 진리로 거룩함을 얻게 하려는 것이라" 말씀하고 있습니다. 예수님은 아버지께서 이 세상에 보내주셔서 오셨기 때문에 예수님의 제자들도 그동안 말씀으로 무장시켜 세상에 보냈다는 것입니다.

아버지께서 예수님을 이 세상에 보내신 것이나 예수님께서 제자들을 세상에 보내는 목적은 오직 하나 죽어가는 영혼들을 구원하고 살려서 하나님의 아들로 창조하기 위함입니다. 그러므로 예수님은 제자들을 위하여 자신을 먼저 거룩하게 하신 것인데 이는 자신을 믿고 따르는 제자들을 거룩하게 하려는 것이라 말씀하고 있습니다.

때문에 예수님께서 "내가 거룩하니 너희도 거룩하라" 고 말씀하신 것입니다. 그런데 하나님의 백성들이 거룩하기 위해 노력을 한다 해서 거룩해 지는 것이 아니라 오직 예수님의 입에서 나오는 생명의 말씀을 통해서만이 거룩하게 되어지는 것입니다.

[요한복음 17장 20~21절] 내가 비옵는 것은 이 사람들만 위함이 아니요 또 저희 말을 인하여 나를 믿는 사람들도 위함이니 아버지께서 내 안에, 내가 아버지 안에 있는 것같이 저희도 다 하나가 되어 우리 안에 있게 하사 세상으로 아버지께서 나를 보내신 것을 믿게 하옵소서

요 17·20 Οὐ περὶ τούτων δὲ ἐρωτῶ μόνον, ἀλλὰ καὶ περὶ τῶν πιστευσόντων διὰ τοῦ- λόγου- αὐτῶν εἰς ἐμέ·

요 17·21 ἵνα πάντες ἓν ωσιν, καθὼς σύ, πάτερ, ἐν ἐμοί, κἀγὼ ἐν σοί, ἵνα καὶ αὐτοὶ ἐν ἡμῖν ωσιν· ἵνα ὁ κόσμος πιστεύσῃ ὅτι σύ με ἀπέστειλας.

예수님은 계속해서 "아버지께 내가 비옵는 것은 제자들만 위함이 아니라 내가 보낸 제자들의 말을 듣고 나를 믿는 사람들도 위함이라" 말씀하십니다. 때문에 예수님을 믿는 자는 곧 하나님을 믿는 것이며 제자들을 믿는 자는 곧 예수님을 믿는 자라는 것입니다. 그런데 하나님께서 구원자로 보내주신 예수님이나 예수님이 구원자로 보낸 제자들을 믿지 않는 것은 곧 하나님을 믿지 않는 것입니다. 때문에 오늘날 기독교인들도 하나님께서 구원자로 보내주시는 오늘날의 예수를 믿어야 하는 것입니다.

예수님은 이어서 "아버지께서 내 안에, 내가 아버지 안에 있는 것 같이 제자들이나 제자들을 통해서 예수를 믿는 자들도 다 하나가 되어 우리 안에 있게 하사 세상으로 아버지께서 나를 보내신 것을 믿게 하여 달라"고 간절히 기도하시는 것입니다.

성경말씀을 보면 모두 하나님께서 보내주신 하나님의 아들 곧 예수를 믿으면 구원을 받고 하나님께서 보내주신 예수를 믿지 않으면 심판을 받는다고 말씀하고 있습니다.

그런데 하나님께서 구원자로 보내주시는 하나님의 아들은 예전에 오셨던 예수님이나 성경 속에 계신 예수님이 아니라 오늘날 살아계신 실존 예수를 말씀하고 있다는 것입니다.

오늘날 살아계신 예수님은 하나님의 생명으로 거듭난 하나님의 아들을 말하고 있습니다. 그런데 오늘날 기독교인들은 과거에 오셨던 예수님이나 앞으로 구름타고 오신다는 미래의 예수님은 믿고 기다리나 하나님께서 오늘날 기독교인들을 구원하기 위해 보내주시는 오늘날의 예수는 믿지 않을 뿐만 아니라 이단자로 배척하고 있다는 것입니다. 때문에 하나님께서 "너희는 손님 대접하기를 소홀히 하지 말라 부지중에 이미 천사가 다녀 갔다"고 말씀하시는 것입니다.

[요한복음 17장 22~24절] 내게 주신 영광을 내가 저희에게 주었사오니 이는 우리가 하나가 된것 같이 저희도 하나가 되게 하려 함이니이다. 곧 내가 저희 안에, 아버지께서 내 안에 계셔 저희로 온전함을 이루어 하나가 되게 하려 함은 아버지께서 나를 보내신 것과 또 나를 사랑하심 같이 저희도 사랑하신 것을 세상으로 알게 하려 함이로소이다 아버지여 내게 주신 자도 나 있는 곳에 나와 함께 있어 아버지께서 창세 전부터 나를 사랑하시므로 내게 주신 나의 영광을 저희로 보게 하시기를 원하옵나이다.

요 17:22 καὶ ἐγὼ τὴν δόξαν ἣν δέδωκάς μοι δέδωκα αὐτοῖς, ἵνα ωσιν ἓν, καθὼς ἡμεῖς ἕν ἐσμεν·

요 17:23 ἐγὼ ἐν αὐτοῖς, καὶ σὺ ἐν ἐμοί, ἵνα ωτετελειωμένοι εἰς ἕν, καὶ ἵνα γινώσκῃ ὁ κόσμος ὅτι σύ με ἀπέστειλας, καὶ ἠγάπησας αὐτοὺς καθὼς ἐμὲ ἠγάπησας.

요 17:24 Πάτερ, οὓς — δέδωκάς μοι θέλω ἵνα ὅπου εἰμὶ ἐγὼ κἀκεῖνοι ωσιν μετ᾽ ἐμοῦ, ἵνα θεωρῶσιν τὴν δόξαν τὴν ἐμὴν ἣν ἔδωκάς μοι, ὅτι ἠγάπησάς με πρὸ καταβολῆς κόσμου

예수님께서 내게 주신 영광을 내가 저희에게 주었다는 영광은 하나님의 영원한 생명을 말하고 있습니다. 그런데 예수님이 제자들에게 하나님의 생명을 주려는 것은 예수님이 하나님과 하나가 된 것 같이 제자들도 하나님과 하나가 되게 하려는 것이라 말씀하고 있습니다. 예수님께서 제자들에게 하나님의 생명을 주려는 것은 내가 저희 안에, 아버지께서 내 안에 계셔 저희로 온전함을 이루어 하나님과 하나가 되어 아버지께서 나를 보내신 것과 또 나를 사랑하심 같이 제자들도 사랑하신 것을 세상으로 알게 하려 함이라는 것입니다.

예수님께서 하나님께 이렇게 간절하게 기도하시는 것은 예수님의 제자들이 예수님과 함께 삼년 반 동안이나 함께 거하며 가르침을 받았지만 아직도 예수님에 대해 잘 모르고 있기 때문입니다. 이것은 예수님의 제자들이 예수님을 온전히 알려면 하나님의 생명으로 거듭나야 비로소 예수님에 대해 확실히 알게 된다는 것을 말해주는 것입니다. 이와 같이 오늘날 기독교인들도 예수님을 확실하게 모르기 때문에 예수를 믿을 수밖에 없는 것입니다.

예수님은 이어서 아버지에게 내게 주신 제자들도 나 있는 곳에 나와 함께 있어 아버지께서 창세 전부터 나를 사랑하시므로 내게 주신 나의 영광을 제자들도 보게 하여 달라고 기도하시는 것입니다. 예수님께서 창세 전에 계셨다는 것은 예수님의 육신이 창세 전부터 있었다는 것이 아니라 예수님 안에 있는 생명이 있었다는 뜻입니다. 창세 전에 계셨던 예수님의 생명이 지금 예수님의 몸을 입으시고 오신 것이며 예수님의 생명은 제자들의 몸에 들어가 열두 사도들로 나타나시게 된 것입니다.

그러므로 예수님은 오늘날도 변함없이 진리로 거룩하게 된 자들의 몸속에 임하시는 것입니다. 이렇게 예수님의 생명으로 거듭난 자들이 바로 오늘날 기독교인들을 구원할 구원자이며 하나님의 아들인 것입니다.

[요한복음 17장 25~26절] 의로우신 아버지여 세상이 아버지를 알지 못하여도 나는 아버지를 알았삽고 저희도 아버지께서 나를 보내신줄 알았삽나이다 내가 아버지의 이름을 저희에게 알게 하였고 또 알게 하리니 이는 나를 사랑하신 사랑이 저희 안에 있고 나도 저희 안에 있게 하려 함이니이다.

요 17·25 Πάτερ δικαιε, καὶ ὁ κόσμος σε οὐκ- ἔγνω, ἐγὼ- δέ σε ἔγνων, καὶ οὗτοι ἔγνωσαν ὅτι σύ με ἀπέστειλας·

요 17·26 καὶ ἐγνώρισα αὐτοῖς τὸ- ὄνομά- σου, καὶ γνωρίσω· ἵνα ἡ ἀγάπη ἣν ἠγάπησάς με ἐν αὐτοῖς η, κἀγὼ ἐν αὐτοῖς.

예수님은 하나님께 의로우신 아버지여 세상이 아버지를 알지 못하여도 나는 아버지를 알았고 나의 제자들도 아버지께서 나를 보내신줄 알았다고 말씀하고 있습니다. 하나님을 믿고 예수를 믿는 기독교인들이 하나님과 예수님을 모르는 것은 아직 하나님의 생명으로 거듭나지 못해 세상에 속해 있기 때문입니다.

때문에 하나님을 알고 있는 분은 하나님의 생명으로 나음을 받은 예수님과 예수님으로부터 나음을 받은 사도들입니다. 그런데 오늘날 기독교인들이 예수님을 믿는다는 이유 하나로 하나님을 안다거나 예수님을 안다는 것은 착각이요 오해라는 것을 알아야 합니다.

예수님은 이어서 "내가 아버지의 이름을 저희에게 알게 하였고 또 알게 하리니 이는 나를 사랑하신 사랑이 저희 안에 있고 나도 저희 안에 있게 하려 함이라"고 기도를 모두 마치십니다.

예수님께서 말씀하시는 아버지의 이름은 여호와가 아니라 아버지가 주신 말씀을 말하고 있습니다. 때문에 예수님은 제자들에게 아버지의 말씀을 주어서 알게 하였고 앞으로도 계속해서 알려 주겠다는 것입니다. 왜냐하면 아버지께서 나를 사랑하신 사랑이 제자들 안에도 있고 나의 사랑도 제자들 안에 있게 하려하기 때문이라는 것입니다.

결국 예수님의 사랑, 즉 예수님의 생명이 제자들안에 있고 제자들의 생명은 예수님 안에 있어 한 몸과 한 생명이 되어 하나님의 아들로 나타나기를 아버지께 기원하신 것입니다.

제 18장

대제사장의 하속들에게 잡혀가는 예수님

예수께서 이 말씀을 하시고 제자들과 함께
기드론 시내 저편으로 나가시니

Ταῦτα εἰπὼν ὁ Ἰησοῦς ἐξῆλθεν σὺν τοῖς μαθηταῖς αὐτοῦ
πέραν τοῦ χειμάῤῥου τῶν Κέδρων,

[요한복음 18장 1~5절] 예수께서 이 말씀을 하시고 제자들과 함께 기드론 시내 저편으로 나가시니 거기 동산이 있는데 제자들과 함께 들어가시다 거기는 예수께서 제자들과 가끔 모이시는 곳이므로 예수를 파는 유다도 그곳을 알더라 유다가 군대와 및 대제사장들과 바리새인들에게서 얻은 하속들을 데리고 등과 홰와 병기를 가지고 그리로 오는지라 예수께서 그 당할 일을 다 아시고 나아가 가라사대 너희가 누구를 찾느냐 대답하되 나사렛 예수라 하거늘 가라사대 내로라 하시니라 그를 파는 유다도 저희와 함께 섰더라.

요 18·1 Ταῦτα εἰπὼν ὁ Ἰησοῦς ἐξῆλθεν σὺν τοῖς μαθηταῖς αὐτοῦ πέραν τοῦ χειμάῤῥου τῶν Κέδρων, ὅπου ην κῆπος, εἰς ὃν εἰσῆλθεν αὐτὸς καὶ οἱ- μαθηταὶ- αὐτοῦ.

요 18·2 ᾔδει- δὲ καὶ Ἰούδας ὁ παραδιδοὺς αὐτὸν τὸν τόπον· ὅτι πολλάκις συνήχθη ὁ Ἰησοῦς ἐκεῖ μετὰ τῶν-μαθητῶν- αὐτοῦ.

요 18·3 ὁ οὐν Ιούδας λαβὼν τὴν σπεῖραν, καὶ ἐκ τῶν ἀρχιερέων καὶ Φαρισαίων ὑπηρέτας, ἔρχεται ἐκεῖ μετὰ φανῶν καὶ λαμπάδων καὶ ὅπλων.

요 18·4 Ἰησοῦς ουν εἰδὼς πάντα τὰ ἐρχόμενα ἐπ' αὐτόν,

ἐξελθὼν ειπεν αὐτοῖς, Τίνα ζητεῖτε

요 18·5 'Απεκρίθησαν αὐτῷ,' Ιησοῦν τὸν Ναζωραῖον. Λέγει αὐτοῖς ὁ' Ιησοῦς,' Εγώ εἰμι. Ειστήκει- δὲ καὶ' Ιούδας ὁ παραδιδοὺς αὐτὸν μετ' αὐτῶν.

예수님은 기도를 마치시고 제자들과 함께 동산으로 올라 가셨다고 말씀하고 있습니다. 예수님이 하신 기도는 이외에도 십자가의 죽음을 앞에 두고 아버지를 향해 밤이 새도록 땀을 흘려가며 할 수만 있으면 이 잔을 내게서 옮겨달라고 간절히 기도하시는 것을 「마태복음」과 「누가복음」을 통해서 볼 수 있습니다. 「마태복음」 26장 27절 이하를 보면 예수님께서 십자가의 죽음을 앞에 두고 베드로와 세베대의 두 아들을 데리고 가실 때 고민하고 슬퍼하시며 제자들에게 내 마음이 심히 고민하여 죽게 되었다 말씀하시면서 하나님께 기도하시는 것을 볼 수 있습니다.

예수님은 얼굴을 땅에 대시고 엎드려 하나님을 향해 "내 아버지여 만일 할 만 하시거든 이 잔을 내게서 지나가게 하옵소서 그러나 나의 원대로 마옵시고 아버지의 원대로 하옵소서" 하시며 세 번이나 반복해서 간절히 기도하시는 모습을 볼 수 있습니다. 예수님께서 이렇게 애가 타도록 간절하게 기도하는 모습을 보고 사람들은 예수님께서 단순히 자신에게 당면한 죽음이 두려워서 죽음을 면하게 하여 달라고 기도하신 것으로 알고 있습니다. 물론 예수님도 우리와 같은 인성과 육신의 몸을 가지고 계시기 때문에 죽음이 두려워 죽음을 피하게 해 달라고 기도 하셨다고 생각할 수도 있습니다.

그런데 예수님께서 아버지를 향해 이렇게 살려달라고 간절하게 기도하신 것은 단순히 죽음이 두려워서가 아니라 또 다른 말 못할 이유가 있기 때문입니다. 사복음서에는 기록되어 있지 않지만 외경(마리아복음서, 빌립복음서, 도마복음서등)을 보면 예수님은 그동안 예수님을 믿고 따르던 막달라 마리아와 연민의 정을 가지고 서로 사랑하는 사이였습니다.

댄 브라운이 기록한 다빈치코드를 보면 막달라 마리아는 심지어 예수님의 아기까지 가지고 있었다고 기록하고 있습니다. 때문에 예수님은 자신의 죽음이 두려운 것보다 자신이 사랑하는 막달라 마리아를 홀로 두고 떠날 수가 없기 때문에 심히 고민을 하며 아버지를 향해 살려달라고 땀방울이 핏방울이 되도록 간절히 기도하신 것입니다. 그런데 예수님과 마리아의 이러한 사실이 드러나면 기독교인들에게 충격과 더불어 예수님의 신성이 훼손 되거나 무너지기 때문에 성경을 편집하면서 정경에서 제외시키거나 삭제한 것입니다. 그러나 예수님의 인성과 실체가 모두 드러나야 예수님의 참 모습을 알 수 있고 또한 육신의 몸을 가진 기독교인들도 예수님과 같이 하나님의 아들이 될 수 있다는 소망을 갖게 되는 것입니다

예수님은 제자들과 함께 기드론 시내 저편에 있는 동산으로 제자들과 함께 올라가셨는데 그곳은 예수께서 제자들과 함께 가끔 모이시는 곳이므로 예수를 파는 유다도 그곳을 잘 알고 있었다 말씀하고 있습니다. 이때 예수님을 은 삼십 량에 팔아먹은 유다가 군대와 및 대제사장들과 바리새인들에게서 얻은 하속들을 데리고 등과 홰와 병기를 가지고 그리로 오게 된 것입니다. 예수님은 유다가 하속들을 데리고 자신을 잡으러 오는 것을 이미 아시고 나아가 가라사대 너희가 누구를 찾느냐 대답하되 나사렛 예수라 하니 예수께서 가라사대 내로라 하시니 그들 가운데 예수를 파는 유다도 저희와 함께 서 있었다고 말씀하고 있습니다.

예수님은 이미 가롯 유다가 자신을 판다는 것과 하속들에게 잡혀 간다는 것을 알고 있었기 때문에 대제사장의 하속들을 향해 너희가 누구를 찾느냐 물으시며 너희가 찾는

나사렛 예수가 바로 나라고 담대히 말씀하신 것입니다. 이렇게 예수님을 삼년 반 동안 주님으로 모시고 따랐던 유다가 예수님을 배신하고 하속들을 데리고 예수님을 잡으러 온 것입니다.

그러나 예수님의 사랑을 받던 가룟 유다가 그 은혜를 망각하고 예수를 팔게 된 것은 하나님의 뜻을 이루기 위해서 불의의 병기로 사용되었다는 것을 알아야 합니다.

[요한복음 18장 6~9절] 예수께서 저희에게 내로라 하실 때에 저희가 물러가서 땅에 엎드러지는지라 이에 다시 누구를 찾느냐고 물으신대 저희가 말하되 나사렛 예수라 하거늘 예수께서 대답하시되 너희에게 내로라 하였으니 나를 찾거든 이 사람들의 가는 것을 용납하라 하시니 이는 아버지께서 내게 주신 자 중에서 하나도 잃지 아니하였삽나이다 하신 말씀을 응하게 하려 함이러라.

요 18·6 ῾Ως ουν ειπεν αὐτοῖς,῞Οτι ἐγώ εἰμι, ἀπῆλθον εἰς-τὰ- ὀπίσω καὶ ἔπεσον χαμαί.

요 18·7 πάλιν ουν αὐτοὺς ἐπηρώτησεν, Τίνα ζητεῖτε Οἱ-δὲ ειπον,᾿Ιησοῦν τὸν Ναζωραῖον.

요 18:8 ᾿Απεκρίθη ὁ Ἰησοῦς, Εἰπον ὑμῖν ὅτι ἐγώ εἰμι. εἰ
ουν ἐμὲ ζητεῖτε, ἄφετε τούτους ὑπάγειν·
요 18:9 ἵνα πληρωθῇ ὁ λόγος ὃν ειπεν, Ὅτι οὓς δέδωκάς
μοι οὐκ ἀπώλεσα ἐξ αὐτῶν οὐδένα.

예수께서 자기를 잡으러 온 하속들에게 내가 바로 예수라고 하실 때 저희가 뒤로 물러가 땅에 엎드린 것입니다. 예수님을 잡으러온 하속들이 예수님의 음성을 듣고 땅에 엎드린 것은 예수님이 하나님의 아들이요 구원자라는 위엄과 두려움이 있었기 때문이라 생각됩니다.

이런 상황에서 예수님은 하속들에게 "다시 너희가 누구를 찾느냐" 물으시니 저희가 말하되 "나사렛 예수"라 하거늘 예수께서 대답하시되 너희에게 나라고 하였으니 나를 찾거든 이 사람들(제자들)이 가는 것을 용납하라고 말씀하십니다.

예수님께서 하속들에게 이렇게 말씀하시는 것은 제자들을 보호하기 위함이며 또한 하나님 아버지께서 예수님께 주신자 중에서 하나도 잃어버리지 아니한다는 하나님의 말씀을 응하게 하려함이라 말씀하고 있습니다. 이렇게 구약성경에 선지자들을 통해서 예언된 말씀들을 예수님께서 이루고 계신 것입니다. 즉 이러한 모든 일과 사건들은 하나님께서 계획하신 섭리 속에서 이루어지고 있다는 것입니다.

[요한복음 18장 10~11절] 이에 시몬 베드로가 검을 가졌는데 이것을 빼어 대제사장의 종을 쳐서 오른편 귀를 베어버리니 그 종의 이름은 말고라 예수께서 베드로더러 이르시되 검을 집에 꽂으라 아버지께서 주신 잔을 내가 마시지 아니하겠느냐 하시니라.

요 18·10 Σίμων ουν Πέτρος ἔχων μάχαιραν, εἵλκυσεν αὐτήν, καὶ ἔπαισεν τὸν τοῦ ἀρχιερέως δοῦλον, καὶ ἀπέκοψεν αὐτοῦ τὸ ὠτίον τὸ δεξιόν. η- δὲ ὄνομα τῷ δούλῳ Μάλχος.

요 18·11 ειπεν ουν ο ̔ ̓Ιησοῦς τῷ Πέτρῳ, Βάλε τὴν- μάχαιράν- σου εἰς τὴν θήκην. τὸ ποτήριον ὃ δέδωκέν μοι ὁ πατὴρ οὐ- μὴ- πίω αὐτό

이에 시몬 베드로가 검을 가졌는데 갑자기 검을 빼어 대제사장의 종인 말고의 오른편 귀를 쳐서 베어버렸다고 말씀하고 있습니다. 이 말씀을 보면 시몬 베드로와 예수님의 제자들이 모두 칼을 가지고 하속들과 싸울 준비를 하고 있는 것과 같이 생각될 것입니다. 그러나 베드로나 제자들이 소유하고 있는 검은 말씀의 검, 즉 하나님의 말씀을 비유하여 말하고 있는 것입니다. 예수님은 베드로가 말고의 귀를 자르는 것을 보시고 베드로에게 이르시되 검을 집에 다시 꽂아 넣어라 아버지께서 주신 잔을 내가 마시지 아니하겠느냐고 말씀을 하십니다.

예수님께서 아버지께서 주신 잔을 내가 마시지 아니하겠느냐 하신 것은 곧 예수님의 죽음을 말씀하고 있는 것입니다. 예수님은 이미 아버지께서 정해놓으신 죽음을 피할 수가 없고 피해서도 안되는 것을 알고 계신 것입니다. 왜냐하면 만일 예수님께서 십자가에서 죽지 않는다면 하나님께서 계획하신 일들이 모두 망하게 되고 하나님의 뜻이 이루어지지 않기 때문입니다.

예수님은 이러한 아버지의 뜻을 이미 알고 계시기 때문에 아버지가 주신 잔을 반드시 마셔야 한다고 말씀하신 것입니다.

[요한복음 18장 12~14절] 이에 군대와 천부장과 유대인의 하속들이 예수를 잡아 결박하여 먼저 안나스에게로 끌고 가니

안나스는 그 해의 대제사장인 가야바의 장인이라 가야바는 유대인들에게 한 사람이 백성을 위하여 죽는 것이 유익하다 권고하던 자러라.

요 18:12 Ἡ ουν σπεῖρα καὶ ὁ χιλίαρχος καὶ οἱ ὑπηρέται τῶν Ἰουδαίων συνέλαβον τὸν Ἰησοῦν, καὶ ἔδησαν αὐτόν,

요 18:13 καὶ ἀπήγαγον αὐτὸν πρὸς Ἄνναν πρῶτον· ην- γὰρ πενθερὸς τοῦ Καϊάφα, ὃς ην ἀρχιερεὺς τοῦ- ἐνιαυτοῦ- ἐκείνου.

요 18:14 ην- δὲ Καϊάφας ὁ συμβουλεύσας τοῖς Ἰουδαίοις, ὅτι συμφέρει ἕνα ἄνθρωπον ἀπολέσθαι ὑπὲρ τοῦ λαοῦ.

예수님이 내가 바로 너희가 찾는 나사렛 예수라 하신 말을 듣고 군대와 천부장과 유대인의 하속들이 예수를 잡아 결박하여 먼저 안나스에게로 끌고 가니 안나스는 그 해의 대제사장인 가야바의 장인이라 말씀하고 있습니다. 그런데 가야바는 유대인들에게 한 사람이 모든 백성을 위하여 죽는 것이 유익하다고 제사장들에게 권고하던 자입니다.

하나님을 믿고 섬기는 유대의 대제사장이라면 일을 처

리할 때 언제나 하나님 앞에서 어느 것이 더 옳으냐를 생각해야 하는데 가야바는 사람편에 서서 백성들에게 어느 것이 더 유익하냐를 생각하는 것입니다. 이것은 오늘날 목회자들도 동일하다고 생각합니다.

왜냐하면 오늘날 목회자들도 하나님 앞에서 어느 것이 옳고 진실하냐가 아니라 어느 것이 자신이나 자기교회에 유익하냐 아니면 불리하냐를 생각하기 때문입니다.

[요한복음 18장 15~18절] 시몬 베드로와 또 다른 제자 하나가 예수를 따르니 이 제자는 대제사장과 아는 사람이라 예수와 함께 대제사장의 집 뜰에 들어가고 베드로는 문 밖에 섰는지라 대제사장과 아는 그 다른 제자가 나가서 문 지키는 여자에게 말하여 베드로를 데리고 들어왔더니 문 지키는 여종이 베드로에게 말하되 너도 이 사람의 제자 중 하나가 아니냐 하니 그가 말하되 나는 아니라 하고 그 때가 추운고로 종과 하속들이 숯불을 피우고 서서 쬐니 베드로도 함께 서서 쬐더라.

요 18·15 ʼΗκολούθει- δὲ τῷ ʼΙησοῦ Σιμων Πέτρος καὶ ὁ ἄλλος μαθητής. ὁ δὲ μαθητὴς ἐκεῖνος ην γνωστὸς τῷ ἀρχιερεῖ, καὶ συνεισῆλθεν τῷ ʼΙησοῦ εἰς τὴν αὐλὴν τοῦ ἀρχιερέως·

요 18·16 ὁ- δὲ- Πέτρος εἱστήκει πρὸς τῇ θύρᾳ ἔξω. ἐξῆλθεν ουν ὁ μαθητὴς ὁ ἄλλος ὃς — ην γνωστὸς τῷ ἀρχιερεῖ, καὶ ειπεν τῇ θυρωρῷ καὶ εἰσήγαγεν τὸν Πέτρον.

요 18·17 λέγει ουν ἡ παιδισκη ἡ θυρωρός τῷ Πέτρῳ, Μὴ καὶ σὺ ἐκ τῶν μαθητῶν ει τοῦ ἀνθρώπου τούτου Λέγει ἐκεῖνος, Οὐκ- εἰμί.

요 18·18 Εἱστήκεισαν- δὲ οἱ δοῦλοι καὶ οἱ ὑπηρέται ἀνθρακιὰν πεποιηκότες, ὅτι ψῦχος ην, καὶ ἐθερμαίνοντο· ην- δὲ μετ᾽ αὐτῶν ὁ Πέτρος ἑστὼς καὶ θερμαινόμενος.

예수님께서 군대와 천부장과 유대 제사장의 하속들에게 잡혀 가는데 시몬 베드로와 또 다른 제자 하나가 예수의 뒤를 따라가니 이 제자는 대제사장과 아는 사람이기 때문에 예수와 함께 대제사장의 집 뜰 안으로 들어가고 베드로는 문 밖에 서있었던 것입니다. 이때 대제사장과 아는 그 다른 제자가 나가서 문 지키는 여자에게 말하여 베드로를 뜰 안으로 데리고 들어온 것입니다. 그런데 문 지키는 여종이 베드로에게 말하되 너도 이 사람, 곧 예수의 제자 중 하나가 아니냐고 물으니 베드로가 말하되 나는 예수의 제자가 아니라며 예수를 부인한 것입니다.

베드로는 수석 제자로서 예수님에게 나는 죽는데까지 주를 따르겠다고 큰소리친 자인데 자기에게 위험이 닥치니까 예수를 모른다고 부인한 것입니다. 이렇게 예수님을 부인한 베드로는 날씨가 추운고로 종과 하속들이 숯불을 피우고 서서 불을 쬐고 있는데 천연덕스럽게 그리로 다가가서 함께 불을 쬐었다는 것입니다.

오늘날 기독교인들은 베드로가 어떻게 예수님을 부인할 수 있단 말인가 하는 의구심을 갖겠지만 이것은 인간의 나약함과 주를 향한 믿음이 진실이 아니라 외식이라는 것을 보여주는 것입니다.

[요한복음 18장 19~24절] 대제사장이 예수에게 그의 제자들과 그의 교훈에 대하여 물으니 예수께서 대답하시되 내가 드러내어 놓고 세상에 말하였노라 모든 유대인들의 모이는 회당과 성전에서 항상 가르쳤고 은밀히는 아무 것도 말하지 아니하였거늘 어찌하여 내게 묻느냐 내가 무슨 말을 하였는지 들은 자들에게 물어 보라 저희가 나의 하던 말을 아느니라 이 말씀을 하시매 곁에 섰는 하속 하나가 손으로 예수를 쳐 가로되 네가 대제사장에게 이같이 대답하느냐 하니 예수께서 대답하시되

내가 말을 잘못하였으면 그 잘못한 것을 증거하라 잘하였으면 네가 어찌하여 나를 치느냐 하시더라 안나스가 예수를 결박한 그대로 대제사장 가야바에게 보내니라.

요 18·19 ʽΟ- ουν- ἀρχιερεὺς ἠρώτησεν τὸν Ἰησοῦν περὶ τῶν- μαθητῶν- αὐτοῦ, καὶ περὶ τῆς διδαχῆς αὐτοῦ.

요 18·20 ἀπεκρίθη αὐτῷ ὁ Ἰησοῦς, Ἐγὼ παῤῥησίᾳ ἐλάλησα τῷ κόσμῳ· ἐγὼ πάντοτε ἐδίδαξα ἐν τῇ συναγωγῇ καὶ ἐν τῷ ἱερῷ, ὅπου πάντοτε οἱ Ἰουδαῖοι συνέρχονται, καὶ ἐν κρυπτῷ ἐλάλησα οὐδέν.

요 18·21 τί με ἐπερωτᾷς ἐπερώτησον τοὺς ἀκηκοότας τί ἐλάλησα αὐτοῖς· ἴδε οὗτοι οἴδασιν ἃ ειπον ἐγώ.

요 18·22 Ταῦτα- δὲ αὐτοῦ- εἰπόντος εἷς τῶν ὑπηρετῶν παρεστηκὼς ἔδωκεν ῥάπισμα τῷ Ἰησοῦ, εἰπών, Οὕτως ἀποκρίνῃ τῷ ἀρχιερεῖ

요 18·23 Ἀπεκρίθη αὐτῷ ὁ Ἰησοῦς, Εἰ κακῶς ἐλάλησα, μαρτύρησον περὶ τοῦ κακοῦ· εἰ- δὲ καλῶς, τί με δέρεις

요 18·24 Ἀπέστειλεν αὐτὸν ὁ Ἄννας δεδεμένον πρὸς Καϊάφαν τὸν ἀρχιερέα.

하나님의 아들이시며 만왕의 왕이신 예수님께서 대제사장이 보낸 하속들에게 잡혀와 대제사장 안나스 앞에 서서 심문을 받고 있는 장면입니다.

대제사장 안나스가 예수에게 그의 제자들과 그의 교훈에 대하여 물으니 예수께서 대답하시되 “내가 드러내어 놓고 세상에 말하였노라 모든 유대인들이 모이는 회당과 성전에서 항상 가르쳤고 은밀히는 아무 것도 말하지 아니하였거늘 어찌하여 내게 묻느냐 내가 무슨 말을 하였는지 들은 자들에게 물어 보라 저희가 나의 하던 말을 알고 있다” 말씀하고 있습니다.

예수님께서 이렇게 대제사장 안나스에게 말씀을 하시매 곁에 섰던 하속 하나가 손으로 예수를 치며 가로되 “네가 대제사장에게 이같이 대답하느냐”고 질책을 하는 것입니다. 이러한 것을 보면 오직 하나님을 유일신으로 믿고 섬기며 유대인들을 지도하는 대제사장도 이처럼 하나님의 아들을 모르고 있었던 것입니다. 문제는 오늘날 목회자들도 유대 대제사장들과 같이 하나님께서 오늘날 구원자로 보내주시는 하나님의 아들(예수)을 모르고 있다는 것입니다.

예수님을 치며 질책하는 하속에게 예수님께서 대답하시되 “내가 말을 잘못하였으면 그 잘못한 것을 증거하라 그런데 내가 잘하였다면 어찌하여 나를 치느냐"고 말씀하고 있습니다. 예수님의 말을 들은 안나스는 예수님에게 허물을 찾지 못하여 예수를 결박한 그대로 대제사장인 가야바에게 보내게 된 것입니다.

[요한복음 18장 25~27절] 시몬 베드로가 서서 불을 쬐더니 사람들이 묻되 너도 그 제자 중 하나가 아니냐 베드로가 부인하여 가로되 나는 아니라 하니 대제사장의 종 하나는 베드로에게 귀를 베어 버리운 사람의 일가라 가로되 네가 그 사람과 함께 동산에 있던 것을 내가 보지 아니하였느냐 이에 베드로가 또 부인하니 곧 닭이 울더라.

요 18·25 Ην- δὲ Σίμων Πέτρος ἑστὼς καὶ θερμαινόμενος· ειπον ουν αὐτῷ, Μὴ καὶ σὺ ἐκ τῶν- μαθητῶν- αὐτοῦ ει ᾿Ηρνήσατο- ἐκεῖνος, καὶ ειπεν, Οὐκ- εἰμί.

요 18·26 Λέγει εἷς ἐκ τῶν δούλων τοῦ ἀρχιερέως, συγγενὴς ὢν οὗ ἀπέκοψεν Πέτρος τὸ ὠτίον, Οὐκ- ἐγώ σε ειδον ἐν τῷ κήπῳ μετ᾽ αὐτοῦ

요 18·27 Πάλιν ουν ἠρνήσατο ὁ Πέτρος, καὶ εὐθέως ἀλέκτωρ ἐφώνησεν.

예수님이 대제사장에게 심문을 받는 동안 시몬 베드로는 서서 하속들과 함께 불을 쬐고 있는데 사람들이 베드로에게 묻되 "너도 그 제자 중 하나가 아니냐"고 물으니 베드로가 부인하여 가로되 "나는 아니라"고 말을 하였습니다.

이어서 대제사장의 종, 곧 베드로에게 귀를 베어 버리운 사람의 일가 되는 사람이 가로되 "네가 그 사람과 함께 동산에 있던 것을 내가 보았다"고 말을 하니까 이에 또 베드로가 아니라고 부인할 때 곧 닭의 울음소리가 베드로의 귀에 들린 것입니다. 베드로는 예수님께서 떠나가신다고 말씀하실 때 나는 주를 위하여 목숨까지 버리겠다고 호언장담 하였지만 예수님이 말씀하신대로 닭이 울기 전에 예수님을 세 번이나 모른다고 부인 한 것입니다.

에서가 시장할 때 야곱에게 장자권을 팥죽 한 그릇에 팔아먹은 것과 같이 베드로도 자기에게 위험이 닥치니까 자기가 살기 위해 예수님을 세 번씩이나 부인한 것입니다. 그러면 자신이 살기 위해 예수를 세 번씩이나 모른다고 부인한 베드로와 은 삼십 량에 예수를 판 유다와 무엇이 다르단 말인가요? 이와 같이 하나님을 섬기며 예수를 믿고 있는 하나님의 백성들이라 해도 자기의 유익을 위해서는 베드로와 같이 하나님도 예수님도 부인할 수 있고 유다와 에서와 같이 예수를 팔고 장자권도 팔 수 있다는 것입니다.

문제는 예수를 십자가에 매달아 죽인 유대인들은 지금도 자신들이 예수를 죽인 죄인이라는 사실조차 모르고 있다는 것입니다. 그보다 더 심각한 것은 오늘날 기독교인들은 우리는 예수를 부인하지도 않았고 은 삼십 량에 팔지도 않았고 유대인들과 같이 예수를 십자가에 못 박지 않았다고 큰 소리치며 의인 노릇을 하고 있다는 사실입니다.

과연 하나님이 보실 때도 그렇게 보실지 기독교인들은 깊이 생각해 봐야 하는 것입니다.

[요한복음 18장 28~32절] 저희가 예수를 가야바에게서 관정으로 끌고 가니 새벽이라 저희는 더럽힘을 받지 아니하고 유월절 잔치를 먹고자 하여 관정에 들어가지 아니하더라 그러므로 빌라도가 밖으로 저희에게 나가서 말하되 너희가 무슨 일로 이 사람을 고소하느냐 대답하여 가로되 이 사람이 행악자가 아니었더면 우리가 당신에게 넘기지 아니하였겠나이다 빌라도가 가로되 너희가 저를 데려다가 너희 법대로 재판하라 유대인들이 가로되 우리에게는 사람을 죽이는 권이 없나이다 하니 이는 예수께서 자기가 어떠한 죽음으로 죽을 것을 가리켜 하신 말씀을 응하게 하려 함이러라.

요 18:28 Ἄγουσιν ουν τὸν Ἰησοῦν ἀπὸ τοῦ Καϊάφα εἰς τὸ πραιτώριον· ην- δὲ πρωΐα· καὶ αὐτοὶ οὐκ- εἰσῆλθον εἰς τὸ πραιτώριον, ἵνα μὴ- μιανθῶσιν, ἀλλ᾽ ἵνα φάγωσιν τὸ πάσχα.

요 18:29 ἐξῆλθεν ουν ὁ Πιλάτος πρὸς αὐτούς, καὶ ειπεν, Τίνα κατηγορίαν φέρετε κατὰ τοῦ- ἀνθρώπου- τούτου

요 18:30 Ἀπεκρίθησαν καὶ ειπεν αὐτῷ, Εἰ μὴ- ην οὗτος κακοποιός, οὐκ ἄν σοι παρεδώκαμεν αὐτόν.

요 18:31 Ειπεν ουν αὐτοῖς ὁ Πιλάτος, Λάβετε αὐτὸν ὑμεῖς, καὶ κατὰ τὸν- νόμον- ὑμῶν κρίνατε αὐτόν. Ειπον ουν αὐτῷ οἱ Ἰουδαῖοι, Ἡμῖν οὐκ ἔξεστιν ἀποκτεῖναι οὐδένα·

요 18:32 ἵνα ὁ λόγος τοῦ Ἰησοῦ πληρωθῇ ὃν ειπεν σημαίνων ποίῳ θανάτῳ ἤμελλεν ἀποθνῄσκειν.

예수님은 안나스에게서 가야바에게 넘겨 가야바도 예수를 정죄하지 못하고 관정으로 끌고 가니 날이 밝아 새벽이 되었습니다. 유대인들은 더럽힘을 받지 아니하고 깨끗한 몸으로 유월절 잔치를 먹고자하여 관정에 들어가지 않았다고 말씀하고 있습니다.

이것은 오늘날 기독교인들이 부활절이나 성탄절에 성

찬식을 할 때 목사님들이 죄가 있는 사람은 성찬을 먹지 못하게 하는 것과 동일한 것입니다. 또한 예수님께서 성찬식을 하시면서 제자들에게 주신 살과 피의 진정한 영적의미를 모르고 교회에서 만든 떡과 포도주를 예수님의 살과 포도주라고 하며 성찬식을 하고 있는 것입니다.

그런데 성경을 보면 예수님께서 먹으라는 살과 피의 영적인 의미는 예수님의 제자들도 모르고 있었기 때문에 오늘날 목회자들이 모르는 것은 당연하다 생각합니다. 그러므로 예수님이 오신지 이천 년이 지나도록 교회에서 성찬식을 하면서 사람이 만든 떡과 포도주가 예수님이 우리에게 주신 살과 피라고 먹고 마시며 성찬식을 하고 있는 것입니다. 그런데 예수님이 제자들에게 주신 살은 말씀을 말하며 포도주는 성령을 비유하여 말씀하신 것입니다. 즉 예수님이 제자들에게 주신 살과 피는 예수님의 입에서 나오는 생명의 말씀을 비유로 말씀하셨다는 것입니다.

그러므로 사람이 만들어 성찬식에 먹고 마시는 떡과 포도주는 예수님이 주신 떡과 포도주의 모형과 그림자일 뿐 진정한 떡과 포도주가 아니라는 것입니다. 왜냐하면 예수님이 주시는 살과 피를 먹고 마신 예수님의 제자들은 하나님의 아들로 거듭나 사도들이 되었지만 오늘날 기독교인들은 이천 년이 지난 지금까지 떡과 포도주를 먹고 마시며 성찬식을 하고 있지만 아직도 하나님의 아들로 거듭난 자가 단 한 명도 없기 때문입니다.

예수님을 빌라도에게 넘기려고 찾아간 하속들을 빌라도가 보고 밖으로 나가서 저희에게 말하되 너희가 무슨 일로 이 사람을 고소하느냐고 묻는 것입니다. 그러니 하속들이 대답하여 가로되 이 사람이 행악 자가 아니면 우리가 당신에게 넘기겠느냐고 말하고 있습니다.

이 말은 예수님이 죄인이요 행악 자이기 때문에 잡아왔다는 것입니다. 이들의 말을 들은 빌라도는 그러면 너희가 예수를 데려다가 너희 법대로 재판하라 말을 하니 유대인들이 가로되 우리에게는 사람을 죽이는 권한이 없다 말하고 있습니다. 이것은 구약의 선지서를 통하여 예수께서 어떠한 죽음으로 죽을 것을 가리켜 하신 말씀을 응하게 하려는 것입니다. 즉 예수님은 구약성경에 하나님께서 선지자들을 통해 예언한 대로 죽어야 하기 때문입니다. 이렇게 하나님의 아들이신 예수님도 자신의 의지와 관계없이 하나님의 계획과 섭리 속에서 오셨고 또한 하나님의 뜻에 따라 돌아가시는 것입니다.

그러므로 오늘날 하나님 백성의 생사화복도 하나님의

계획과 섭리 속에서 주어진다는 것을 알고 좋은 일이든 나쁜 일이든 감사함으로 받아들여야 하는 것입니다.

이러한 하나님의 뜻을 안다면 나를 돕는 자만 천사가 아니라 나를 해하는 사탄도 천사라는 것을 깨닫게 될 것이며 천국만 천국이 아니라 지옥도 천국으로 화해질 것입니다.

[요한복음 18장 33~38절] 이에 빌라도가 다시 관정에 들어가 예수를 불러 가로되 네가 유대인의 왕이냐 예수께서 대답하시되 이는 네가 스스로 하는 말이뇨 다른 사람들이 나를 대하여 네게 한 말이뇨 빌라도가 대답하되 내가 유대인이냐 네 나라 사람과 대제사장들이 너를 내게 넘겼으니 네가 무엇을 하였느냐 예수께서 대답하시되 내 나라는 이 세상에 속한 것이 아니라 만일 내 나라가 이 세상에 속한 것이었더면 내 종들이 싸워 나로 유대인들에게 넘기우지 않게 하였으리라 이제 내 나라는 여기에 속한 것이 아니니라 빌라도가 가로되 그러면 네가 왕이 아니냐 예수께서 대답하시되 네 말과 같이 내가 왕이니라 내가 이를 위하여 났으며 이를 위하여 세상에 왔나니 곧 진리에 대하여 증거하려 함이로라 무릇 진리에 속한 자는 내 소리를 듣느니라 하신대 빌라도가 가로되 진리가 무엇이냐 하더라.

요 18·33 Εἰσῆλθεν ουν εἰς τὸ πραιτώριον πάλιν ὁ Πιλᾶτος, καὶ ἐφώνησεν τὸν Ἰησοῦν, καὶ ειπεν αὐτῷ, Σὺ ει ὁ βασιλεὺς τῶν Ἰουδαίων

요 18·34 Ἀπεκρίθη αὐτῷ ὁ Ἰησοῦς, Ἀφ᾽ ἑαυτοῦ σὺ τοῦτο λέγεις, ἢ ἄλλοι σοι ειπον περὶ ἐμοῦ

요 18·35 Ἀπεκρίθη ὁ Πιλᾶτος, Μήτι ἐγὼ Ἰουδαῖός εἰμι τὸ ἔθνος τὸ σὸν καὶ οἱ ἀρχιερεῖς παρέδωκάν σε ἐμοί· τί ἐποίησας

요 18·36 Ἀπεκρίθη ὁ Ἰησοῦς, Ἡ βασιλεία ἡ ἐμὴ οὐκ-ἔστιν ἐκ τοῦ- κόσμου- τούτου· εἰ ἐκ τοῦ- κόσμου- τούτου ην ἡ βασιλεία ἡ ἐμή, οἱ ὑπηρέται ἂν οἱ ἐμοὶ ἠγωνίζοντο ἵνα μὴ- παραδοθῶ τοῖς Ἰουδαίοις· νῦν- δὲ ἡ βασιλεία ἡ ἐμὴ οὐκ- ἔστιν ἐντεῦθεν.

요 18·37 Ειπεν ουν αὐτῷ ὁ Πιλάτος, Οὐκοῦν βασιλεὺς εισύ Ἀπεκρίθη ὁ Ἰησοῦς, Σὺ λέγεις, ὅτι βασιλεύς εἰμι ἐγώ. ἐγὼ εἰς τοῦτο γεγέννημαι. καὶ εἰς τοῦτο ἐλήλυθα εἰς τὸν κόσμον, ἵνα μαρτυρήσω τῇ ἀληθείᾳ. πᾶς ὁ- ὢν ἐκ τῆς ἀληθείας ἀκούει μου τῆς φωνῆς.

요 18·38 Λέγει αὐτῷ ὁ Πιλάτος, Τί ἐστιν ἀλήθεια Καὶ τοῦτο εἰπών, πάλιν ἐξῆλθεν πρὸς τοὺς Ἰουδαίους, καὶ λέγει αὐτοῖς,' Εγὼ οὐδεμίαν αἰτίαν εὑρίσκω ἐν αὐτῷ.

유대인들의 말을 들은 빌라도가 다시 관정에 들어가 예수를 불러 가로되 "네가 유대의 왕이냐" 물으니 예수께서 대답하시되 "이는 네가 스스로 하는 말이뇨 다른 사람들이 나에 대하여 네게 한 말이냐"고 물으십니다. 예수님의 말씀에 빌라도가 대답하되 "내가 유대인이냐"고 묻고 있습니다. 왜냐하면 빌라도는 유대인이 아니라 로마인이기 때문입니다. 그러므로 예수를 잡아 온 유대인들에게 예수는 유대인이기 때문에 너희 법대로 너희가 재판하라고 말한 것입니다. 그러므로 빌라도는 예수에게 "네 나라 사람과 대제사장들이 너를 내게 넘겼으니 네가 무엇을 하였느냐"고 묻는 것입니다.

이에 예수께서 대답하시되 "내 나라는 이 세상에 속한 것이 아니라" 말씀하시면서 "만일 내 나라가 이 세상에 속했다면 내 종들이 싸워서 나를 유대인들에게 넘기우지 않게 하였을 것이라" 말씀하고 있습니다. 즉 예수님은 하늘에 속한 하나님의 아들이며 하늘나라의 왕이지 세상의 왕이 아니라는 뜻입니다. 예수님의 말씀을 들은 빌라도가 가로되 "그러면 네가 하늘의 왕이 아니냐" 물으니 예수께서 대답하시되 "네 말과 같이 내가 하늘의 왕이라" 대답을 하시는 것입니다.

예수님은 빌라도에게 내가 바로 왕이라 말씀 하시면서 "나는 하나님을 위하여 났으며 하나님을 위하여 세상에 왔나니 곧 진리에 대하여 증거하려 함이라" 말씀하십니다.

예수님은 이어서 빌라도에게 "무릇 진리에 속한 자는 내 소리를 듣는다" 말씀하시니 빌라도가 가로되 "진리가 무엇이냐"고 묻는 것입니다.

이렇게 빌라도는 하나님을 믿는 유대인이 아니라 로마인이기 때문에 진리나 하나님의 말씀에 대해 전혀 모르는 것입니다.

[요한복음 18장 38~40절] 이 말을 하고 다시 유대인들에게 나가서 이르되 나는 그에게서 아무 죄도 찾지 못하노라 유월절이면 내가 너희에게 한 사람을 놓아 주는 전례가 있으니 그러면 너희는 내가 유대인의 왕을 너희에게 놓아 주기를 원하느냐 하니 저희가 또 소리질러 가로되 이 사람이 아니라 바라바라 하니 바라바는 강도러라.

요 18·38 Λέγει αὐτῷ ὁ Πιλάτος, Τί ἐστιν ἀλήθεια Καὶ

τοῦτο εἰπών, πάλιν ἐξῆλθεν πρὸς τοὺς Ἰουδαίους, καὶ λέγει αὐτοῖς, Ἐγὼ οὐδεμίαν αἰτίαν εὑρίσκω ἐν αὐτῷ.

요 18:39 ἔστιν- δὲ συνήθεια ὑμῖν ἵνα ἕνα ὑμῖν ἀπολύσω ἐν τῷ πάσχα· βούλεσθε ουν ὑμῖν ἀπολύσω τὸν βασιλέα τῶν Ἰουδαίων

요 18:40 Ἐκραύγασαν ουν πάλιν πάντες, λέγοντες, Μὴ τοῦτον, ἀλλὰ τὸν Βαραββᾶν· ην- δὲ ὁ Βαραββᾶς λῃστής.

빌라도가 예수님이 하시는 말을 듣고 다시 유대인들에게 나가서 이르되 "나는 예수에게서 아무 죄도 찾지 못했노라 내가 유월절이면 너희에게 죄인 한 사람을 놓아 주는 전례가 있으니 그러면 너희는 내가 유대인의 왕을 너희에게 놓아 주기를 원하느냐" 물으니 저희가 또 소리 질러 가로되 "이 사람이 아니라 바라바"라 하니 바라바는 강도입니다.

예수님은 하나님의 아들로 죽어가는 하나님의 백성들을 구원하기 위해서 오신 메시야인데 예수님이 유대인들에게 무슨 죄를 지었고 무슨 잘못을 했기에 강도 바라바는 놓아 주고 예수님을 죽이라고 하는지 이해할 수가 없는 것입니다.

그러나 유대인들이 예수님을 살려두면 예수님께서 유

대교의 잘못된 교리와 제사장들의 비리들을 모두 들어내기 때문에 유대교는 망하게 되는 것입니다. 그러므로 강도 바라바는 살려주어도 자신들에게 해가 되지 않지만 예수님은 살려두면 유대교가 망하기 때문에 예수님은 절대로 살려두면 안되는 것입니다.

때문에 대제사장 가야바가 예수 한 사람이 죽으면 온 백성이 망하지 않게 된다고 예수를 제거하자고 말을 한 것입니다. 이와 같이 제사장들이나 목회자들이 목회를 할 때 하나님의 의와 진실 편에 서서 일을 해야 하것만 언제나 자기가 유리하고 이익이 되는 편에 서서 사역을 하고 있는 것입니다.

그래서 이렇게 욕심이 많은 삯꾼목자들은 죽으면 반드시 심판을 받아 지옥으로 들어가 형벌을 받게 되는 것입니다.

진실한 사랑

당신을 바라보고
당신의 이야기를 듣는 것이
당신의 마음을
담는 것인 줄 몰랐습니다

내 마음에
당신의 마음을 담으니
당신의 마음을
알 것 같습니다

당신의 마음을
읽고 아는 것이
진실한 사랑이라는 것을
시간이 흐른 뒤에야 느끼고

내 마음에 당신의 마음을
가득 채워가는 것이
진실한 사랑인 줄
이제야 알았습니다

제 19장

십자가에 못 박혀 돌아가시는 예수님

이에 빌라도가 예수를 데려다가 채찍질 하더라

Τότε ουν ἔλαβεν ὁ Πιλᾶτος τὸν Ἰησοῦν καὶ ἐμαστίγωσεν.

[요한복음 19장 1~3절] 이에 빌라도가 예수를 데려다가 채찍질하더라 군병들이 가시로 면류관을 엮어 그의 머리에 씌우고 자색 옷을 입히고 앞에 와서 가로되 유대인의 왕이여 평안할찌어다 하며 손바닥으로 때리더라

요 19·1 Τότε ουν ἔλαβεν ὁ Πιλᾶτος τὸν᾽ Ιησοῦν καὶ ἐμαστίγωσεν.

요 19·2 καὶ οἱ στρατιῶται πλέξαντες στέφανον ἐξ ἀκανθῶν ἐπέθηκαν αὐτοῦ τῇ κεφαλῇ, καὶ ἱμάτιον πορφυροῦν περιέβαλον αὐτόν,

요 19·3 καὶ ἔλεγον, Χαῖρε, ὁ βασιλεὺς τῶν᾽ Ιουδαίων· καὶ ἐδίδοσαν ουν αὐτῷ ῥαπίσματα.

빌라도는 유대인들이 바라바를 놓아 주고 예수를 십자가에 못 박으라는 소리를 듣고 예수를 데려다가 채찍질을 하게 되었습니다. 이때 군병들이 가시로 면류관을 엮어 그의 머리에 씌우고 자색 옷을 입히고 앞에 와서 가로되 유대인의 왕이여 평안할찌어다 하며 손바닥으로 때린 것입니다. 그런데 로마 군병들이 가시로 만들어 머리에 씌운 면류관은 생명의 면류관을 비유한 것이며 예수님에게 입힌 자

색 옷은 세마포, 즉 말씀의 옷을 말하며 유대의 왕이라 한 것은 하늘의 왕을 비유한 것입니다.

이렇게 하나님의 아들이며 만왕의 왕이신 예수님을 유대인은 물론 로마 군인들도 모르고 예수를 조롱하며 손바닥으로 때리기까지 하는 것입니다. 만왕의 왕이신 예수님은 이렇게 유대인들에게 멸시와 천대를 받으며 고난을 받으시다가 십자가에 달려 돌아가시게 된 것입니다.

[요한복음 19장 4~13절] 빌라도가 다시 밖에 나가 말하되 보라 이 사람을 데리고 너희에게 나오나니 이는 내가 그에게서 아무 죄도 찾지 못한 것을 너희로 알게 하려 함이로라 하더라 이에 예수께서 가시 면류관을 쓰고 자색옷을 입고 나오시니 빌라도가 저희에게 말하되 보라 이 사람이로다 하매 대제사장들과 하속들이 예수를 보고 소리질러 가로되 십자가에 못 박게 하소서 십자가에 못 박게 하소서 하는지라 빌라도가 가로되 너희가 친히 데려다가 십자가에 못 박으라 나는 그에게서 죄를 찾지 못하노라 유대인들이 대답하되 우리에게 법이 있으니 그 법대로 하면 저가 당연히 죽을 것은 저가 자기를 하나님 아들이라 함이니이다 빌라도가 이 말을 듣고 더욱 두려워하여 다시 관정에 들어가서 예수께 말하되 너는 어디로서냐 하되 예수께

서 대답하여 주지 아니하시는지라 빌라도가 가로되 내게 말하지 아니하느냐 내가 너를 놓을 권세도 있고 십자가에 못 박을 권세도 있는줄 알지 못하느냐 예수께서 대답하시되 위에서 주지 아니하셨더면 나를 해할 권세가 없었으리니 그러므로 나를 네게 넘겨 준 자의 죄는 더 크니라 하시니 이러하므로 빌라도가 예수를 놓으려고 힘썼으나 유대인들이 소리 질러 가로되 이 사람을 놓으면 가이사의 충신이 아니니이다 무릇 자기를 왕이라 하는 자는 가이사를 반역하는 것이니이다 빌라도가 이 말을 듣고 예수를 끌고 나와서 박석(히브리 말로 가바다)이란 곳에서 재판석에 앉았더라

요 19·4 ᾿Εξῆλθεν ουν πάλιν ἔξω ὁ Πιλᾶτος, καὶ λέγει
αὐτοῖς,῎Ιδε, ἄγω ὑμῖν αὐτὸν ἔξω, ἵνα γνῶτε ὅτι ἐν αὐτῷ
οὐδεμίαν αἰτίαν εὑρίσκω.
요 19·5 ᾿Εξῆλθεν ουν ὁ᾿Ιησοῦς ἔξω, φορῶν τὸν
ἀκάνθινον στέφανον καὶ τὸ πορφυροῦν ἱμάτιον. καὶ λέγει
αὐτοῖς,῎Ιδε ὁ ἄνθρωπος.
요 19·6 ῞Οτε ουν ειδον αὐτὸν οἱ ἀρχιερεῖς καὶ οἱ
ὑπηρέται ἐκραύγασαν λέγοντες, Σταύρωσον, σταύρωσον.
Λέγει αὐτοῖς ὁ Πιλάτος, Λάβετε αὐτὸν ὑμεῖς καὶ

σταυρώσατε· ἐγὼ- γὰρ οὐχ- εὑρίσκω ἐν αὐτῷ αἰτίαν.

ℛ 19·7 Ἀπεκρίθησαν αὐτῷ οἱ Ἰουδαῖοι, Ἡμεῖς νόμον ἔχομεν, καὶ κατὰ τὸν- νόμον- ἡμῶν ὀφείλει ἀποθανεῖν, ὅτι ἑαυτὸν υἱὸν θεοῦ ἐποίησεν.

ℛ 19·8 Ὅτε ουν ἤκουσεν ὁ Πιλάτος τοῦτον τὸν λόγον μᾶλλον ἐφοβήθη,

ℛ 19·9 καὶ εἰσῆλθεν εἰς τὸ πραιτώριον πάλιν, καὶ λέγει τῷ Ἰησοῦ, Πόθεν ει σύ; Ὁ- δὲ- Ἰησοῦς ἀπόκρισιν οὐκ- ἔδωκεν αὐτῷ.

ℛ 19·10 λέγει ουν αὐτῷ ὁ Πιλάτος, Ἐμοὶ οὐ- λαλεῖς; οὐκ- οιδας ὅτι ἐξουσίαν ἔχω σταυρῶσαί σε, καὶ ἐξουσίαν ἔχω ἀπολῦσαί σε;

ℛ 19·11 Ἀπεκρίθη ο῾ Ἰησοῦς, Οὐκ ειχες ἐξουσίαν οὐδεμίαν κατ᾽ ἐμοῦ εἰ μὴ- ησοι δεδομένον ἄνωθεν· διὰ- τοῦτο ὁ παραδιδούς μέ σοι μείζονα ἁμαρτίαν ἔχει.

ℛ 19·12 Ἐκ τούτου ἐζήτει ὁ Πιλᾶτος ἀπολῦσαι αὐτόν. οἱ- δὲ Ἰουδαῖοι ἔκραζον, λέγοντες, Ἐὰν τοῦτον ἀπολύσῃς οὐκ- ει φίλος τοῦ Καίσαρος. πᾶς ὁ βασιλέα αὐτὸν ποιῶν ἀντιλέγει τῷ Καίσαρι.

ℛ 19·13 Ὁ ουν - Πιλάτος ἀκούσας τοῦτον τὸν λόγον,

ἤγαγεν ἔξω τὸν Ἰησοῦν, καὶ ἐκάθισεν ἐπὶ τοῦ βήματος, εἰς τόπον λεγόμενον Λιθόστρωτον, Ἑβραϊστὶ δὲ Γαββαθα·

예수님을 심문한 빌라도가 다시 밖에 나가 말하되 보라 이 사람을 데리고 너희에게 나오나니 이는 내가 그(예수)에게 아무 죄도 찾지 못한 것을 너희로 알게 하려 함이라 말하고 있습니다. 이때 예수께서 가시 면류관을 쓰고 자색옷을 입고 나오시니 빌라도가 저희에게 말하되 보라 이 사람이로다 하매 대제사장들과 하속들이 예수를 보고 소리질러 가로되 "십자가에 못 박게 하소서 십자가에 못 박게 하소서" 하므로 빌라도가 말하되 "너희가 친히 데려다가 못 박으라 나는 그에게서 아무 죄도 찾지 못했다" 말하고 있습니다. 이렇게 빌라도는 하나님을 모르는 이방인이라도 예수님께서 죄가 없다는 것을 알고 예수님을 살리려고 하는데 하나님의 백성인 유대인들은 죄 없는 예수님을 어떻게 하든지 죽이려 하는 것입니다.

빌라도의 말을 들은 유대인들이 대답하되 "우리에게 법이 있으니 그 법대로 하면 저가 당연히 죽을 것은 저가 자기를 하나님의 아들이라 말하기 때문이라" 말하고 있습니다. 예수님은 자신이 하나님의 아들이라 말을 했다고 참

람하다는 유대인들에게 "너희는 성경에 하나님의 말씀을 받은 자를 신, 곧 하나님이라 하지 않았느냐"고 말씀을 하셨는데도 불구하고 지금 예수님이 하나님의 아들이라고 말한 것 때문에 죽이려 하는 것입니다. 유대인들의 말을 들은 빌라도는 이 말을 듣고 더욱 두려워하여 다시 관정에 들어가 예수께 말하되 "너는 어디에서 왔느냐" 묻는 것입니다.

그런데 예수님께서 빌라도에게 대답을 하지 않아 빌라도가 예수에게 다시 말하되 "네가 내게 말하지 아니하느냐 내가 너를 놓을 권세도 있고 십자가에 못 박을 권세도 있는 줄 알지 못하느냐"고 말하는 것입니다. 빌라도의 말을 들은 예수께서 대답하시되 "네 권세를 위에서, 즉 하나님께서 주지 아니 했다면 나를 해할 권세가 없다"고 말씀하십니다.

이 말은 하나님의 백성들은 물론 이방인의 권세도 하나님께서 주관하고 계신다는 뜻입니다. 이어서 예수님은 "나를 네게 넘겨 준 자의 죄는 더 크다"고 말씀하고 있습니다. 예수님의 말씀을 들은 빌라도는 예수를 놓으려고 힘썼으나 유대인들이 소리 질러 가로되 "이 사람을 놓으면 가이사의 충신이 아닙니다. 무릇 자기를 왕이라 하는 자는 가이사를 반역하는 것입니다"라고 외치는 것입니다.

빌라도는 이들의 말을 듣고 예수를 끌고 나와서 박석

(히브리 말로 가바다)이란 곳에서 재판석에 앉았다고 말씀하고 있습니다.

상기의 말씀을 보면 하나님의 백성이라는 유대인들이 빌라도에게 살인자 바라바는 놓아주고 죄 없는 예수님을 십자가에 못 박으라 외치고 있는 것을 볼 수 있습니다. 그래서 빌라도는 예수님을 놓아 주려 해도 아무 소용이 없음을 알고 예수님을 유대인들에게 넘겨주며 그러면 예수를 죽인 죄 값을 누가 감당(勘當)할 것이냐고 물을 때 유대인들은 우리와 우리의 자손에게 돌리라고 하면서 예수님을 십자가에 못 박아 죽인 것입니다.

이렇게 죄 없으신 예수님을 잔혹하게 십자가에 매달아 죽인 자는 빌라도가 아니라 유대인들과 제사장들인 것입니다. 그런데 오늘날 기독교인들은 예수님을 빌라도가 십자가에 못 박아 죽였다고 사도신경을 통해서 날마다 위증을 하고 있는 것입니다.

세상의 법으로도 거짓을 진실처럼 증거하는 위증은 중죄(重罪)에 해당합니다. 때문에 사도신경으로 날마다 빌라도가 예수님을 죽였다고 위증을 하고 있는 오늘날 기독교인들은 반드시 이에 상응(相應)하는 징벌(懲罰)을 받게 될 것입니다.

[요한복음 19장 14~16절] 이 날은 유월절의 예비일이요 때는 제 육시라 빌라도가 유대인들에게 이르되 보라 너희 왕이로다 저희가 소리지르되 없이 하소서 없이 하소서 저를 십자가에 못 박게 하소서 빌라도가 가로되 내가 너희 왕을 십자가에 못 박으랴 대제사장들이 대답하되 가이사 외에는 우리에게 왕이 없나이다 하니 이에 예수를 십자가에 못 박히게 저희에게 넘겨주니라.

요 19·14 ηνˉ δὲ παρασκευὴ τοῦ πάσχα, ὥρα δὲ ὡσεὶ ἕκτη· καὶ λέγει τοῖς Ἰουδαίοις,῎Ιδε ὁ- βασιλεὺς- ὑμῶν.

요 19·15 Οἱ- δὲ ἐκραύγασαν, αρον, σταύρωσον αὐτόν. Λέγει αὐτοῖς ὁ Πιλάτος, Τὸν βασιλέα- ὑμῶν σταυρώσω ᾽Απεκρίθησαν οἱ ἀρχιερεῖς, Οὐκ ἔχομεν βασιλέα εἰ- μὴ Καίσαρα.

요 19·16 Τότε ουν παρέδωκεν αὐτὸν αὐτοῖς ἵνα σταυρωθῇ. Παρέλαβον δὲ τὸν Ἰησοῦν καὶ ἀπήγαγον·

빌라도는 예수를 심문한 후 유대인들에게 보라 너희 왕이라 말하고 있습니다. 빌라도의 말을 들은 유대인들은 소리지르며 "예수를 없이 하소서 없이 하소서" 하며 "저를 십자가에 못 박게 해달라” 외치고 있는 것입니다. 이에 빌라도가 “그러면 내가 너희의 왕을 십자가에 못 박으란 말이냐”고 물으니 대제사장들이 대답하되 “가이사 외에는 우리에게 왕이 없다” 말을 하니 빌라도는 할 수 없이 예수를 십자가에 못 박히게 저희에게 넘겨 준 것입니다.

문제는 빌라도가 예수님을 심문 해보니 예수가 바로 유대인들의 왕이라는 것을 알았는데 유대인들은 자신들의 왕은 하나님이나 예수님이 아니라 가이사라는 것입니다. 이렇게 하나님의 백성들이 하늘의 왕인 하나님을 버리고 세상 왕을 섬긴 것은 어제 오늘의 일이 아니라 하나님의 백성들을 애굽에서 인도하여 낸 때부터라고 말씀하고 있습니다.

[사무엘상 8장 4~8절] 이스라엘 모든 장로가 모여 라마에 있는 사무엘에게 나아가서 그에게 이르되 보소서 당신은 늙고 당신의 아들들은 당신의 행위를 따르지 아니하니 열방과 같이 우리에게 왕을 세워 우리를 다스리게 하소서 한지라 우리에게 왕을 주어 우리를 다스리게 하라 한 그것을 사무엘이 기뻐하지 아니하여 여호와께 기도하매 여호와께서 사무엘에게 이르시되 백성이 네게 한 말을 다 들으라 그들이 너를 버림이 아니요 나

를 버려 자기들의 왕이 되지 못하게 함이니라 내가 그들을 애굽에서 인도하여 낸 날부터 오늘날까지 그들이 모든 행사로 나를 버리고 다른 신(다른 하나님)들을 섬김같이 네게도 그러하는도다.

상기의 말씀을 보면 하나님을 유일신으로 모시고 신앙생활을 하고 있는 이스라엘의 모든 장로들이 모여 사무엘에게 열방과 같이 우리에게 왕을 세워 우리를 다스리게 하여 달라고 간청을 하고 있습니다. 그래서 사무엘이 여호와께 기도하매 여호와께서 사무엘에게 이르시되 백성이 네게 한 말을 다 들으라 그들이 너를 버림이 아니요 나를 버려 자기들의 왕이 되지 못하게 하려고 한다 말씀하고 있습니다.

이렇게 이스라엘 백성은 사무엘을 버린것이 아니라 하나님을 버렸다 말씀하고 있는 것입니다. 오늘날 기독교인들은 하나님의 백성이 '어떻게 하나님을 버릴 수 있단 말인가' 하겠지만 에서가 시장할 때 장자 권을 팥죽 한 그릇과 바꾼 것과 같이 지금도 하나님이 필요 없으면 버리는 것입니다.

그러므로 하나님은 이어서 내가 그들을 애굽에서 인도하여 낸 날부터 오늘날까지 그들이 모든 행사로 나를 버리고 다른 신(다른 하나님)들을 섬김같이 네게도 그렇게 한다고 한탄 하시는 것입니다.

오늘날 기독교인들이 구원과 영생의 하나님을 버리고 기복을 좇아 기복의 하나님을 섬기는 것이 바로 하나님을 버린 행위이며 다른 하나님을 섬기고 있다는 증거입니다.

[요한복음 19장 17~22절] 저희가 예수를 맡으매 예수께서 자기의 십자가를 지시고 해골(히브리 말로 골고다)이라 하는 곳에 나오시니 저희가 거기서 예수를 십자가에 못 박을쌔 다른 두 사람도 그와 함께 좌우편에 못 박으니 예수는 가운데 있더라 빌라도가 패를 써서 십자가 위에 붙이니 나사렛 예수 유대인의 왕이라 기록되었더라 예수의 못 박히신 곳이 성에서 가까운고로 많은 유대인이 이 패를 읽는데 히브리와 로마와 헬라 말로 기록되었더라 유대인의 대제사장들이 빌라도에게 이르되 유대인의 왕이라 말고 자칭 유대인의 왕이라 쓰라 하니 빌라도가 대답하되 나의 쓸 것을 썼다 하니라.

요 19·17 καὶ βαστάζων τὸν- σταυρὸν- αὐτοῦ ἐξῆλθεν ἐὶς τὸν λεγόμενον κρανίου τόπον, ὃς λέγεται Ἑβραϊστὶ Γολγοθᾶ.

요 19·18 ὅπου αὐτὸν ἐσταύρωσαν, καὶ μετ᾽ αὐτοῦ ἄλλους δύο ἐντεῦθεν καὶ ἐντεῦθεν, μέσον- δὲ τὸν Ἰησοῦν.

요 19·19 Ἔγραψεν- δὲ καὶ τίτλον ὁ Πιλᾶτος καὶ ἔθηκεν ἐπὶ τοῦ σταυροῦ· ην- δὲ γεγραμμένον, Ἰησοῦς ὁ Ναζωραῖος, ὁ βασιλεὺς τῶν Ἰουδαίων.

요 19·20 Τοῦτον ουν τὸν τίτλον πολλοὶ ἀνέγνωσαν τῶν Ἰουδαίων, ὅτι ἐγγὺς ην τῆς πόλεως ὁ τόπος, ὅπου ἐσταυρώθη ὁ Ἰησοῦς· καὶ ην γεγραμμένον Ἑβραϊστί, Ἑλληνιστί, Ῥωμαϊστί.

요 19·21 ἔλεγον ουν τῷ Πιλάτῳ οἱ ἀρχιερεῖς τῶν Ἰουδαίων, Μὴ- γράφε, Ὁ βασιλεὺς τῶν Ἰουδαίων· ἀλλ᾽ ὅτι ἐκεῖνος ειπεν, Βασιλεύς εἰμι τῶν Ἰουδαίων.

요 19·22 Ἀπεκρίθη ὁ Πιλᾶτος, Ὃ γέγραφα γέγραφα.

유대인들이 빌라도에게 예수를 넘겨받아 끌고 가니 예수님은 자기의 십자가를 지시고 해골(히브리 말로 골고다)이라 하는 곳에 도달하였습니다. 유대인들이 그곳에서 예수를 십자가에 못 박을 때 다른 두 강도도 예수님과 함께 좌우편에 못 박으니 예수는 가운데 있었습니다. 이때 빌라도가 패를 써서 십자가 위에 붙이니 그 패에 '나사렛 예수 유대인의 왕' 이라는 글이 기록되어 있었습니다.

예수님의 못 박히신 곳이 예루살렘 성에서 가까운 고로 많은 유대인들이 이 패를 읽는데 히브리와 로마와 헬라 말로 기록되어 있었습니다. 이 패에 글을 본 유대인의 대제사장들이 빌라도에게 말하되 "유대인의 왕이라 하지 말고 자칭 유대인의 왕이라 쓰라"고 권하니 빌라도가 대답하되 "나의 쓸 것을 썼다"고 말을 한 것입니다.

빌라도가 예수님이 유대의 왕이라고 기록한 것은 예수를 심문하면서 예수는 곧 유대인들의 왕이라는 것을 알았기 때문이며 그리고 대제사장들이 빌라도에게 유대왕이라 기록된 글을 자칭왕이라고 다시 고쳐서 쓰라고 할때 빌라도가 내가 쓸 것을 썼다고 말한 것은 빌라도는 예수님이 자칭왕이 아니라 진짜 왕이라는 것을 유대인들에게 말한 것입니다.

문제는 이방인인 빌라도도 예수를 유대의 왕이라는 것을 알아보는데 어떻게 하나님을 믿고 섬기는 유대인들이 하나님의 아들이며 그들의 구원자인 예수님을 몰라보느냐는 것입니다. 그 이유는 유대인들이 지금까지 믿고 섬기고 있는 하나님과 왕은 다른 하나님과 다른 왕이기 때문입니다.

때문에 하나님께서 십계명을 통해서 너는 네 앞에 다른 신, 즉 다른 하나님을 있게 말라고 명하시며 사도 바울도 너희는 왜 다른 예수와 다른 영과 다른 복음을 받느냐고 한탄 하시는 것입니다.

[신명기 5장 6~7절] 나는 너를 애굽 땅에서 종 되었던 집에서 인도하여 낸 너희 하나님 여호와로라 나 외에는 위하는 신들을 네게 있게 말찌니라.

여호와 하나님께서 나 외에는 다른 신들을 네게 있게 말라는 것은 너희가 지금 다른 신을 믿고 섬기고 있기 때문이며 하나님이 말씀하시는 다른 신은 이방신이 아니라 다른 하나님을 말씀하고 있습니다.

왜냐하면 원문성경에 다른 신은 분명히 다른 하나님으로 기록되어 있기 때문입니다.

[고린도 후서 11장 3~4절] 뱀이 그 간계로 이와를 미혹케 한것 같이 너희 마음이 그리스도를 향하는 진실함과 깨끗함에서 떠나 부패할까 두려워하노라 만일 누가 가서 우리의 전파하지 아니한 다른 예수를 전파하거나 혹 너희의 받지 아니한 다

른 영을 받게 하거나 혹 너희의 받지 아니한 다른 복음을 받게 할 때에는 너희가 잘 용납하는구나.

상기에 사도바울이 말씀하시는 다른 하나님, 즉 다른 영과 다른 복음과 다른 예수는 구원과 영생의 하나님이 아니라 기복의 하나님을 말씀하고 있습니다. 왜냐하면 유대인들은 물론 오늘날 기독교인들도 구원과 영생은 예수를 믿음으로 이미 받았다는 삯꾼목자의 말을 믿고 오직 축복을 받기 위해서 하나님을 믿고 예수를 믿으며 신앙생활을 하고 있기 때문입니다.

오늘날 기독교인들의 신앙이 기복을 위한 신앙이라는 것은 자타가 다 인정하는 것입니다. 때문에 목사님들의 설교가 축복으로 시작해서 축복으로 마치며 교인들은 축복이 좋아서 아멘 아멘을 연발하며 받아서 먹는 것입니다.

[요한복음 19장 23~27절] 군병들이 예수를 십자가에 못 박고 그의 옷을 취하여 네 깃에 나눠 각각 한 깃씩 얻고 속옷도 취하니 이 속옷은 호지 아니하고 위에서부터 통으로 짠 것이라 군병들이 서로 말하되 이것을 찢지 말고 누가 얻나 제비 뽑자 하니 이는 성경에 저희가 내 옷을 나누고 내 옷을 제비 뽑나이

다 한 것을 응하게 하려 함이러라 군병들은 이런 일을 하고 예수의 십자가 곁에는 그 모친과 이모와 글로바의 아내 마리아와 막달라 마리아가 섰는지라 예수께서 그 모친과 사랑하시는 제자가 곁에 섰는 것을 보시고 그 모친께 말씀하시되 여자여 보소서 아들이니이다 하시고 또 그 제자에게 이르시되 보라 네 어머니라 하신대 그 때부터 그 제자가 자기 집에 모시니라.

요 19:23 Οἱ ουν στρατιῶται, ὅτε ἐσταύρωσαν τὸν Ἰησοῦν ἔλαβον τὰ- ἱμάτια- αὐτοῦ, καὶ ἐποίησαν τέσσαρα μέρη, ἑκάστῳ στρατιώτῃ μέρος, καὶ τὸν χιτῶνα. η- δὲ ὁ χιτὼν ἄῤῥαφος, ἐκ τῶν ἄνωθεν ὑφαντὸς δἰ - ὅλου.

요 19:24 ειπεν ουν πρὸς ἀλλήλους, Μὴ- σχίσωμεν αὐτόν, ἀλλὰ λάχωμεν περὶ αὐτοῦ τίνος ἔσται· ἵνα ἡ γραφὴ πληρωθῇ ἡ λέγουσα, Διεμερίσαντο τὰ- ἱμάτιά- μου ἑαυτοῖς, καὶ ἐπὶ τὸν- ἱματισμόν- μου ἔβαλον κλῆρον. Οἱ μὲν ουν στρατιῶται ταῦτα ἐποίησαν.

요 19:25 Ειστήκεισαν- δὲ παρὰ τῷ σταυρῷ τοῦ Ἰησοῦ ἡ- μήτηρ- αὐτοῦ, καὶ ἡ ἀδελφὴ τῆς- μητρὸς- αὐτοῦ, Μαρία ἡ τοῦ Κλωπᾶ, καὶ Μαρία ἡ Μαγδαληνή.

요 19:26 Ἰησοῦς ουν ἰδὼν τὴν μητέρα, καὶ τὸν μαθητὴν

παρεστῶτα ὃν ἠγάπα, λέγει τῇ- μητρὶ- αὐτοῦ, Γύναι, ἰδοὺ ὁ-
υἱός- σου.

요 19:27 Ειτα λέγει τῷ μαθητῇ,' Ιδοὺ ἡ- μήτηρ- σου. Καὶ
ἀπ' ἐκείνης τῆς ὥρας ἔλαβεν αὐτὴν ὁ μαθητὴς εἰς τὰ- ἴδια.

로마 군병들이 예수를 못 박은 후 예수님이 입고 있던 옷을 취하여 네 조각으로 나눠 각각 한 쪽씩 가졌고 예수님이 입고 계신 속옷도 취하니 이 속옷은 호지 아니하고 위에서부터 통으로 짠 것이었습니다.

군병들이 속옷을 보고 서로 말하되 "이 속옷은 찢어서 나누지 말고 누가 얻나 제비를 뽑자" 하니 이는 성경에 "저희가 내 옷을 나누고 내 옷을 제비 뽑나이다 한 말씀을 응하게 하려 함이라"고 말씀하고 있습니다. 이렇게 예수님에게 일어나는 사건은 모두 구약성경에 선지자들을 통해서 이미 예언된 말씀들이 일어나는 것인데 심지어 예수님이 입고 계신 옷을 제비뽑는 것까지 예언이 되어있다는 것은 실로 놀라운 일인 것입니다.

군병들은 이렇게 하나님의 아들이시며 유대인의 왕이신 예수님을 십자가에 못을 박았으며 예수님이 달려계신 십자가 곁에는 그 모친과 이모와 글로바의 아내 마리아와 막달라 마리아가 있었습니다. 그때 예수께서 그 모친과 사랑하시는 제자가 곁에 섰는 것을 보시고 그 모친에게 말씀하시되 "여자여 보소서 당신의 아들입니다"하시고 또 그 제자에게 이르시되 "보라 네 어머니라"고 말씀을 하시니 그 때부터 그의 제자가 예수님의 어머니를 자기 집에 모셨다고 말씀하고 있습니다. 이렇게 예수님은 돌아가시면서 자신을 낳아주시고 길러주신 어머니가 염려되어 사랑하는 제자에게 어머니를 부탁하고 있는 것을 볼 수 있습니다.

예수님의 이러한 인간적인 모습을 보면서 오늘날 기독교인들은 예수님 안에는 하나님의 신성만 계신 것이 아니라 인성, 즉 인간적인 면이 계시다는 것을 알아야 합니다. 그래서 예수님은 항상 자신을 인자라고 말씀하셨는데 인자는 사람의 아들이라는 말이며 곧 인간 예수라는 것을 말씀하고 있는 것입니다. 그러므로 오늘날 기독교인들은 인간 예수에 대해서 반드시 알아야 합니다. 왜냐하면 인간예수를 모르면 천국은 물론 구원도 받을 수 없기 때문입니다.

하나님께서 구원자로 보내주시는 하나님의 아들은 오직 인간예수입니다. 그런데 유대인들이나 오늘날 기독교인들이 구원을 받지 못하고 멸망 당하는 것은 하나님께서 구원자로 보내주시는 인간예수를 믿고 영접하지 않고 오히려 이단자로 배척하며 핍박하기 때문입니다.

[요한복음 19장 28~30절] 이 후에 예수께서 모든 일이 이미 이룬줄 아시고 성경으로 응하게 하려하사 가라사대 내가 목마르다 하시니 거기 신 포도주가 가득히 담긴 그릇이 있는지라 사람들이 신 포도주를 머금은 해융을 우슬초에 매어 예수의 입에 대니 예수께서 신 포도주를 받으신 후 가라사대 다 이루었다 하시고 머리를 숙이시고 영혼이 돌아가시니라.

요 19·28 Μετὰ τοῦτο εἰδὼς ὁ Ἰησοῦς ὅτι πάντα ἤδη τετέλεσται, ἵνα τελειωθῇ ἡ γραφή λέγει, Διψῶ.

요 19·29 Σκεῦος ουν ἔκειτο ὄξους μεστόν· οἱ- δὲ πλήσαντες σπόγγον ὄξους, καὶ ὑσσώπῳ περιθέντες προσήνεγκαν αὐτοῦ τῷ- στόματι.

요 19·30 ὅτε ουν ἔλαβεν τὸ ὄξος ὁ Ἰησοῦς ειπεν, Τετέλεσται· καὶ κλίνας τὴν κεφαλὴν παρέδωκεν τὸ πνεῦμα.

예수님은 모든 일이 이미 이루어진 줄 아시고 성경을 응하게 하시려고 말씀하시되 내가 목마르다 하시니 그 곳에 신 포도주가 가득히 담긴 그릇이 있었습니다. 그 곳에 있는 사람들이 예수님이 목마르다 하신 말씀을 듣고 신 포도주를 머금은 해융을 우슬초에 매어 예수의 입에 대니 예수께서 신 포도주를 받아 마신 후 가라사대 "내가 다 이루었다"라 말씀 하시며 머리를 숙이고 예수님의 영혼이 돌아가셨다고 말씀하고 있습니다. 그런데 예수님의 영혼이 돌아가셨다는 '영혼'은 원문에 '프쉬케(혼)'가 아니라 '프뉴마(영)'로 기록되어 있기 때문에 '영혼'이 돌아가신 것이 아니라 '영(성령)'이 돌아가신 것입니다. 즉 예수님의 몸안에 하나님의 성령이 임하여 하나님의 아들로 태어나 지금까지 예수님과 함께 계시던 성령(하나님의 말씀)이 다시 하나님께로 돌아가셨다는 뜻입니다. 이렇게 예수님은 성경에 예언된 대로 오셔서 성경대로 생을 마감하시고 아버지께로 돌아가신 것입니다.

문제는 예수님께서 돌아가시면서 다 이루었다고 하신 말씀은 무엇을 다 이루었다 하신 말씀인지 그 뜻을 분명하게 아는 사람이 별로 없다는 것입니다. 예수님은 하나님의 명에 따라 세상에 죽어가는 영혼들을 구원하고 살리기 위해서 오신 것입니다.

그런데 예수님이 돌아가시면서 내가 다 이루었다고 말씀하신 것은 예수님을 믿고 따르는 열두 제자들을 완벽하게 구원을 하고 살려서 하나님의 아들(사도)로 완성시켰다는 뜻입니다. 즉 예수님은 세상에 있는 모든 사람을 구원시킨 것이 아니라 오직 예수님을 구원자로 믿고 영접한 열두 제자를 구원시켜 하나님의 아들로 완성하였다는 것입니다.

그래서 예수님은 돌아가시면서 아버지께서 자기에게 맡겨주신 일을 모두 다 이루었다고 말씀하신 것입니다. 문제는 실존예수, 즉 하나님께서 보내주신 인간예수를 믿지 않고 배척한 자들은 구원조차 받지 못했다는 것입니다. 그러므로 오늘날 기독교인들은 이천 년 전에 오셨던 역사적인 예수님이나 앞으로 다시 오실 미래의 메시야만 기다리며 믿을 것이 아니라 오늘날 살아계신 실존예수를 믿어야 하는 것입니다.

왜냐하면 오늘날 기독교인들을 구원할 구원자는 과거에 오셨던 예수님이나 앞으로 오실 예수님이 아니라 지금 오셔서 살아계신 실존 예수님이기 때문입니다.

[요한복음 19장 31~37절] 이 날은 예비일이라 유대인들은 그 안식일이 큰 날이므로 그 안식일에 시체들을 십자가에 두지 아니하려 하여 빌라도에게 그들의 다리를 꺾어 시체를 치워 달라 하니 군병들이 가서 예수와 함께 못 박힌 첫째 사람과 또

그 다른 사람의 다리를 꺾고 예수께 이르러는 이미 죽은 것을 보고 다리를 꺾지 아니하고 그 중 한 군병이 창으로 옆구리를 찌르니 곧 피와 물이 나오더라 이를 본 자가 증거하였으니 그 증거가 참이라 저가 자기의 말하는 것이 참인줄 알고 너희로 믿게 하려함이니라 이 일이 이룬 것은 그 뼈가 하나도 꺾이우지 아니하리라 한 성경을 응하게 하려함이라 또 다른 성경에 저희가 그 찌른 자를 보리라 하였느니라.

요 19:31 Οἱ ουν᾽ Ιουδαῖοι, ἵνα μὴ- μείνῃ ἐπὶ τοῦ σταυροῦ τὰ σώματα ἐν τῷ σαββάτῳ, ἐπεὶ παρασκευὴ ην, ην- γὰρ μεγάλη ἡ ἡμέρα ἐκείνου τοῦ σαββάτου, ἠρώτησαν τὸν Πιλάτον ἵνα κατεαγῶσιν αὐτῶν τὰ σκέλη, καὶ ἀρθῶσιν.

요 19:32 ηλθον ουν οἱ στρατιῶται, καὶ τοῦ μὲν πρώτου κατέαξαν τὰ σκέλη καὶ τοῦ ἄλλου τοῦ συσταυρωθέντος αὐτῷ

요 19:33 ἐπὶ- δὲ τὸν Ιησοῦν ἐλθόντες, ὡς ειδον αὐτὸν ἤδη τεθνηκότα, οὐ- κατέαξαν αὐτοῦ τὰ σκέλη·

요 19:34 ἀλλ᾽ εἷς τῶν στρατιωτῶν λόγχῃ αὐτοῦ τὴν πλευρὰν ἔνυξεν, καὶ εὐθὺς ἐξῆλθεν αἷμα καὶ ὕδωρ.

요 19:35 καὶ ὁ ἑωρακὼς μεμαρτύρηκεν, καὶ ἀληθινὴ

αὐτοῦ ἐστιν ἡ μαρτυρία, κἀκεῖνος οιδεν ὅτι ἀληθῆ λέγει, ἵνα ὑμεῖς πιστεύσητε.

요 19·36 ἐγένετο- γὰρ ταῦτα ἵνα ἡ γραφὴ πληρωθῇ, 'Οστοῦν- οὐ συντριβήσεται αὐτοῦ.

요 19·37 καὶ πάλιν ἑτέρα γραφὴ λέγει,"Οψονται εἰς ὃν ἐξεκέντησαν.

예수님이 십자가에 못 박힌 날이 바로 유대인들의 예비일이라 말하고 있는데 예비일은 안식일 전날, 즉 유대인들이 안식일을 준비하는 날을 말하고 있습니다. 유대인들은 안식일이 큰 날이므로 그 안식일에 시체를 십자가에 두지 아니하려 하여 빌라도에게 그들의 다리를 꺾어 시체를 치워 달라 하니 군병들이 가서 예수와 함께 못 박힌 첫째 사람과 또 다른 사람의 다리를 꺾었으나 예수께 이르러서는 이미 죽은 것을 보고 다리를 꺾지 아니하고 그 중 한 군병이 창으로 옆구리를 찌르니 곧 피와 물이 나오더라고 말씀하고 있습니다.

유대인들이 십자가에 달려 죽은 자들의 다리를 꺾는 것은 곧 다리의 뼈를 꺾는 것인데 죽은 자의 뼈를 꺾는 것은 죽음을 확증하기 위함입니다. 그런데 예수님의 다리를 꺾지 않은 것은 예수님이 이미 죽은 것을 확인 하였기 때문입니다. 이것은 죽음을 지켜 본 자가 증거 하였으니 그 증거가 참이며 그가 이렇게 자기가 본 것을 말하는 것은 너희도 참 인줄 알고 믿게 하려는 것이라 말하고 있습니다.

이 일이 이루어진 것은 예수님의 뼈가 하나도 꺾이우지 아니하리라 한 성경 말씀을 응하게 하려함이라 말씀하고 있습니다. 그러면 무엇 때문에 일반인의 뼈는 꺾여도 되고 의인(예수님)의 뼈는 꺾이면 안되는 것일까요? 그 이유는 하나님의 생명으로 거듭난 아들의 뼈와 아직 하나님의 생명으로 거듭나지 못한 죄인의 뼈가 다르기 때문입니다.

즉 뼈는 죄인들이 가지고 있는 뼈가 있고 의인이 소유하고 있는 뼈중의 뼈가 있다는 것입니다. 때문에 뼈는 꺾여야 하지만 뼈중의 뼈는 꺾일 수도 없고 꺾여서도 안되는 것입니다. 귀가 있는 자는 이 말이 무슨 뜻인지 잘 알것이라 생각합니다. 그리고 한 군병이 창으로 예수님의 옆구리를 찌르니 피와 물이 나왔다고 말씀하고 있는데 예수님의 몸에서 피와 물이 나온 것이 아니라 생명의 말씀이 나왔다는 것을 비유로 말씀하신 것입니다.

왜냐하면 예수님의 몸에는 생명의 말씀 이외에는 들어있는 것이 없기 때문입니다. 이어서 다른 성경에는 저희가 그 찌른 자를 보리라고 말씀하고 있는데 이 말은 예수님을 찌른 자들도 예수님을 볼 것이라는 뜻입니다.

이 말씀대로 예수님은 지금 예수님을 찌른 자들도 볼 수 있게 속히 오신 것입니다. 그런데 영안이 없어 다시 오신 예수님을 보지 못하는 자들은 속히 오신다는 예수님이 왜 아직도 안 오시느냐고 불평을 하며 지금도 뜬구름만 쳐다보고 있는 것입니다.

[요한복음 19장 38~42절] 아리마대 사람 요셉이 예수님의 제자나 유대인을 두려워하여 은휘하더니 이 일 후에 빌라도더러 예수의 시체를 가져가기를 구하매 빌라도가 허락하는지라 이에 가서 예수의 시체를 가져가니라 일찍 예수께 밤에 나아왔던 니고데모도 몰약과 침향 섞은 것을 백 근쯤 가지고 온지라 이에 예수의 시체를 가져다가 유대인의 장례법대로 그 향품과 함께 세마포로 쌌더라 예수의 십자가에 못 박히신 곳에 동산이 있고 동산 안에 아직 사람을 장사한 일이 없는 새 무덤이 있는지라 이 날은 유대인의 예비일이요 또 무덤이 가까운고로 예수를 거기 두니라.

요 19·38 Μετὰ- δὲ ταῦτα ἠρώτησεν τὸν Πιλάτον ὁ Ἰωσὴφ

ὁ ἀπὸ Ἀριμαθαίας, ὢν μαθητὴς τοῦ Ἰησοῦ, κεκρυμμένος- δὲ διὰ τὸν φόβον τῶν Ἰουδαίων, ἵνα ἄρῃ τὸ σῶμα τοῦ Ἰησοῦ· καὶ ἐπέτρεψεν ὁ Πιλᾶτος. ηλθεν ουν καὶ ητὸ σῶμα τοῦ Ἰησοῦ.

요 19·39 ηλθεν- δὲ καὶ Νικόδημος, ὁ ἐλθὼν πρὸς τὸν Ἰησοῦν νυκτὸς τὸ- πρῶτον, φέρων μίγμα σμύρνης καὶ ἀλόης ὡσεὶ λίτρας ἑκατόν.

요 19·40 ἔλαβον ουν τὸ σῶμα τοῦ Ἰησοῦ, καὶ ἔδησαν αὐτὸ ὀθονίοις μετὰ τῶν ἀρωμάτων, καθὼς ἔθος ἐστὶν τοῖς Ἰουδαίοις ἐνταφιάζειν.

요 19·41 ην - δὲ ἐν τῷ τόπῳ ὅπου ἐσταυρώθη κῆπος, καὶ ἐν τῷ κήπῳ μνημεῖον καινὸν, ἐν ᾧ οὐδέπω- οὐδεὶς ἐτέθη.

요 19·42 ἐκεῖ ουν διὰ τὴν παρασκευὴν τῶν Ἰουδαίων, ὅτι ἐγγὺς ην τὸ μνημεῖον, ἔθηκαν τὸν Ἰησοῦν.

아리마대 사람 요셉은 예수님의 제자입니다. 유대인들이 예수님의 시체를 두려워하여 숨겨 놓았는데 이 일 후에 아리마대 요셉이 빌라도에게 예수의 시체 가져가기를 구하매 빌라도가 가져가도록 허락을 한 것입니다. 그래서 예수의 시체를 가져갔는데 일찍 예수님께 밤에 찾아왔던 니고데모도 몰약과 침향 섞은 것을 백 근쯤 가지고 온 것입니다.

니고데모는 이스라엘인들을 가르치는 선생으로 예수님이 행하시는 일을 보고 밤에 예수님을 찾아와 예수님과 대화를 하며 거듭남에 대해서 물었던 자입니다. 그러므로 요셉은 니고데모와 함께 예수의 시체를 가져다가 유대인의 장례법대로 그 향품과 함께 세마포로 몸을 감싼 것입니다.

그 곳에는 예수님이 십자가에 못 박히신 동산이 있고 동산 안에 아직 사람을 장사한 일이 없는 새 무덤이 있었습니다. 이 날은 유대인의 예비일이요 또 무덤이 가까운 고로 예수님을 그 곳에 안장하였다 말씀하고 있습니다.

예수님은 하나님의 뜻에 따라 성경의 예언대로 오셨고 성경대로 사역을 하시다가 성경대로 세상을 하직 하신 것입니다. 그런데 예수님은 이렇게 처참하게 비운에 돌아가셨고 시체는 버려진 상황인데 아리마대 요셉 외에 다른 제자들은 어디서 무얼 하고 있었는지 궁금하리라 생각합니다.

제20장

부활하신 예수님의 나타나심

안식 후 첫날 이른 아침 아직 어두울 때에 막달라 마리아가
무덤에 와서 돌이 무덤에서 옮겨간 것을 보고
시몬 베드로와 예수의 사랑하시던 그 다른 제자에게 달려가서 말하되

Τῇ δὲ μιᾷ τῶν σαββάτων Μαρία ἡ Μαγδαληνὴ
ἔρχεται πρωῒ σκοτίας ἔτι οὔσης εἰς τὸ μνημεῖον,
καὶ βλέπει τὸν λίθον ἠρμένον ἐκ τοῦ μνημείου.

[요한복음 20장 1~10절] 안식 후 첫날 이른 아침 아직 어두울 때에 막달라 마리아가 무덤에 와서 돌이 무덤에서 옮겨간 것을 보고 시몬 베드로와 예수의 사랑하시던 그 다른 제자에게 달려가서 말하되 사람이 주를 무덤에서 가져다가 어디 두었는지 우리가 알지 못하겠다 하니 베드로와 그 다른 제자가 나가서 무덤으로 갈새 둘이 같이 달음질하더니 그 다른 제자가 베드로보다 더 빨리 달아나서 먼저 무덤에 이르러 구푸려 세마포 놓인 것을 보았으나 들어가지는 아니하였더니 시몬 베드로도 따라 와서 무덤에 들어가 보니 세마포가 놓였고 또 머리를 쌌던 수건은 세마포와 함께 놓이지 않고 딴 곳에 개켜 있더라 그 때에야 무덤에 먼저 왔던 그 다른 제자도 들어가 보고 믿더라 (저희는 성경에 그가 죽은 자 가운데서 다시 살아나야 하리라 하신 말씀을 아직 알지 못하더라) 이에 두 제자가 자기 집으로 돌아가니라.

요 20·1 Τῇ- δὲ μιᾷ τῶν σαββάτων Μαρία ἡ Μαγδαληνὴ ἔρχεται πρωῒ σκοτίας ἔτι οὔσης εἰς τὸ μνημεῖον, καὶ βλέπει τὸν λίθον ἠρμένον ἐκ τοῦ μνημείου.

요 20·2 τρέχει ουν καὶ ἔρχεται πρὸς Σίμωνα Πέτρον καὶ πρὸς τὸν ἄλλον μαθητὴν ὃν ἐφίλει ὁ Ἰησοῦς, καὶ λέγει

αὐτοῖς, Ηραν τὸν κύριον ἐκ τοῦ μνημείου, καὶ οὐκ-
οἴδαμεν ποῦ ἔθηκαν αὐτόν.

요 20·3 ᾿Εξῆλθεν ουν ὁ Πέτρος καὶ ὁ ἄλλος μαθητής, καὶ
ἤρχοντο ἐις τὸ μνημεῖον.

요 20·4 ἔτρεχον- δὲ οἱ δύο ὁμοῦ· καὶ ὁ ἄλλος μαθητὴς
προέδραμεν τάχιον τοῦ Πέτρου, καὶ ηλθεν πρῶτος ἐις τὸ
μνημεῖον,

요 20·5 καὶ παρακύψας βλέπει κείμενα τὰ ὀθόνια, οὐ
μέντοι εἰσῆλθεν.

요 20·6 ἔρχεται ουν Σιμων Πέτρος ἀκολουθῶν αὐτῷ, καὶ
εἰσῆλθεν ἐις τὸ μνημεῖον, καὶ θεωρεῖ τὰ ὀθόνια κείμενα,

요 20·7 καὶ τὸ σουδάριον ὃ ην ἐπὶ τῆς κεφαλῆς αὐτοῦ,
οὐ μετὰ τῶν ὀθονίων κείμενον, ἀλλὰ χωρὶς ἐντετυλιγμένον
ἐις ἕνα τόπον.

요 20·8 τότε ουν εἰσῆλθεν καὶ ὁ ἄλλος μαθητὴς ὁ ἐλθὼν
πρῶτος ἐις τὸ μνημεῖον, καὶ ειδεν καὶ ἐπίστευσεν·

요 20·9 οὐδέπω- γὰρ ᾔδεισαν τὴν γραφὴν, ὅτι δεῖ αὐτὸν
ἐκ νεκρῶν ἀναστῆναι.

요 20·10 ἀπῆλθον ουν πάλιν πρὸς ἑαυτοὺς οἱ μαθηταί.

예수님이 돌아가신 안식일 후 첫날 이른 아침 아직 어두울 때에 무덤에 달려간 것은 예수님의 제자들이나 어머니가 아니라 막달라 마리아라 말씀하고 있습니다. 예수님의 제자들도 많고 예수님의 어머니도 계신데 어떻게 막달라 마리아가 잠도 설치고 이른 새벽에 무덤으로 달려갔을까요? 막달라 마리아는 예수님이 돌아가시는 현장을 예수님의 어머니와 이모 마리아와 함께 지켜보고 있던 여인이며 예수님의 부활하신 모습을 가장 먼저 목격한 여인입니다. 그보다 막달라 마리아는 예수님께서 부활하신 후 제일 처음 예수님을 만나 대화를 한 여인이며 제자들에게 달려가 예수님이 살아나신 것을 전한 여인입니다.

이렇게 막달라 마리아는 예수님 곁에서 일거일동을 지켜보며 예수님을 보필하며 사명을 감당하였는데 이 여인은 과연 예수님과 어떤 관계일까요? 막달라 마리아는 죄인의 몸으로 예수님의 발 곁에 서서 울며 눈물로 그 발을 적시고 자기 머리털로 예수님의 발을 씻기고 그 발에 입을 맞추고 향유를 부은 여인입니다.

당시 막달라 마리아는 일곱 마귀에게 잡혀있었는데 예수님께서 마귀를 쫓아주셔서 죄 사함을 받고 그 때부터 예수님을 따르며 예수님을 보필한 여인입니다. 막달라 마리아와 예수님은 평소에 사랑하는 사이였으나 복음서에는 기록이 되어 있지 않아 막달라 마리아에 대해서 잘 모르고 있습니다. 그러므로 오늘날 기독교인들은 예수님의 인성적인 면에 대해서 보다 확실하게 아는 것은 매우 중요한 일이라 생각합니다.

예수님은 하나님의 신성을 가지고 계시지만 우리와 같은 인성, 즉 육신도 가지고 있기 때문에 예수님은 마리아를 자주 만나면서 서로 정을 느끼게 되었고 따라서 사랑하게 된 것입니다. 남자는 여자를 보면 사랑을 느끼게 되고 또한 사랑하는 여인과 정을 나누고 싶다는 것은 지극히 당연한 일이라 생각합니다. 그리고 막달라 마리아가 예수님을 믿고 따르며 예수님 가까이서 지극정성으로 섬긴 것은 예수님께서 자신을 죄 가운데서 구원해 주신 분이기 때문입니다. 그러나 남녀 칠세 부동석이라는 말이 있듯이 마리아가 예수님을 자주 만나면서 서로 정을 느끼게 되었고 따라서 사랑하는 사이가 된 것입니다. 이러한 사실이 사복음서에는 기록이 되어 있지 않지만 외경인 마리아 복음서와 빌립복음서 그리고 도마복음서에 기록되어 있습니다.

그런데 댄 부라운이 기록한 다빈치 코드를 보면 막달라 마리아는 예수님의 아기까지 낳았다고 기록되어 있습니다.

때문에 성경을 편집을 하던 성경학자들이 마리아 복음서나 빌립복음서 그리고 도마복음을 정경에서 제외시킨 것입니다. 그러므로 하나님의 말씀과 예수님의 진실을 알고자 하는 분들은 외경들을 한번 보아야 한다고 생각합니다.

이제 외경(성경에 기록되지 않은 경)에 기록된 마리아 복음서와 빌립복음서 그리고 도마복음서에 막달라 마리아에 대해 기록한 내용 일부를 잠시 살펴보기로 하겠습니다.

[마리아 복음서 17장 9~20절] 안드레가 형제들에게 이르노니 자매(막달라 마리아)의 말을 어찌 생각하십니까? 주께서 이 말씀을 하셨다니 도저히 믿을 수가 없습니다. 우리가 알던 것과 너무도 다릅니다. 그때 베드로가 말하길 우리가 모르는 비밀을 이런 식으로 여자에게 말씀하셨다니 가당키나 합니까? 관습을 뒤엎고 여자의 말에 귀 기울여야 옳습니까? 정녕 우리보다 더 사랑하사 이 여자를 택하신 것입니까?

상기의 말씀은 안드레가 예수님의 제자들에게 막달라 마리아의 말을 어떻게 생각하느냐고 묻고 있는 것입니다. 안드레는 주께서 마리아에게 이런 말씀을 하셨다니 도저히 믿을 수가 없다고 말하고 있습니다.

안드레가 “예수님은 우리가 지금까지 알던 것과 너무도 다릅니다”라고 말할 때 베드로가 듣고 말하길 우리가 모르는 비밀을 이런 식으로 이 여자에게 말씀하셨다니 가당키나 하냐고 말하는 것입니다.

베드로는 이어서 “그러면 우리가 지금까지 지켜온 관습을 뒤엎고 여자의 말에 귀 기울여야 옳으냐”고 말하면서 “그러면 정녕 예수님은 우리보다 마리아를 더 사랑하여 이 여자를 택하신 것입니까?”라고 말하고 있습니다. 이런 말씀을 보면 막달라 마리아와 예수님이 어떤 사이라는 것을 가히 짐작할 수가 있는 것입니다.

[빌립 복음서 59장 9절] 예수는 어느 사도보다도 마리아를 특별히 아끼고 사랑하셨다 자주 그녀의 입술에 입맞춤을 하기까지 했다. 그가 마리아를 사랑한다는 사실을 안 사도들이 물었다 왜 저희들보다 그녀를 더 사랑하시나이까? 이에 예수가 대답했다 내가 그녀만큼 너희를 사랑하지 않는다는게 가당키나 한가?

상기의 말씀을 보면 예수님은 그 어느 사도들 보다도 마리아를 특별히 아끼고 사랑했다는 것을 알 수 있습니다. 예수님은 자주 마리아의 입술에 입맞춤까지 했다고 노골적으로 말하고 있습니다. 때문에 예수님의 제자들은 예수님에게 왜 우리보다 마리아를 더 사랑하느냐고 항의 하고 있는 것입니다. 이 말씀을 보면 기독교인들이 상상도 하지 못한 일들을 예수님은 제자들 앞에서 조금도 거리낌없이 행하고 있는 것을 볼 수 있습니다.

예수님의 이러한 모습은 예수님께서 말씀이 육신되신 하나님의 아들로 신성을 가지고 계시지만 육신의 몸도 입고 계시기 때문에 당연한 일이라 생각합니다. 혈기 왕성한 삼십대의 예수님이 아름다운 막달라 마리아를 보고 연정을 느끼며 사랑하게 되었다는 것은 지극히 당연한 일입니다.

[도마복음서 114편] 시몬 베드로가 그들에게 말했다. "마리아를 우리에게서 떠나게 하십시오. 왜냐하면 여자들이 생명을 받을 수 없기 때문입니다." 예수께서 가라사대, "보라 내가 그 여자를 남자로 만들도록 인도할 것이다. 그리하여 그 여자도 너희 남자들과 같이 산 영이 되도록 만들 것이다. 이렇게 남자로 창조된 여자들은 누구나 하늘나라에 들어갈 것이다"

상기의 말씀을 보면 지금까지 예수님과 막달라 마리아

의 사랑을 지켜본 베드로가 더 참을 수가 없어서 예수님에게 이제 마리아를 우리에게서 떠나게 해달라고 말하는 것을 볼 수 있습니다. 왜냐하면 여자는 하나님의 생명을 받을 수 있는 자격이 없기 때문이라는 것입니다.

베드로의 말을 들으신 예수님은 베드로에게 보라 내가 마리아를 남자로 만들겠다고 말씀하시는 것입니다. 왜냐하면 여자도 말씀을 통해 남자로 창조 될 수 있고 남자로 창조되면 누구나 하늘나라 곧 천국에 들어 갈 수 있기 때문입니다. 이런 말씀을 보면 베드로를 비롯한 모든 제자들이 아직도 예수님이 말씀하시는 영적인 뜻이나 행동을 모두 육적으로 들어 알고 있다는 것입니다.

이상의 말씀을 보면 예수님과 막달라 마리아는 스승과 제자의 사이를 넘어 서로 사랑하는 사이라는 것을 알 수 있습니다. 그런데 유대인들이나 오늘날 기독교인들이 예수님의 이러한 인간적인 모습을 보면 실망하는 것은 물론 예수님의 신성까지 무너지기 때문에 이러한 말씀이 기록된 복음서들을 외면하며 지금까지 숨겨 온 것입니다. 그러나 진실은 반드시 드러나야 하며 숨겨진 거짓도 모두 드러내야 합니다. 왜냐하면 하나님을 진실하게 믿는 하나님의 백성들은 모두 알 권리가 있기 때문입니다.

본문에 예수님은 성자 하나님이며 성령으로 잉태된 하나님의 아들이기 때문에 죽을 수도 없고 죽어서도 안되는 하나님이신데 이렇게 돌아가셔서 차디찬 시체가 되어 무덤에 누워 계신 것입니다.

인간들의 생명은 유한하기 때문에 갑자기 죽을 수도 있고 또한 반드시 죽게 되어 있습니다. 그러나 하나님의 생명은 영원하기 때문에 죽을 수도 없고 죽어서도 안되는 것입니다. 그런데 하나님이 죽으셨고 이제 다시 살아서 부활하신다고 기다리고 있는 것입니다. 문제는 예수님이 다시 산다는 것 보다 더 중요한 것은 하나님도 죽는다는 것입니다.

그렇다면 하나님의 생명이 인간의 생명과 무엇이 다르냐는 것입니다. 그런데 지금 죽어서는 안되는 예수님이 십자가에 못 박혀서 피와 물을 다 흘리시며 돌아가신 것입니다. 만일 예수님이 죽지 않았다면 다시 사는 부활이 있을 수 없고 또한 예수님이 죽지 않았다면 마술사와 같이 죽었다고 속이고 있는 것입니다. 그러므로 예수님의 성령의 잉태와 부활을 분명하고 확실하게 알아야 합니다.

오늘날 기독교인들이 예수님은 성령으로 육신이 잉태되어 예수님은 몸 자체가 하나님이라 믿고 있습니다. 때문에 예수님의 몸은 인간의 몸과 전혀 다른 하나님의 몸이기 때문에 죽지 않는다고 믿는 것입니다. 그런데 만일 예수님의 몸이 성령으로 잉태된 것이 아니라 예수님의 몸 안에 성령이 잉태되었다면 예수님의 몸은 우리와 동일한 인간의 몸이기 때문에 죽는 것이 당연하다는 것입니다. 또한 예수님이 죽었다면 예수님도 당연히 우리와 같이 다시 부활을 해야 하는 것입니다.

그럼에도 불구하고 오늘날 기독교인들은 지금도 예수님은 성령으로 몸이 잉태되었다는 것과 예수님의 죽은 몸이 다시 살아났다고 믿고 있는 것입니다. 만일 오늘날 기독교인들 가운데 예수님과 같이 성령이 잉태되고 예수님과 같이 부활이 된다면 지금까지 예수님 속에 감추어 있던 예수님의 실체와 비밀들이 모두 드러나 확연하게 알게 될 것입니다.

예비일에 예수님을 장사하고 안식 후 첫날 이른 아침 아직 동이트기 전에 막달라 마리아가 무덤에 와서 돌이 무덤에서 옮겨간 것을 보고 급히 시몬 베드로와 예수의 사랑하시던 그 다른 제자에게 달려가서 말하되 사람이 주를 무덤에서 가져다가 어디 두었는지 알 수 없다고 말하였습니다. 즉 예수님의 시신이 있어야 하는데 갑자기 없어졌다는 것입니다. 왜냐하면 예수님은 예언하신 대로 이미 죽은 자

가운데서 다시 살아나 부활하셨기 때문입니다.

마리아의 말을 들은 베드로와 다른 제자가 무덤으로 함께 달려가는데 다른 제자가 베드로보다 더 빨리 달려 먼저 무덤에 도착하였습니다. 그리고 자세를 구부려 세마포가 놓인 것은 보았으나 무덤 속은 두려워 들어가지 못하고 있는데 시몬 베드로가 와서 무덤에 들어가 보니 세마포가 놓였고 또 머리를 쌌던 수건은 세마포와 함께 놓이지 않고 딴 곳에 정돈되어 있는 것을 보게 된 것입니다.

그 때에야 무덤에 먼저 왔던 그 다른 제자도 들어가 보고 예수님이 없어진 것을 알았으나 베드로와 다른 제자는 성경이나 말씀을 통해서 예수님이 죽은 자 가운데서 다시 살아난다고 하신 말씀을 아직도 모르고 있는 것입니다.

그보다 더 중요한 것은 이들은 죽어서 장사된 예수님이 다시 살아난다는 것을 믿지도 않고 있다는 것입니다. 때문에 베드로와 다른 제자는 예수님이 다시 살아나셨다는 것을 모르고 누가 예수님의 시신을 무덤에서 가지고 간 것으로 생각하고 허탈한 마음으로 자기 집으로 돌아간 것입니다.

이것은 예수님의 제자들이 삼년 반 동안 예수님을 하나님의 아들이며 세상에 오신 구주로 믿고 따르며 생명의 말씀을 날마다 일용할 양식으로 먹었으나 예수님이 다시 오신다는 말씀, 즉 죽은 자 가운데서 부활하여 다시 오신다는 말씀을 전혀 모르고 있었고 또한 믿지도 않고 있었다는 것입니다.

[요한복음 20장 11~18절] 마리아는 무덤 밖에 서서 울고 있더니 울면서 구푸려 무덤 속을 들여다보니 흰 옷 입은 두 천사가 예수의 시체 뉘었던 곳에 하나는 머리 편에 하나는 발편에 앉았더라 천사들이 가로되 여자여 어찌하여 우느냐 가로되 사람이 내 주를 가져다가 어디 두었는지 내가 알지 못함이니이다 이 말을 하고 뒤로 돌이켜 예수의 서신 것을 보나 예수신줄 알지 못하더라 예수께서 가라사대 여자여 어찌하여 울며 누구를 찾느냐 하시니 마리아는 그가 동산지기인 줄로 알고 가로되 주여 당신이 옮겨 갔거든 어디 두었는지 내게 이르소서 그리하면 내가 가져가리이다 예수께서 마리아야 하시거늘 마리아가 돌이켜 히브리 말로 랍오니여 하니(이는 선생님이라) 예수께서 이르시되 나를 만지지 말라 내가 아직 아버지께로 올라가지 못하였노라 너는 내 형제들에게 가서 이르되 내가 내 아버지 곧 너희 아버지, 내 하나님 곧 너희 하나님께로 올라간다 하라 하신대 막달라 마리아가 가서 제자들에게 내가 주를 보았다 하고 또

주께서 자기에게 이렇게 말씀하셨다 이르니라.

요 20·11 Μαρία- δὲ εἱστήκει πρὸς τὸ μνημεῖον κλαίουσα ἔξω. ὡς ουν ἔκλαιεν, παρέκυψεν εἰς τὸ μνημεῖον,

요 20·12 καὶ θεωρεῖ δύο ἀγγέλους ἐν λευκοῖς καθεζομένους, ἕνα πρὸς τῇ κεφαλῇ καὶ ἕνα πρὸς τοῖς ποσίν, ὅπου ἔκειτο τὸ σῶμα τοῦ Ιησοῦ.

요 20·13 καὶ λέγουσιν αὐτῇ ἐκεῖνοι, Γύναι, τί κλαίεις Λέγει αὐτοῖς,῞Οτι ηραν τὸν- κύριόν- μου, καὶ οὐκ- οιδα ποῦ ἔθηκαν αὐτόν.

요 20·14 Καὶ ταῦτα εἰποῦσα ἐστράφη εἰς- τὰ- ὀπίσω, καὶ θεωρεῖ τὸν᾽ Ιησοῦν ἑστῶτα· καὶ οὐκ- ᾔδει ὅτι ὁ᾽ Ιησοῦς ἐστιν.

요 20·15 λέγει αὐτῇ ὁ᾽ Ιησοῦς, Γύναι, τί κλαίεις τίνα ζητεῖς᾽ Εκείνη δοκοῦσα ὅτι ὁ κηπουρός ἐστιν, λέγει αὐτῷ, Κύριε, εἰ σὺ ἐβάστασας αὐτόν, εἰπέ μοι ποῦ αὐτὸν ἔθηκας· κἀγὼ αὐτὸν ἀρῶ.

요 20·16 Λέγει αὐτῇ ὁ᾽ Ιησοῦς, Μαρία. Στραφεῖσα ἐκείνη λέγει αὐτῷ, Ραββουνί· ὃ- λέγεται, διδάσκαλε.

요 20·17 λέγει αὐτῇ ὁ᾽ Ιησοῦς, Μή μου ἅπτου, οὔπω- γὰρ

ἀναβέβηκα πρὸς τὸν- πατέρα- μου· πορεύου- δὲ πρὸς τοὺς ἀδελφούς μου, καὶ εἰπὲ αὐτοῖς,᾽Αναβαίνω πρὸς τὸν- πατέρα- μου καὶ πατέρα- ὑμῶν, καὶ θεόν- μου καὶ θεὸν- ὑμῶν.

요 20:18 Ἔρχεται Μαρία ἡ Μαγδαληνὴ ἀπαγγέλλουσα τοῖς μαθηταῖς ὅτι ἑώρακεν τὸν κύριον, καὶ ταῦτα ειπεν αὐτῇ.

마리아는 무덤 밖에 서서 울고 있더니 울면서 구부려 무덤 속을 들여다보니 흰 옷 입은 두 천사가 예수의 시체 뉘었던 곳에 하나는 머리 편에 하나는 발편에 앉아 있었다 말씀하고 있습니다. 그런데 이 두 천사는 어떤 천사를 말할까요? 오늘날 기독교인들은 천사를 꿈이나 환상속에서 보거나 하늘에서 날개 달린 흰 옷을 입고 내려오는 것으로 알고 있습니다.

그런데 마리아가 본 두 천사는 사람과 동일하게 볼 수도 있고 대화를 할 수도 있는 천사입니다. 즉 성경을 통해서 말씀하고 있는 천사는 '앙겔로스'로 하나님의 말씀을 전하는 사자, 천사, 사도 등을 말하고 있습니다. 때문에 지금 무덤에 앉아 있는 두 천사는 마리아에게 주님의 소식을 전하기 위해 온 주님의 사자를 말하고 있는 것입니다.

천사가 마리아에게 가로되 "여자여 어찌하여 우느냐" 가로되 "사람이 내 주를 가져다가 어디 두었는지 내가 알지 못해 울고 있다"고 말합니다. 마리아가 이 말을 하고 뒤로 돌이켜 예수의 서신 것을 보았으나 마리아는 예수를 보면서도 그가 예수인지 알지 못했다 말씀하고 있습니다. 왜 그럴까요? 마리아는 예수님을 사랑하는 여인으로 그 동안 예수님의 수종을 받들던 자인데 어째서 예수님을 몰라보았을까요? 부활하신 예수님을 몰라본 것은 마리아 뿐만 아니라 예수님의 제자들도 몰랐다는 것입니다.

왜냐하면 마리아와 제자들이 예수를 알아 본것은 예수님의 외모를 보고 안것이 아니라 예수님의 입에서 나오는 음성을 듣고 알게 된 것이기 때문입니다. 마리아와 제자들이 삼년 반 동안이나 모시고 함께 생활했던 예수님을 몰라본 것은 예수님의 몸이 부활하신 것이 아니라 예수님께서 잠시 다른 몸을 입고 나타나셨기 때문입니다.

지금 예수님께서 마리아에게 다른 모습으로 나타나 말씀하시되 "여자여 어찌하여 울며 누구를 찾느냐 하시니" 마리아는 그가 동산지기인 줄로 알고 가로되 "주여 당신이 옮겨 갔거든 어디 두었는지 내게 알려주소서 그리하면 내가 가져 가리라" 말하고 있는 것입니다.

예수님을 몰라보고 동산지기인 줄 알고 있는 마리아에게 예수께서 "마리아야"하시니 마리아가 예수님의 음성을 듣고 돌이켜 히브리 말로 '랍비'여 하니 이는 '선생님'이라는 뜻입니다. 이렇게 마리아는 예수님이 부활하신 몸이 다르기 때문에 몰라 보았지만 예수님의 음성을 듣고 주님이신 것을 알게 된 것입니다. 마리아의 말을 들으신 예수께서 이르시되 "나를 만지지 말라 내가 아직 아버지께로 올라가지 못하였다"고 말씀하고 있습니다.

그리고 "너는 내 형제들에게 가서 이르되 내가 내 아버지 곧 너희 아버지, 내 하나님 곧 너희 하나님께로 올라간다 하라" 말씀하시니 막달라 마리아가 제자들에게 가서 내가 주를 보았다 하고 또 주께서 이렇게 말씀하셨다고 전한 것입니다.

예수님께서 마리아에게 나를 만지지 말라고 하신 것은 예수님께서 아직 죽은 자들 가운데서 부활하시기 전이기 때문입니다. 이것은 예수님께서 죽은 자들 가운데서 부활하셔야 그 때 손으로 만질 수 있고 또한 아버지께 올라갈 수 있다는 뜻입니다.

[요한복음 20장 19~23절] 이 날 곧 안식 후 첫날 저녁 때에 제자들이 유대인들을 두려워하여 모인 곳에 문들을 닫았더니 예수께서 오사 가운데 서서 가라사대 너희에게 평강이 있을찌어다 이 말씀을 하시고 손과 옆구리를 보이시니 제자들이 주를 보고 기뻐하더라 예수께서 또 가라사대 너희에게 평강이 있을찌어다 아버지께서 나를 보내신 것같이 나도 너희를 보내노라 이 말씀을 하시고 저희를 향하사 숨을 내쉬며 가라사대 성령을 받으라 너희가 뉘 죄든지 사하면 사하여질 것이요 뉘 죄든지 그대로 두면 그대로 있으리라 하시니라.

요 20·19 Οὔσης- ουν ὀψίας τῃ- ἡμέρᾳ- ἐκείνῃ, τῇ μιᾷ τῶν- σαββάτων, καὶ τῶν θυρῶν κεκλεισμένων ὅπου ησαν οἱ μαθηταὶ συνηγμένοι, διὰ τὸν φόβον τῶν Ἰουδαίων, ηλθεν ὁ Ἰησοῦς καὶ ἔστη εἰς τὸ μέσον, καὶ λέγει αὐτοῖς, Εἰρήνη ὑμῖν.

요 20·20 Καὶ τοῦτο εἰπὼν ἔδειξεν αὐτοὶς τὰς χεῖρας καὶ τὴν πλευρὰν αὐτοῦ. ἐχάρησαν ουν οἱ μαθηταὶ ἰδόντες τὸν κύριον.

요 20·21 ειπεν ουν αὐτοῖς ὁ Ἰησοῦς πάλιν, Εἰρήνη ὑμῖν· καθὼς ἀπέσταλκέν με ὁ πατήρ, κἀγὼ πέμπω ὑμᾶς.

요 20:22 Καὶ τοῦτο εἰπὼν ἐνεφύσησεν, καὶ λέγει αὐτοῖς, Λάβετε πνεῦμα ἅγιον.

요 20:23 ἄν- τινων ἀφῆτε τὰς ἁμαρτίας, ἀφίενται αὐτοῖς· ἄν- τινων κρατῆτε, κεκράτηνται.

안식 후 첫날 저녁에 제자들이 유대인들을 두려워하여 모여 있는 곳에 문을 닫아 놓았는데 예수께서 제자들 가운데 오셨다 말씀하고 있습니다. 즉 예수님은 영체이시기 때문에 문이 닫혔어도 들어오실 수 있었다는 것입니다. 그런데 만일 부활된 예수님이 육신이 없는 영체라면 사람들이 볼 수도 없고 만질 수도 없다는 것을 알아야 합니다.

그리고 오늘날 기독교인들이 믿고 있는 부활은 죽은 몸이 다시 사는 것이지 영이 다시 사는 것이 아니라는 것입니다. 그러므로 오늘날 기독교인들은 예수님이 부활하신 것은 영이 아니라 육신이라고 믿고 있는 것입니다. 왜냐하면 기독교인들은 지금도 사도신경을 통해서 몸이 사는 것과 영원히 사는 것을 믿는다고 신앙고백을 하고 있기 때문입니다.

그런데 문제는 예수님의 몸이 부활하여 제자들에게 오셨다면 문을 열어주지 않으면 들어오실 수가 없다는 것입니다. 그런데 부활 하신 예수님의 몸은 신령체라 문이 잠겨 있어도 들어오실 수 있다 믿고 있는 것입니다. 그래서 예수님은 성령으로 잉태된 하나님의 아들이기 때문에 부활하기 전에도 죄인이나 더러운 몸이 아니라 거룩하고 신령한 신령체였다고 말하는 것입니다. 그런데 신령한 몸(영체)을 소유하신 예수님이 십자가에 못 박혀 돌아가셨다는 것입니다. 이것은 예수님의 몸은 우리 인간들의 육신의 몸과 동일하다는 것을 말하고 있는 것입니다.

예수님은 제자들 가운데 오셔서 너희에게 평강이 있으라고 말씀을 하시며 제자들에게 손과 옆구리를 보이시니 제자들이 주를 보고 기뻐했다고 말씀하고 있습니다.

예수님은 다시 제자들에게 "너희에게 평강이 있을지어다"라고 말씀하시면서 "아버지께서 나를 보내신 것같이 나도 너희를 보낸다"고 말씀을 하시는 것입니다. 예수님께서 제자들을 세상 가운데 보내는 것은 그동안 예수님이 하셨던 일, 곧 죽은 영혼들을 구원하여 살리기 위해서 보내는 것입니다.

예수님께서 이 말씀을 하시고 저희를 향해 숨을 내쉬며 가라사대 "성령을 받으라 너희가 뉘 죄든지 사하면 사하여질 것이요 뉘 죄든지 그대로 두면 그대로 있으리라"고 말씀하시는 것입니다. 예수님은 제자들에게 "너희는 가서 죄인들의 죄를 사해주면 사해질 것이라"고 말씀하십니다.

그런데 죄를 사해주실 수 있는 분은 오직 예수님밖에 없는데 제자들이 어떻게 죄를 사할 수 있느냐 하는 것입니다. 때문에 예수님은 제자들에게 먼저 성령을 받으라고 말씀하신 것입니다.

예수님이 제자들에게 받으라는 성령은 예수님이 요단강에서 하나님으로부터 받으셨던 성령을 말하고 있습니다.

예수님께서 말씀하시는 성령을 제자들이 받는다면 제자들도 죄를 사해줄 수 있는 권한이 있게 되는 것입니다. 그래서 예수님의 제자들도 성령을 받아 사도가 되었고 그 때부터 죄를 사해주게 된 것입니다.

이렇게 죄인들의 죄를 사해 줄 수 있는 사람은 예수님과 사도들이며 또한 오늘날 성령이 임하여 하나님의 생명으로 거듭난 하나님의 아들입니다.

[요한복음 20장 24~29절] 열두 제자 중에 하나인 디두모라 하는 도마는 예수 오셨을 때에 함께 있지 아니한지라 다른 제자들이 그에게 이르되 우리가 주를 보았노라하니 도마가 가로되 내가 그 손의 못자국을 보며 내 손가락을 그 못자국에 넣으

며 내 손을 그 옆구리에 넣어 보지 않고는 믿지 아니하겠노라 하니라 여드레를 지나서 제자들이 다시 집안에 있을 때에 도마도 함께 있고 문들이 닫혔는데 예수께서 오사 가운데 서서 가라사대 너희에게 평강이 있을찌어다 하시고 도마에게 이르시되 네 손가락을 이리 내밀어 내 손을 보고 네 손을 내밀어 내 옆구리에 넣어보라 그리하고 믿음 없는 자가 되지 말고 믿는 자가 되라 도마가 대답하여 가로되 나의 주시여 나의 하나님이시니이다 예수께서 가라사대 너는 나를 본 고로 믿느냐 보지못하고 믿는 자들은 복되도다 하시니라.

요 20·24 Θωμᾶς- δὲ, εἷς ἐκ τῶν δώδεκα ὁ λεγόμενος Δίδυμος, οὐκ- ην μετ᾽ αὐτῶν ὅτε ηλθεν ὁ᾽ Ιησοῦς.

요 20·25 ἔλεγον ουαὐτῷ οἱ ἄλλοι μαθηταί,῾ Εωράκαμεν τὸν κύριον.῾ Ο- δὲ ειπεν αὐτοῖς,᾽ Εὰν- μὴ ῎ιδω ἐν ταῖς- χερσὶν- αὐτοῦ τὸν τύπον τῶν ἥλων, καὶ βάλω τὸν δάκτυλόν μου ἐις τὸν τύπον τῶν ἥλων, καὶ βάλω τὴν- χεῖρα- μου ἐις τὴν- πλευρὰν- αὐτοῦ, οὐ- μη πιστεύσω.

요 20·26 Καὶ μεθ᾽ ἡμέρας ὀκτὼ πάλιν ησαν ἔσω οἱ- μαθηταὶ- αὐτοῦ, καὶ Θωμᾶς μετ᾽ αὐτῶν. ἔρχεται ὁ᾽ Ιησοῦς, τῶν θυρῶν κεκλεισμένων, καὶ ἔστη ἐις τὸ μέσον καὶ ειπεν,

Ειρήνη ὑμῖν.

요 20:27 Ειτα λέγει τῷ Θωμᾷ, Φέρε τὸν- δάκτυλόν- σου ὧδε, καὶ ἴδε τὰς- χεῖράς- μου· καὶ φέρε τὴν- χεῖρά- σου, καὶ βάλε εἰς τὴν- πλευράν- μου· καὶ μὴ- γίνου ἄπιστος, ἀλλὰ πιστός.

요 20:28 Καὶ ἀπεκρίθη ὁ Θωμᾶς καὶ ειπεν αὐτῷ,Ὁ- κύριός- μου καὶ ὁ- θεός- μου.

요 20:29 Λέγει αὐτῷ ὁ Ἰησοῦς,Ὅτι ἑώρακάς με, Θωμᾶ, πεπίστευκας· μακάριοι οἱ μὴ- ἰδόντες καὶ πιστεύσαντες.

열두 제자 중에 하나인 디두모라하는 도마는 예수 오셨을 때에 출타하여 제자들과 함께 있지 않았습니다. 그러므로 다른 제자들이 도마에게 이르되 우리가 주를 보았다고 말하니 도마는 내가 예수님의 손에 못자국을 직접보고 내 손가락을 그 못자국에 넣으며 내 손을 그 옆구리에 넣어 보지 않고는 믿지 아니하겠다고 말했습니다. 도마는 이 때문에 지금까지 의심이 많은 도마로 낙인이 찍혀 의심의 틀을 벗어나지 못하고 있습니다. 그래서 오늘날 기독교인들은 보거나 확인 하지 않고 무조건 믿는 버릇이 생겨 무조건 믿고 있는 것입니다.

예수를 믿음으로 구원 받은 것을 믿고 천국 간다는 것도 믿고 자신이 하나님의 아들이라는 것도 믿고 아이들이 공부 잘할 것을 믿고 남편하는 사업이 잘될 것도 믿고 모든 것을 의심없이 믿는 신앙입니다. 때로는 신앙에 문제가 있거나 말씀을 보다가 이해가 잘 안되어 목사님을 찾아가 물어도 의심하지 말고 무조건 믿으라고 하는 것입니다. 그러나 무조건 믿어서 되는 일도 있지만 안되는 일이 더 많다는 것입니다.

그러면 모든 일들, 즉 내가 구원을 받은 것이나 천국을 들어 갈 수 있다는 것도 무조건 믿으면 되는 것인지 아니면 도마처럼 확인을 해보아야 하는지 어느 편이 옳은지를 생각해 보아야 하는 것입니다. 왜냐하면 예수님을 믿으며 주의 일도 열심히 행한 자들을 주님께서 나는 너를 도무지 모른다고 말씀하고 있기 때문입니다. 그보다 세상에서 천국에 갈 것을 의심없이 믿고 예수님을 열심히 믿은 자들이 지옥문 앞에서 슬피울며 이를 갈고 있는 자들을 볼수 있기 때문입니다.

이어지는 말씀은 그날 이후 여드레가 지나서 제자들이 다시 집 안에 모여있을 때 도마도 함께 있고 문들은 닫혀 있는데 예수님께서 갑자기 오셔서 가운데 서서 가라사대

"너희에게 평강이 있을 지어다" 하시면서 도마에게 이르시되 "네 손가락을 이리 내밀어 내 손을 만져 보고 네 손을 내밀어 내 옆구리에 넣어보라 그리하고 믿음 없는 자가 되지 말고 믿는 자가 되라"고 말씀하신 것입니다.

문제는 예수님께서 제자들이 문을 닫아 놓고 있었는데 마술사처럼 제자들 가운데 갑자기 나타나셨다는 것입니다. 이 사건을 보면서 예수님의 몸은 부활하신 몸으로 영체이기 때문이라면 이해 할 수가 있습니다. 그런데 영체는 눈으로 보는 것은 가능할지 몰라도 손으로 만질 수는 없다는 것입니다. 만일 도마가 예수님의 손을 만져보고 도마의 손가락을 못 자국과 창 자국에 넣었다면 예수님의 몸은 영체가 아니라 육체이며 예수님은 육체를 입고 오셨다는 것을 알 수 있는 것입니다.

예수님은 진실이시며 사람의 눈을 속이는 술사나 마술사가 아니라는 것을 알아야 합니다. 예수님의 몸이 영체가 아니라 육체라는 것은 누가복음에 확실하게 기록되어 있습니다.

[누가복음 24장 36~39절] 이 말을 할 때에 예수께서 친히 그 가운데 서서 가라사대 너희에게 평강이 있을찌어다 하시니

저희가 놀라고 무서워하여 그 보는 것을 영으로 생각하는지라 예수께서 가라사대 어찌하여 두려워하며 어찌하여 마음에 의심이 일어나느냐 내 손과 발을 보고 나인줄 알라 또 나를 만져보라 영은 살과 뼈가 없으되 너희 보는 바와 같이 나는 있느니라.

상기의 말씀은 예수님께서 부활하신 후 친히 제자들 가운데 나타나서 하신 말씀입니다. 예수님께서 제자들에게 "너희에게 평강이 있을찌어다" 하시니 제자들이 놀라고 무서워하며 예수님을 영체(영)로 생각하고 있는 것입니다. 때문에 예수께서 가라사대 "어찌하여 두려워하며 어찌하여 마음에 의심이 일어나느냐 내 손과 발을 만져보고 나인줄 알라고 하시며 또 나를 만져보라 영은 살과 뼈가 없으되 너희 보는 바와 같이 나는 있다"고 말씀하신 것입니다.

제자들이 예수님을 몰라 본 것은 예수님께서 잠시 다른 몸을 입고 나타나셨기 때문입니다. 이렇게 예수님이 행하신 표적, 즉 물위를 걸으시고 풍랑을 잔잔케 하시고 물로 포도주를 만드시고 오병이어의 기적들을 나타내신 것은 모두가 요나의 표적을 비유와 비사로 행하신 것입니다. 때문에 예수님께서 음난하고 패역한 세대가 표적을 구하나 나는 요나의 표적밖에 행한 것이 없다고 말씀하신 것입니다.

도마는 예수님의 손을 만져보고 손가락을 넣어 본 후에 예수님은 나의 주시며 나의 하나님이라고 고백한 것입니다. 도마의 말을 들으신 예수님은 도마에게 너는 나를 본고로 믿느냐 보지 않고 믿는 자들이 더욱 복되다고 말씀하신 것입니다.

오늘날 기독교인들은 도마의 사건을 보면서 모든 것을 무조건 믿기만 해야 하는지 아니면 도마처럼 확인하고 믿어야 하는지를 한번 생각해 보아야 한다는 것입니다. 왜냐하면 예수님께서 천국은 나더러 주여 주여하며 믿기만 하는 자들이 들어가는 곳이 아니라 내 아버지의 뜻대로 행하는 자가 들어간다고 말씀하고 있기 때문입니다.

[요한복음 20장 30~31절] 예수께서 제자들 앞에서 이 책에 기록되지 아니한 다른 표적도 많이 행하셨으나 오직 이것을 기록함은 너희로 예수께서 하나님의 아들 그리스도이심을 믿게 하려 함이요 또 너희로 믿고 그 이름을 힘입어 생명을 얻게 하려 함이니라.

요 20·30 Πολλὰ μὲν ουν καὶ ἄλλα σημεῖα ἐποίησεν ὁ ᾿Ιησοῦς ἐνώπιον τῶν- μαθητῶν- αὐτοῦ, ἃ οὐκ- ἔστιν γεγραμμένα ἐν τῷ βιβλίῳ τούτῳ.

요 20:31 ταῦτα δὲ γέγραπται ἵνα πιστεύσητε ὅτι ὁ Ἰησοῦς ἐστιν ὁ χριστὸς ὁ υἱὸς τοῦ θεοῦ, καὶ ἵνα πιστεύοντες ζωὴν ἔχητε ἐν τῷ ὀνόματι αὐτοῦ.

예수님은 이 세상에 자기 백성들을 구원하시기 위해서 오셨지만 예수님을 하나님의 아들이며 구원자라는 것을 믿고 따르는 자들이 없어 오직 제자들과 함께 거하시면서 삼년 반 동안 가르치시며 표적을 행하신 것입니다. 때문에 예수님께서 하신 말씀이나 행하신 영적인 표적들은 대부분이 예수님의 제자들을 위한 것들이었습니다. 그래서 예수님이 제자들에게 하신 말씀이나 표적들은 유대인들이나 오늘날 기독교인들이 이해하기는 물론 듣기 조차 힘든 것입니다. 그러므로 "내가 하는 말을 듣는 것이 너희에게는 허락되었으나 저희에게는 아니되었다"고 말씀하시면서 "듣는 너희는 복되다"고 말씀하신 것입니다.

때문에 예수님께서 지금 너희라고 말씀하시는 '너희'는 하나님과 예수를 믿는 모두가 아니라 예수님을 지금까지 믿고 따르는 예수님의 제자들을 말씀하고 있는 것입니다. 그러므로 예수님은 지금 제자들에게 이 책에 기록되지 아니한 다른 표적도 많이 행하셨으나 오직 이것을 기록한 것은 너희로 예수께서 하나님의 아들 그리스도이심을 믿게 하려 함이요 또한 너희로 믿고 그 이름 곧 예수님께서 하신 말씀을 힘입어 생명을 얻게 하려 함이라고 말씀하시는 것입니다. 즉 예수님께서 제자들을 떠나시면서 유언처럼 이런 말씀을 하시는 목적은 첫째 자신이 하나님의 아들 그리스도라는 것을 믿게 하려는 것이요 둘째는 예수님이 하신 말씀을 힘입어 하나님의 생명을 얻게 하려는 것이라 말씀하시는 것입니다.

예수님께서 제자들에게 이런 말씀을 하시는 것을 보면 예수님의 제자들도 예수님을 믿기는 믿었으나 예수님이 그리스도라는 것을 100% 믿지 않았다는 것과 예수님의 제자들이 아직도 하나님의 생명으로 거듭나지 못했다는 것을 말해 주는 것입니다. 그런데 오늘날 기독교인들은 예수를 믿고 입으로 시인만 하면 믿는 즉시 하나님의 아들이 되어 천국으로 들어간다 믿고 있는 것입니다.

그러므로 믿는 것은 자유이나 진정으로 구원을 받고 천국을 들어가려면 성경을 통해서 예수님이 말씀하시는 구원의 과정을 한번쯤은 확인 해보아야 한다고 생각합니다.

잃어버린 현실

환상의 촛불이 꺼져 갈때에
보이는 현실이 가엽기만 하고

잃어버린 현실을 다시 찾으려
애쓰고 힘써도 어렵기만 해

아무것도 할 수 없는 자신을 보고
이제야 손 흔들어 그대를 부르며
생명의 실상을 그리워하네

제21장

예수님께서 베드로에게 주신 사명

그 후에 예수께서 디베랴 바다에서 또 제자들에게 자기를 나타내셨으니
나타내신 일이 이러하니라

Μετὰ ταῦτα ἐφανέρωσεν ἑαυτὸν πάλιν ὁ Ἰησοῦς τοῖς
μαθηταῖς ἐπὶ τῆς θαλάσσης τῆς Τιβεριάδος·
ἐφανέρωσεν- δὲ οὕτως·

[요한복음 21장 1~6절] 그 후에 예수께서 디베랴 바다에서 또 제자들에게 자기를 나타내셨으니 나타내신 일이 이러하니라 시몬 베드로와 디두모라 하는 도마와 갈릴리 가나 사람 나다나엘과 세베대의 아들들과 또 다른 제자 둘이 함께 있더니 시몬 베드로가 나는 물고기 잡으러 가노라 하매 저희가 우리도 함께 가겠다 하고 나가서 배에 올랐으나 이 밤에 아무 것도 잡지 못하였더니 날이 새어갈 때에 예수께서 바닷가에 서셨으나 제자들이 예수신줄 알지 못하는지라 예수께서 이르시되 얘들아 너희에게 고기가 있느냐 대답하되 없나이다 가라사대 그물을 배 오른편에 던지라 그리하면 얻으리라 하신대 이에 던졌더니 고기가 많아 그물을 들 수 없더라.

요 21·1 Μετὰ ταῦτα ἐφανέρωσεν ἑαυτὸν πάλιν ὁ Ἰησοῦς τοῖς μαθηταῖς ἐπὶ τῆς θαλάσσης τῆς Τιβεριάδος· ἐφανέρωσεν- δὲ οὕτως·

요 21·2 ησαν ὁμοῦ Σίμων Πέτρος, καὶ Θωμᾶς ὁ λεγόμενος Δίδυμος, καὶ Ναθαναὴλ ὁ ἀπὸ Κανὰ τῆς Γαλιλαίας, καὶ οἱ τοῦ Ζεβεδαίου, καὶ ἄλλοι ἐκ τῶν μαθητῶν αὐτοῦ δύο.

요 21·3 λέγει αὐτοῖς Σίμων Πέτρος,῾Υπάγω ἁλιεύειν,

Λέγουσιν αὐτῷ, Ἐρχόμεθα καὶ ἡμεῖς σὺν σοί.' Ἐξῆλθον καὶ ἀνέβησαν εἰς τὸ πλοῖον εὐθύς, καὶ ἐν ἐκείνῃ τῇ νυκτὶ ἐπίασαν οὐδέν.

요 21·4 πρωΐας- δὲ ἤδη γενομένης ἔστη ὁ Ἰησοῦς εἰς τὸν αἰγιαλόν· οὐ μέντοι ᾔδεισαν οἱ μαθηταὶ ὅτι Ἰησοῦς ἐστιν.

요 21·5 λέγει ουν αὐτοῖς ὁ Ἰησοῦς, Παιδία, μή τι προσφάγιον ἔχετε; Ἀπεκρίθησαν αὐτῷ, Οὔ.

요 21·6 Ὁ- δὲ ειπεν αὐτοῖς, Βάλετε εἰς τὰ δεξιὰ μέρη τοῦ πλοίου τὸ δίκτυον, καὶ εὑρήσετε." Ἔβαλον ουν, καὶ οὐκ ἔτι αὐτὸ ἑλκύσαι ἴσχυσαν ἀπὸ τοῦ πλήθους τῶν ἰχθύων.

예수님께서 도마에게 나타나서 말씀을 하신 후에 디베랴 바다에서 또 제자들에게 자기를 나타내셨으니 나타내신 일이 이러하다 말씀하고 있습니다.

시몬 베드로와 디두모라하는 도마와 갈릴리 가나 사람 나다나엘과 세베대의 아들과 또 다른 제자들이 함께 있었는데 시몬 베드로가 나는 물고기 잡으러 가겠다고 말하니 저희가 우리도 함께 가겠다고 하여 나아가 배에 올라 고기를 잡으려 하였으나 그 밤에 한 마리도 잡지 못한 것입니다.

베드로는 본래 고기 잡던 어부였기 때문에 다시 고기를 잡으려고 디베랴 바다에 그물을 던진 것입니다. 그런데 베드로가 잡으려는 고기는 물고기가 아니라 애굽에서 신앙생활을 하고 있는 하나님의 백성들을 비유로 말씀하신 것입니다. 왜냐하면 성경에 바다는 애굽을 말하며 물고기는 아직 육신에 속한 하나님의 백성들을 비유하여 말하고 있기 때문입니다.

애굽에서 신앙생활을 하는 물고기들이 출애굽을 하여 광야로 나오면 들짐승이 되는 것이며 광야의 들짐승이 요단강을 건너 가나안 땅에 들어가면 육축이 되는데 육축은 곧 목자의 음성을 듣고 따르는 양들, 즉 예수님의 제자들을 말하고 있습니다.

이렇게 성경에서 말하는 물고기나 짐승들이나 육축들은 모두 하나님의 백성들의 영적 수준을 분류하여 말씀하고 있는 것입니다. 그런데 베드로가 고기를 잡으려고 그물을 던졌지만 밤새도록 한 마리도 잡지 못한 것입니다. 시간이 흘러 날이 새려 할 때 예수께서 베드로가 고기잡고 있는 바닷가에 나타나셨으나 제자들이 예수신줄 알아보지 못했다 말씀하고 있습니다. 이때 예수께서 이르시되 "애들아 너희에게 고기가 있느냐" 물으니 "없다"고 대답합니다.

고기가 없다는 말을 들으신 예수님은 "그러면 그물을 배 오른편에 던지라"고 말씀하시어 그물을 오른편에 던졌더니 고기가 많이 잡혔는데 그물을 들 수 없을 정도로 많이 잡혔다 말씀하고 있습니다. 모든 말씀이 비유와 비사의 말씀이듯이 배의 왼편은 넓고 평탄한 멸망의 길을 가는 자들을 말하며 오른편은 좁고 협착한 생명의 길을 가는 자들을 비유로 말씀하고 있는 것입니다.

예수님이 그물을 배 오른편에 던지라는 것은 좁고 협착한 생명의 길을 찾고 있는 자들(나그네,고아,과부)에게 복음을 전하라는 뜻으로 하신 말씀인 것입니다.

[요한복음 21장 7~11절] 예수의 사랑하시는 그 제자가 베드로에게 이르되 주시라 하니 시몬 베드로가 벗고 있다가 주라 하는 말을 듣고 겉옷을 두른 후에 바다로 뛰어 내리더라 다른 제자들은 육지에서 상거가 불과 한 오십 간쯤 되므로 작은 배를 타고 고기든 그물을 끌고 와서 육지에 올라보니 숯불이 있는데 그 위에 생선이 놓였고 떡도 있더라 예수께서 가라사대 지금 잡은 생선을 좀 가져오라 하신대 시몬 베드로가 올라가서 그물을 육지에 끌어 올리니 가득히 찬 큰 고기가 일백 쉰 세 마리라 이같이 많으나 그물이 찢어지지 아니하였더라

요 21·7 λέγει ουν ὁ- μαθητὴς- ἐκεῖνος ὃν ἠγάπα ὁ Ἰησοῦς τῷ Πέτρῳ,῾Ο κύριός ἐστιν. Σίμων ουν Πέτρος, ἀκούσας ὅτι ὁ κύριός ἐστιν, τὸν ἐπενδύτην διεζώσατο· ην- γὰρ γυμνός· καὶ ἔβαλεν ἑαυτὸν εἰς τὴν θάλασσαν.

요 21·8 οἱ- δὲ ἄλλοι μαθηταὶ τῷ πλοιαρίῳ ηλθον· οὐ- γὰρ ησαν μακρὰν ἀπὸ τῆς γῆς, ἀλλ᾽ ὡς- ἀπὸ πηχῶν διακοσίων, σύροντες τὸ δίκτυον τῶν ἰχθύων.

요 21·9 ῾Ως ουν ἀπέβησαν εἰς τὴν γῆν βλέπουσιν ἀνθρακιὰν κειμένην καὶ ὀψάριον ἐπικείμενον, καὶ ἄρτον.

요 21·10 λέγει αὐτοῖς ὁ Ἰησοῦς,᾽Ενέγκατε ἀπὸ τῶν ὀψαρίων ὧν ἐπιάσατε νῦν.

요 21·11 ᾽Ανέβη Σίμων Πέτρος, καὶ εἵλκυσεν τὸ δίκτυον ἐπὶ τῆς γης, μεστὸν ἰχθύων μεγάλων ἑκατὸν πεντήκοντατριῶν· καὶ τοσούτων ὄντων οὐκ- ἐσχίσθη τὸ δίκτυον.

예수님이 고기를 잡고 있는 제자들에게 모습을 드러내어 말씀까지 하셨으나 제자들은 그분이 바로 예수님이신줄을 알아보지 못했습니다. 왜냐하면 예수님께서 다른 몸을 입고 나타나셔서 부활하시기 전의 모습과 부활하신 후의 모습이 다르기 때문입니다. 그런데 예수님의 사랑하시는 그 제자가 예수님의 음성을 듣고 베드로에게 주시라 하니 베드로가 겉옷을 벗고 있다가 놀라서 허겁지겁 겉옷을 두르고 바다로 뛰어 내렸다는 것입니다. 다른 제자들은 육지에서 상거가 불과 한 오십 간쯤 되므로 작은 배를 타고 고기든 그물을 끌고 육지에 올라보니 숯불이 있는데 그 위에 생선이 놓였고 떡도 있었습니다. 그런데 예수님께서 준비된 생선이나 떡을 드시지 않고 제자들에게 지금 잡은 생선을 좀 가져오라 하셨습니다. 왜냐하면 예수님이 드셔야 할 양식은 예수님의 말씀에 따라 배 오른 편에 그물을 던져 잡은 물고기라야 하기 때문입니다.

예수님의 말씀을 듣고 시몬 베드로가 달려가서 그물을 육지에 끌어 올리니 가득찬 큰 고기가 일백 쉰 세 마리나 되었지만 그물이 찢어지지 않았다 말씀하고 있습니다. 이것은 예수님의 제자들이 예수님의 말씀에 따라 물고기 두 마리와 떡 다섯 덩어리를 가지고 오천명을 먹이고도 열두 광주리가 넘친 사건과 동일한 것입니다. 이렇게 예수님의 말씀에 따라 순종하면 삼십 배, 육십 배, 백배로 결실 할 수 있다는 것을 보여주신 것입니다.

[요한복음 21장 12~14절] 예수께서 가라사대 와서 조반을 먹으라 하시니 제자들이 주신 줄 아는 고로 당신이 누구냐 감히 묻는 자가 없더라 예수께서 가셔서 떡을 가져다가 저희에게 주시고 생선도 그와 같이 하시니라 이것은 예수께서 죽은자 가운데서 살아나신 후에 세 번째로 제자들에게 나타나신 것이라.

요 21·12 Λέγει αὐτοῖς ὁ' Ιησοῦς, Δεῦτε ἀριστήσατε. οὐδεὶς- δὲ ἐτόλμα τῶν μαθητῶν ἐξετάσαι αὐτόν, Σὺ τίς ει εἰδότες ὅτι ὁ κύριός ἐστιν·

요 21·13 ἔρχεται ουν ὁ' Ιησοῦς καὶ λαμβάνει τὸν ἄρτον καὶ δίδωσιν αὐτοῖς, καὶ τὸ ὀψάριον ὁμοίως.

요 21·14 τοῦτο ἤδη τρίτον ἐφανερώθη ὁ' Ιησοῦς τοῖς- μαθηταῖς- αὐτοῦ ἐγερθεὶς ἐκ νεκρῶν.

예수께서 제자들에게 와서 조반을 먹으라고 말씀하시니 제자들이 이제 주님이신 줄 알았기 때문에 당신이 누구냐고 묻는 자가 없었다 말씀하고 있습니다. 예수님은 제자들이 가져다 주는 떡과 생선을 앉아서 받아 드시기 전에 자신이 먼저 일어나 제자들에게 떡을 가져다 주시고 생선도 주신 것입니다.

이렇게 예수님은 제자들을 사랑하시되 끝까지 섬기면서 사랑하신 것입니다. 때문에 예수님은 제자들에게 이렇게 몸소 본을 보이시며 제자들에게 "너희도 서로 사랑하라" 말씀하신 것입니다.

이 말씀에 따라 예수님의 제자들은 예수님께서 승천하신 후 사도가 되어 예수님이 행하신 일들과 같이 이웃에 죽어가는 영혼들을 사랑으로 섬기며 구원의 사역을 감당한 것입니다. 이것은 예수님께서 죽은자 가운데서 살아나신 후에 세 번째로 제자들에게 나타나서 행하신 일입니다.

[요한복음 21장 15~17절] 저희가 조반 먹은 후에 예수께서 시몬 베드로에게 이르시되 요한의 아들 시몬아 네가 이 사람들보다 나를 더 사랑하느냐 하시니 가로되 주여 그러하외다 내가 주를 사랑하는줄 주께서 아시나이다 가라사대 내 어린양을 먹이라 하시고 또 두 번째 가라사대 요한의 아들 시몬아 네가 나를 사랑하느냐 하시니 가로되 주여 그러하외다 내가 주를 사랑하는줄 주께서 아시나이다 가라사대 내 양을 치라 하시고 세 번째 가라사대 요한의 아들 시몬아 네가 나를 사랑하느냐 하시니 주께서 세 번째 네가 나를 사랑하느냐 하시므로 베드로가 근심하여 가로되 주여 모든 것을 아시오매 내가 주를 사랑하는

줄을 주께서 아시나이다 예수께서 가라사대 내 양을 먹이라.

요 21·15 Ὅτε ουν ἠρίστησαν, λέγει τῷ Σιμωνι Πέτρῳ ὁ Ἰησοῦς, Σιμων Ἰωνᾶ, ἀγαπᾷς με πλεῖον τούτων Λέγει αὐτῷ, Ναὶ, κύριε· σὺ οιδας ὅτι φιλῶ σε. Λέγει αὐτῷ, Βόσκε τὰ-ἀρνία- μου.

요 21·16 Λέγει αὐτῷ πάλιν δεύτερον, Σιμων Ἰωνᾶ, ἀγαπᾷς με Λέγει αὐτῷ, Ναὶ κύριε· σὺ οιδας ὅτι φιλῶ σε. Λέγει αὐτῷ, Ποίμαινε τὰ πρόβατά μου.

요 21·17 Λέγει αὐτῷ τὸ τρίτον, Σίμων Ἰωνᾶ, φιλεῖς με Ἐλυπήθη ὁ Πέτρος ὅτι ειπεν αὐτῷ τὸ τρίτον, Φιλεῖς με καὶ ειπεν αὐτῷ, Κύριε, σὺ πάντα οιδας· σὺ γινώσκεις ὅτι φιλῶ σε. λέγει αὐτῷ ὁ Ἰησοῦς, Βόσκε τὰ- πρόβατά- μου.

예수님의 제자들이 아침식사를 한 후에 예수님께서 시몬 베드로에게 요한의 아들 시몬아 네가 이 사람들보다 나를 더 사랑하느냐 물으시니 베드로는 "주여 그러하외다 내가 주를 사랑하는 줄 주께서 알고 계시다"고 대답을 합니다. 그런데 예수님께서 베드로에게 네가 나를 사랑하느냐고 물으실 때의 '사랑'이란 단어와 베드로가 주를 사랑한다고 대답한 '사랑'이란 단어가 한글성경에는 동일하게 '사랑'으로 기록되어 있지만 원문성경에는 예수님이 베드로에게 "네가 나를 사랑하느냐"고 묻는 '사랑'은 '아가페'(하나님의 사랑)로 기록이 되어 있고 베드로가 주를 '사랑'한다는 단어는 '필로'(인간의 사랑)로 기록되어 있습니다.

즉 예수님은 베드로에게 나를 "아가페"(하나님의 사랑)로 사랑하느냐고 묻고 계신데 베드로 안에는 '아가페'(하나님의 사랑)가 없고 '필로'(인간의 사랑)밖에 없기 때문에 주님을 '필로'로 사랑한다고 대답한 것입니다.

예수님은 베드로가 주를 '필로'로 사랑한다는 대답을 듣고 베드로에게 "내 어린 양을 먹이라"하시고 두 번째 가라사대 "요한의 아들 시몬아 네가 나를 사랑하느냐"하시니 "주여 그러하외다 내가 주를 사랑하는 줄 주께서 아시나이다"고 하니 가라사대 "내 양을 치라"하시고 세 번째 "네가 나를 사랑하느냐"하시므로 베드로가 근심하여 가로되 "주여 모든 것을 아시오매 내가 주를 사랑하는 줄을 주께서 아시나이다" 주께서 가라사대 "내 양을 먹이라"

이렇게 예수님은 세 번이나 계속해서 베드로에게 네가 나를 '아가페'로 사랑하느냐고 묻고 계신데 베드로는 자신에게 '아가페'의 사랑이 없기 때문에 베드로는 계속 '필로’로 사랑한다고 대답을 한 것입니다. 그러므로 예수님은 베드로에게 그러면 내 양을 먹이라, 내 양을 치라 그리고 다시 내 양을 먹이라고 말씀하신 것입니다.

예수님께서 베드로에게 계속해서 내 양을 먹이고 치라고 말씀하신 것은 베드로가 예수님과 같이 양을 먹이고 치면서 양들을 키울 때 필로의 사랑이 아가페의 사랑으로 변화(거듭남)되기 때문입니다.

이와 같이 ‘아가페’는 하나님의 사랑으로 예수님과 하나님의 생명으로 거듭난 하나님의 아들들 안에만 있는 것입니다. 그러므로 고린도전서 13장을 통해서 하나님의 사랑을 이렇게 말씀하고 있는 것입니다.

[고린도 전서 13장 1~3절] 내가 사람의 방언과 천사의 말을 할찌라도 사랑이 없으면 소리나는 구리와 울리는 꽹과리가 되고 내가 예언하는 능이 있어 모든 비밀과 모든 지식을 알고 또 산을 옮길만한 모든 믿음이 있을찌라도 사랑이 없으면 내가 아무 것도 아니요 내가 내게 있는 모든 것으로 구제하고 또 내 몸을 불사르게 내어 줄찌라도 사랑이 없으면 내게 아무 유익이 없느니라.

상기의 말씀은 내가 사람의 방언과 천사의 말을 할찌라도 사랑이 없으면 소리나는 구리와 울리는 꽹과리가 되며 내가 예언하는 능이 있어 하나님의 모든 비밀과 세상의 모든 지식을 알고 또 산을 들어서 옮길만한 모든 믿음이 있다해도 사랑이 없으면 아무 소용이 없고 또 내가 내게 있는 모든 것으로 이웃을 구제하고 또 내 몸을 불사르게 내어 줄찌라도 사랑이 없으면 내게 아무 유익이 없다고 말씀하고 계십니다. 이렇게 하나님께서 고린도전서 13장을 통해서 말씀하시는 '사랑'이 바로 '아가페', 즉 하나님의 사랑인 생명을 말씀하고 있는 것입니다. 이와 같이 하나님의 사랑인 '아가페'가 베드로는 물론 예수님의 제자들에게도 없는 것입니다. 때문에 예수님은 베드로에게 네 안에 있는 필로의 사랑이 하나님의 사랑인 아가페로 변화되려면 내 양을 먹이고 치라고 명하신 것입니다.

베드로는 예수님의 말씀에 따라 예수님의 양을 먹이고 칠 때 하나님의 아들로 거듭나서 하나님의 사랑인 '아가페'를 소유하게 된 것입니다.

[요한복음 21장 18~22절] 내가 진실로진실로 네게 이르노니 젊어서는 네가 스스로 띠 띠고 원하는 곳으로 다녔거니와 늙어

서는 네 팔을 벌리리니 남이 네게 띠 띠우고 원치 아니하는 곳으로 데려가리라 이 말씀을 하심은 베드로가 어떠한 죽음으로 하나님께 영광을 돌릴 것을 가리키심이러라 이 말씀을 하시고 베드로에게 이르시되 나를 따르라 하시니 베드로가 돌이켜 예수의 사랑하시는 그 제자가 따르는 것을 보니 그는 만찬석에서 예수의 품에 의지하여 주여 주를 파는 자가 누구오니이까 묻던 자러라 이에 베드로가 그를 보고 예수께 여짜오되 주여 이 사람은 어떻게 되겠삽나이까 예수께서 가라사대 내가 올 때까지 그를 머물게 하고자 할찌라도 네게 무슨 상관이냐 너는 나를 따르라 하시더라.

요 21·18 ὀμὴν ὀμὴν λέγω σοι, ὅτε ης νεώτερος ἐζώννυες σεαυτόν, καὶ περιεπάτεις ὅπου ἤθελες· ὅταν- δὲ γηράσῃς ἐκτενεῖς τὰς- χεῖράς- σου, καὶ ἄλλος σε ζώσει, καὶ οἴσει ὅπου οὐ- θέλεις.

요 21·19 Τοῦτο- δὲ ειπεν σημαίνων ποίῳ θανάτῳ δοξάσει τὸν θεόν. καὶ τοῦτο εἰπὼν λέγει αὐτῷ, Ακολούθει μοι.

요 21·20 ᾿Επιστραφεὶς- δὲ ὁ Πέτρος βλέπει τὸν μαθητὴν ὃν ἠγάπα ὁ ᾿Ιησοῦς ἀκολουθοῦντα, ὃς καὶ ἀνέπεσεν ἐν τῷ δείπνῳ ἐπὶ τὸ- στῆθος- αὐτοῦ καὶ ειπεν, Κύριε, τίς ἐστιν ὁ παραδιδούς σε

요 21:21 Τοῦτον ἰδὼν ὁ Πέτρος λέγει τῷ Ἰησοῦ, Κύριε, οὗτος- δὲ τί

요 21:22 Λέγει αὐτῷ ὁ Ἰησοῦς, Ἐὰν αὐτὸν θέλω μένειν ἕως ἔρχομαι, τί πρὸς σέ σύ ἀκολούθει μοι.

예수님은 이어서 베드로에게 "내가 진실로진실로 네게 이르노니 젊어서는 네가 스스로 띠 띠고 원하는 곳으로 다녔거니와 늙어서는 네 팔을 벌리리니 남이 네게 띠 띠우고 원치 아니하는 곳으로 데려갈 것이라" 말씀하시는데 이것은 베드로가 어떠한 죽음으로 하나님께 영광 돌릴 것을 가리켜 말씀하신 것입니다. 이렇게 예수님은 베드로에게 젊어서는 네 스스로 말씀을 가지고 네가 원하는 곳으로 다녔지만 늙어서는 하나님께서 너를 말씀으로 무장시켜 하나님이 원하시는 곳으로 데려 갈 것이라 말씀하고 있습니다.

예수님께서 베드로에게 이렇게 말씀하시는 것은 베드로의 어떤 죽음을 통해서 하나님께 영광 돌릴 것을 아시고 말씀하신 것입니다. 베드로는 예수님이 말씀하신 이 예언대로 서기 60년경 네로가 기독교인들을 박해 할 때 십자가에 거꾸로 달려 돌아가셨다고 전해오고 있습니다.

베드로가 십자가에 거꾸로 매달려서 죽게 된 것은 자신은 예수님과 동일하게 죽을 수 없으니 나는 거꾸로 매달아 달라는 베드로의 요구에 의해 집행되었다고 합니다.

예수님은 베드로에게 이 말씀을 하시고 이르시되 "너는 나를 따르라"고 말씀하시니 베드로가 돌이켜 예수님의 사랑하시는 그 제자가 따르는 것을 보게 되었는데 그는 만찬석에서 예수님의 품에 의지하여 주여 주를 파는 자가 누구오니이까 묻던 자라 말씀하고 있습니다.

그런데 예수께서 사랑하시는 제자가 계속 나오는데 성경에 이름이 구체적으로 기록이 되어 있지 않아 그가 누구인지 모르고 있습니다. 그러나 요한복음에 예수님에게 사랑받던 제자는 요한이라는 것이 암시되어 있습니다.

베드로가 그를 보고 예수님께 여짜오되 "주여 이 사람은 어떻게 되겠삽나이까" 하고 물으니 예수님은 "내가 올때까지 그를 머물게 하고자 할찌라도 네가 무슨 상관이냐 너는 나를 따르라"고 말씀 하시는 것입니다.

예수님께서 내가 올때 까지 내가 사랑하는 제자를 죽지 않고 머물게 하시겠다는 것은 요한에게 요한계시록을 기록하게 하기 위함이라 사료됩니다.

[요한복음 21장 23~25절] 이 말씀이 형제들에게 나가서 그 제자는 죽지 아니하겠다 하였으나 예수의 말씀은 그가 죽지 않겠다 하신 것이 아니라 내가 올 때까지 그를 머물게 하고자 할찌라도 네게 무슨 상관이냐 하신 것이러라 이 일을 증거하고 이 일을 기록한 제자가 이 사람이라 우리는 그의 증거가 참인 줄 아노라 예수의 행하신 일이 이 외에도 많으니 만일 낱낱이 기록된다면 이 세상이라도 이 기록된 책을 두기에 부족할줄 아노라.

요 21·23 ᾿Εξῆλθεν ουν ὁ- λόγος- οὗτος — εἰς τοὺς ἀδελφούς,῞Οτι ὁ- μαθητὴς- ἐκεῖνος οὐκ- ἀποθνήσκει· καὶ οὐκ ειπεν αὐτῷ ὁ᾿Ιησοῦς, ὅτι οὐκ ἀποθνήσκει· ἀλλ᾿,᾿Εὰν αὐτὸν θέλω μένειν ἕως ἔρχομαι, τί πρὸς σέ

요 21·24 Οὗτός ἐστιν ὁ μαθητὴς ὁ μαρτυρῶν περὶ τούτων, καὶ — γράψας ταῦτα· καὶ οἴδαμεν ὅτι ἀληθής ἐστίν ἡ μαρτυρία αὐτοῦ.

요 21·25 ἔστιν- δὲ καὶ ἄλλα πολλὰ ὅσα — ἐποίησεν ὁ ᾿Ιησοῦς, ἅτινα ἐὰν γράφηται καθ᾿- ἕν, οὐδὲ αὐτὸν οιμαι τὸν κόσμον χωρῆσαι τὰ γραφόμενα βιβλία.᾿Αμήν.

베드로는 이 말씀을 듣고 형제들에게 가서 그 제자는 죽지 않겠다고 말하였으나 예수의 말씀은 그가 죽지 않겠다고 말씀하신 것이 아니라 내가 올 때까지 그를 머물게 할지라도 너는 상관하지 말라는 뜻으로 하신 것입니다.

예수님께서 요한을 잠시 머물게 한다는 것은 요한이 죽지 않는다는 뜻이 아니라 요한을 통해서 요한계시록을 기록할 때까지 요한은 살아 있어야 한다는 뜻으로 하신 말씀입니다. 예수님께서 그동안 제자들에게 행하신 일과 말씀들을 증거하고 기록한 제자가 바로 이 사람이라는 것은 바로 「요한복음」과 「요한계시록」을 기록한 사도요한을 말씀하고 있는 것입니다.

우리는 곧 예수님의 제자들을 말하고 있는데 제자들은 요한의 증거가 모두 진실이라 말씀하고 있습니다. 예수의 행하신 일들과 말씀들은 이 외에도 많으니 만일 예수님이 행하신 일들을 낱낱이 기록한다면 이 세상에 책을 두고 보관하기에도 부족할 정도로 많다는 말씀으로 「요한복음」을 모두 마치고 있습니다.

이 말은 예수님이 살아계신 동안 요한이 예수님을 따르면서 예수님이 행하신 일과 말씀을 듣고 본 것들을 모두 기록한 것이 아니라 일부를 요약해서 기록하였다는 뜻입니다.

끝으로 부족한 종을 통해서 「요한복음」을 해설할 수 있도록 영안을 열어주신 하나님께 무한한 감사를 드리며 이 해설서를 통해서 많은 영혼들이 깨어나 구원을 받고 영생에 이르기를 간절히 기원하는 바입니다.

존재

바람에 뒹굴며 물 흐름 따라 살아온 나날들
그 안에서 벗어나려 온갖 애를 썼었네
그러나 내 존재가
한낱 바람에 흩날리는 낙엽의 존재임을
이제야 알았네

돌이 되려 돌을 삼키고 또 삼켰네
점차 자신의 중력을 느끼며
세찬 바람에도 견딜 수 있게 되니

이제 하늘의 푯대를 향해
한 걸음 두 걸음 제길 찾아 달려가건만
아직도 푯대는 멀고 희미하게 보인다네

의증서원 도서안내

✣ 천국 문을 여는 다윗의 열쇠 (요한계시록 해설집)
글/둘로스 데우 C 301쪽 /신국판 양장 정가 8.000원

✣ 천지창조의 진실과 허구
글/둘로스 데우 C 331 쪽 /신국판 양장 정가 15.000원

✣ 십계명 (십계명 해설집)
글/둘로스 데우 C 345쪽 /신국판 양장 정가 15.000원

✣ 주기도문 (주기도문 해설집)
글/둘로스 데우 C 295쪽 /신국판 양장 정가 13,000원

✣ 지옥문 앞에서 슬피 울고 있는 자들
글/둘로스 데우 C 285쪽 /신국판 양장 정가 8.000원

✣ 도마복음 (도마복음 해설집)
글/둘로스 데우 C 565쪽 /신국판 양장 30,000원

✣ 하늘에서 온 그리스도의 편지
글/둘로스 데우 C 359쪽 /신국판 양장 정가 9.500원

✣ 사랑이 머무는 곳
글/이명자 195쪽 /4x6(칼라)판 양장 정가 7.000원

✣ 불교와 기독교의 허구와 진실
글/둘로스 데우 C 395쪽 /신국판 양장 정가 22.000원

✣ 성경에 나타난 전생과 윤회의 비밀
글/둘로스 데우 C 317쪽 /신국판 양장 정가 12.000원

✣ 영으로 기록한 답변서(이병철 회장의 24가지 질문)
글/둘로스 데우 C 361쪽 /신국판 정가 18.000원

✣ 사와생
글/둘로스 데우 C 297쪽 /신국판 정가 8.000원

천국문을 여는 다윗의 열쇠

요한계시록은 영적인 비유와 비사로 기록되어 있기 때문에 계시록의 비밀들이 지금까지 베일에 싸여 깊이 감추어져 있었습니다. 본서는 특히 구름타고 오시는 예수님의 실체와 세상의 종말, 그리고 천국문을 여는 다윗의 열쇠에 대하여 자세히 기록하고 있습니다.

불교와 기독교의 허구와 진실

본서는 수 천년 동안 인간들에게 진리의 빛으로 양대 맥을 이어오고 있는 불교와 기독교의 근본사상과 그 근원을 서술식으로 읽기 쉽고 이해하기 쉽게 풀어가고 있습니다.

십계명(십계명 해설집)

본서는 창세 이후 지금까지 신학자들이 풀지 못했던 창세기 속에 깊이 감추어져 있던 하나님의 비밀들을 밝히 드러내고 있습니다. 특히 천지창조의 비밀과 하나님의 백성으로 거듭나는 과정을 구체적으로 나타내고 있습니다.

주기도문 (주기도문 해설집)

본 주기도문 해설집은 원어성경을 근거로 하여 지금까지 기독교인들에게 깊이 감추어져 있던 주기도문의 영적인 뜻과 그 비밀을 모두 드러내어 기록한 것입니다. 특히 본서는 인생의 진정한 의미와 십일조와 헌물에 대하여 기록하고 있어 신앙생활에 많은 도움을 주게 됩니다.

지옥문 앞에서 슬피울고 있는 자들

오늘날 기독교회는 예수를 믿기만 하면 모두 천국에 들어갈 수 있다고 말합니다. 그렇다면 지옥문 앞에서 슬피울고 있는 자들은 과연 누구일까요? 본서는 성경 말씀을 통하여 천국으로 들어가는 자들과 지옥으로 들어가는 자들을 분명하게 제시하고 있습니다.

하늘에서 온 그리스도의 편지

이 편지는 하나님께서 오늘날 이 세대를 살아가면서 자신의 존재나 인생의 진정한 의미를 모르고 무지 속에 죽어가는 사람들과 신앙생활을 열심히 하면서도 하나님의 뜻이나 천국으로 가는 길조차 모르고 있는 기독교인들을 위해서 보내주신 편지입니다.

도마복음 (도마복음 해설서)

본 도마복음 해설집은 바로 인간의 몸을 입고 오신 인간예수에 대해서 말씀하고 있습니다. 만일 본서를 통해서 인간예수를 만나보신다면 놀라움과 더불어 그 동안 복음서에서 발견하지 못했던 수많은 영적인 비밀들을 알게 될 것입니다.

사랑이 머무는 곳

본 시집은 인간들이 감지할 수 없는 영적인 세계를 한편의 시에 담아 드러내고 있어 보는 자들로 하여금 많은 감동을 자아내게 합니다.

천지창조의 진실과 허구

본서에 기록된 천지창조의 비밀과 잠언, 십계명 그리고 욥기서 등 그동안 말씀 속에 깊이 감추어졌던 영적인 비밀들을 밝히 드러내시며 하나님의 비밀들을 이렇게 공개하시는 것은 이 말씀을 통해서 지금까지 잘못된 신앙을 깨닫고 하루속히 넓고 평탄한 멸망의 길에서 좁고 협착한 생명의 길로 돌아오라는 뜻에서 입니다..

요한복음 해설서

그 동안 요한복음 속에 감추어져 있던 영적인 비밀들

하권

글 · 둘로스 데우 · C

초판 1쇄 2014 .03. 15

●

펴낸이 · 이용재 　발행처 · 의증서원

●

등록 · 1996. 1. 30 제 5-524

●

서울시 동대문구 답십리 5동 530-11 의증빌딩 4층

정가 20,000원

도서출판 의증서원

전하. 02)2248-3563 . 010-395-4296 . 팩스.02)2214-9452

우리은행 : 812-026002-02-101 . 예금주: 이용재

홈페이지: www.ejbooks.com